U0089110

中國學術思想

研究輯刊

三六編

林慶彰 主編

第 18 冊

致良知與道德人格的生成

段重陽 著

花木蘭文化事業有限公司

國家圖書館出版品預行編目資料

致良知與道德人格的生成／段重陽 著 -- 初版 -- 新北市：花
木蘭文化事業有限公司，2022〔民 111〕
目 2+168 面；19×26 公分
（中國學術思想研究輯刊 三六編；第 18 冊）
ISBN 978-626-344-061-6（精裝）
1.CST：（明）王守仁 2.CST：學術思想 3.CST：陽明學
4.CST：倫理學
030.8   111010200

ISBN-978-626-344-061-6

9 786263 440616

中國學術思想研究輯刊
三六編　第十八冊   ISBN：978-626-344-061-6

致良知與道德人格的生成

作　　者　段重陽
主　　編　林慶彰
總 編 輯　杜潔祥
副總編輯　楊嘉樂
編輯主任　許郁翎
編　　輯　張雅淋、潘玟靜、劉子瑄　美術編輯　陳逸婷
出　　版　花木蘭文化事業有限公司
發 行 人　高小娟
聯絡地址　235 新北市中和區中安街七二號十三樓
　　　　　電話：02-2923-1455／傳真：02-2923-1452
網　　址　http://www.huamulan.tw 信箱 service@huamulans.com
印　　刷　普羅文化出版廣告事業
封面設計　劉開工作室
初　　版　2022 年 9 月
定　　價　三六編 30 冊（精裝）新台幣 83,000 元
版權所有・請勿翻印

致良知與道德人格的生成

段重陽　著

作者簡介

段重陽，男，1993 年 10 月生，陝西耀州人。西北大學歷史學學士（2015 年），山東大學哲學碩士（2018 年），華東師範大學哲學博士（2022 年），現為山東大學儒學高等研究院博士後。主要研究領域為宋明理學和現代新儒學，在《中國哲學史》《道德與文明》等期刊發表論文數篇。

提　要

王陽明針對朱子建立在反思—規範的道德意識中的工夫論，提出了以隨附性的道德意識為依據的「誠意說」，要求在當下一念的隨附性意識中就能夠直接地判別善惡，從而使為善去惡有著根本的明見性和驅動力。隨附性的道德意識之所以可能，就在於心體有著源初的道德感動和道德意識。當沉浸在源初的道德感動而來的一系列意識和行為之中而沒有產生絲毫偏差的話，此時作為分別善惡的隨附性的道德意識也就隱而不彰，「無善無惡」得以可能。

「良知本體」意味著一種整體性的人格存在和根本性的「能」，它能夠在具體的境遇中生成意識和行為，並在此意識和行為中顯現和改變著自身，即「人格生成」。陽明通過對「未發」和「已發」的辨析說明了「心體」和具體的意識行為之間的關係，即良知心體在所有或靜或動的具體的意識活動中顯現並生成著自身。「心體」作為人格存在，「天人合一」「萬物一體」表明了其理想的存在方式，並且在「立志」和「悟」中顯現出自身，促使著人格的整體性轉變和朝向此存在方式而生成自身。

在「天泉證道」中，錢德洪和王畿提出了依據不同的道德意識和行為生成理想的道德人格的不同路徑，即分別依靠隨附性的道德意識為善去惡而生成本體人格和依靠源初的道德意識進行道德實踐而生成本體人格，陽明以「本體工夫」統合了二者。陽明歿後，其學產生分化。王畿以「一念之微」深化了自己的工夫，雙江念庵的「歸寂收攝」和兩峰師泉的「悟性修命」則偏離了陽明的教法，其根源在於不能真實地理解和信任「見在良知」，這是因為沒有對「心體」的存在方式有著真實的理解，即不承認良知心體必須而且只能在具體的意識和行為中顯現自身並生成自身。

目次

序　論

第一節　儒學作為一門現象學倫理學的可能性

在正式展開所要處理的問題和基本框架之前，需要對使用的方法和所期待達到的目標作出交代。本書的分析路徑主要是依靠現象學的分析方法，而這種現象學的分析方法主要指向了一門基於儒學的現象學倫理學。

那麼首先需要回答的就是，現象學分析方法意味著什麼，更進一步，現象學方法與中國哲學的結合意味著什麼。現象學傳入中國的歷史和大體情況，《現象學思潮在中國》（張祥龍、杜小真、黃應全，首都師範大學出版社 2011年）和《現象學在中國與中國現象學》（倪梁康、方向紅，《中國社會科學評價》2016 年第 4 期）已經做了或詳或略的介紹。這些主要是從現象學一方的視角觀察所得，而從中國哲學自身的視角來看，主要牽涉兩方面的內容，其一是中國哲學自身的發展歷程，其二是中國哲學自身的特質和現象學方法的契合性。

中國哲學的學科建立當屬馮友蘭先生兩卷本《中國哲學史》，其開篇就言，「今欲講中國哲學史，其主要工作之一，即就中國歷史上各種學問中，將其可以西洋所謂哲學名之者，選出而敘述之」[註1]，其後中國哲學的研究就是以此種脈絡而行，而中共建政後至 80 年代以馬克思主義為範本而寫出的多種「中國哲學史」或「中國思想史」，其間圍繞「本體論—認識論—方法論」的

〔註 1〕馮友蘭：《中國哲學史》（上），上海：華東師範大學出版社，2011 年，第 3 頁。

爭論如果說還有些啟示的話，那麼圍繞「唯物主義—唯心主義」和階級分析發展開的爭論則有著特定的歷史語境了。這一方面是政治環境的影響所致，另一方面是因為除了少數學者如賀麟等外，大多數對西方哲學理解的廣度和深度都較為簡單，尤其是受到了蘇聯教條哲學思想的影響，對於哲學之為哲學並沒有真切的理解。這一時期中國哲學研究的最大成果是基本奠定了中國哲學研究的基本範圍——先秦諸子、魏晉玄學和宋明理學並勾勒出了基本面貌。當然不可否認的是，「中國哲學」自其誕生之初，就是一門「中西比較哲學」，同時也是一門「哲學史」而非哲學問題本身的研究。前者不僅僅在於「哲學」一詞本為西方舶來之物，自然免不了先去考察這一詞語在西方歷史中的使用情況，再以此對中國歷史上思想的狀況做一番梳理，更重要的在於，伴隨著近代的白話文運動，包括哲學在內的西方詞彙概念逐漸成為中國人日常使用的語言，我們對這些概念有著直接的理解的同時卻喪失了對中國古代思想的基本概念如心、性、理、氣等的直接理解，反而需要借助現代語文的重新翻譯和詮釋才能夠獲得某種理解。當我們啟動現代語文的理解的同時，就已經置身於西方哲學或顯或隱的「前見」之中了，「中國哲學」作為一門「中西比較哲學」，根本上是由當代中國人的生存境況所決定的。而「中國哲學」淪為一門「中國哲學史」，一方是學科初創時的不得已，另一方面是對西方哲學理解不夠深入，從而很難從「中國哲學」的思想資源中產生原創性的思想從而參與哲學問題本身的討論。當擺脫對西方哲學框架性的認知而深入其中，並能夠對中國傳統思想有著深切而直接的體悟之時，一門真正的「中國哲學」也就不那麼遙遠了，儘管仍舊建立在「中國哲學史」的基礎之上。這方面已經有以牟宗三先生、唐君毅先生為代表的當代新儒家們的傑出成果。以牟宗三為例，他通過圓融康德哲學而建立起「道德形而上學」的理論體系並對中國傳統思想做了精彩的分析，使得作為「中西比較哲學」的「中國哲學」不再以削足適履的方式成為西方哲學的注腳，同時也對西方哲學做出了從「中國哲學」自身而來的批判，「中國哲學」獲得了自身的存在。正如很多學者指出的，當代中國哲學的進一步研究和發展，可以不認同並超越牟宗三，但是不能繞過牟宗三。而這種「不認同」和「超越」，可能就需要借助現象學的思想資源。

現象學方法到底意味著什麼，這對不同的現象學家來說似乎不一樣，但是這種不一樣的背後有著共同的精神。對於胡塞爾來說，現象學方法就意味

著「直觀」，「我們要在充分發揮了的直觀中獲得這樣的明見性：這個在現時進行的抽象中的被給予之物與語詞含義在規律表達中所意指之物是真實而現實的同一個東西」〔註2〕，也就是說，明見性的直觀有多遠，真理就有多遠。而海德格爾在《存在與時間》的第 7 節說到，「（現象學就是）讓人從顯現的東西本身那裡如它從其本身顯現的那樣來看它」〔註3〕，舍勒也提到，「現象學經驗是這樣一種經驗，在它之中不再隱含『被意指之物』和『被給予之物』的分離，以至於我們可以說是從非現象學經驗出發來此，也可以說：在現象學經驗中，不被給予的東西就不被意指，而除了被意指之物外沒有什麼被給予」〔註4〕。簡而言之，現象學忠實於顯現著的經驗本身，並從顯現著的經驗本身去描述它，依據倪梁康教授的意見，「現象學是關於感性可見之物的學說、關於觀念的被給予之物的學說、關於存在的無蔽的學說、關於在智的直覺中被把握的本體的學說」，因而現象學的方法首先要求激活真實顯現著的事物本身，從而與作為「對不顯現的東西、在現象背後可能存在的東西的討論和思考」的形而上學相區別。〔註5〕倪梁康教授認為牟宗三建立起的「道德形而上學」不如說是「道德現象學」，因為只有在牟強調必須在「智的直覺」中才能夠把握住道德本體自身的顯現，從而接近使「存在論」（「本體論」）與「現象學」合一的海德格爾哲學，共同與胡塞爾處在了新康德主義的脈絡之中。〔註6〕倘若此說能夠成立的話，就連對現象學大加抨擊的牟宗三都不自覺地接近了現象學的思路〔註7〕，那就很有力的說明了，儒學本身的思想脈絡與現象學

〔註2〕〔德〕埃德蒙德‧胡塞爾：《邏輯研究》集二卷第一部分，北京：商務印書館，2015 年，第 310 頁。

〔註3〕〔德〕海德格爾著，陳嘉映、王慶節譯，熊偉校，陳嘉映修訂：《存在與時間》（中文修訂第二版），北京：商務印書館，2016 年，第 80 頁。

〔註4〕〔德〕馬克斯‧舍勒著，劉小楓主編，倪梁康、羅悌倫譯：《哲學與現象學》，北京：北京師範大學出版社，2017 年，第 6 頁。

〔註5〕倪梁康：《東西方哲學思維中的現象學、本體論與形而上學》，《哲學研究》2016 年第 8 期。

〔註6〕倪梁康：《東西方哲學思維中的現象學、本體論與形而上學》，《哲學研究》2016 年第 8 期。

〔註7〕牟宗三對現象學的理解和排斥主要在於，他認為現象學並沒有上升到「本體」，可以參見《智的直覺與中國哲學》（中國社會科學出版社 2008 年）所收文章，因而有學者認為牟對現象學並沒有真正的理解，其思路也停留在海德格爾批判的傳統形而上學的立場之中（參見趙衛國：《牟宗三對海德格爾基礎存在論的誤置》，《陝西師範大學學報（哲學社會科學版）》2010 年第 1 期）。而倪梁康教授在早年的一篇文章中認為儘管牟宗三對現象學沒有完全的理解，但兩

有著天然的親和性。這種親和性表現在，儒學本身作為一門「生命的學問」，所要求的是學者真實的生命體驗，這種生命體驗要求學者通過流傳下來的文本而進入到此文本所揭示出的那種生命經驗中去，譬如我們對「鳶飛戾天、魚躍于淵」「吾與點也」「孔顏之樂」等的理解就不是一種概念的分解，而是生命的悟入，這種悟入要求著一種真實經驗的顯現，因此與現象學有著天然的牽扯，即如實地把握住顯現著的東西並如實地描述出來。這與海德格爾對作為現象學方法的「解構」的說明有相通之處。海德格爾針對傳統存在論中的範疇和概念說到，「流傳下來的不少範疇和概念本來曾以真切的方式從源始的『源頭』汲取出來，傳統卻賦予承傳下來的東西以不言而喻的性質，並堵塞了通達『源頭』的道路」〔註8〕。陽明學中的「心」「性」「理」等概念既與朱子學等宋明理學內部的不同思想相纏繞，又在近代以來遭受了各種各樣的詮釋，這些都可能阻塞了我們通達那種「源頭」的道路，現象學方法的使用就是要求激活作為「源頭」的經驗本身，並恢復這些概念的源初力量。這種恢復也就是去追問，那些作為「性」「心」「理」「善」「惡」等等顯現的「實事」／「經驗」究竟是什麼，它們是如何顯現自身的。不同的思想家使用這些概念指向了不同的「實事」，對此沒有清晰的瞭解而單純在概念上進行建構和推演（特別是基於德國觀念論的推演）時，便會「惑於名相而不知所守」，在「至善」和「無善無惡」「性善」和「性惡」等處的爭論就是如此。

更進一步地，這種現象學的描述是一門現象學的倫理學。倪梁康教授提到，「嚴格意義上的『現象學的倫理學』是一種反思—描述的倫理學。『現象學的倫理學』有許多種可能性。但我們首先要回溯到現象學的源頭，即限制在『現象學的』這個界定得最嚴格的意義上。這意味著，如果一門倫理學可以在最嚴格的意義上被稱作現象學的，那麼它應當是胡塞爾意義上的『現象學的倫理學』。而這進一步意味著：在這裡，在討論倫理學基本問題時，應當與胡塞爾討論其他問題（如認識論的、邏輯學的、審美學的、社會學的基本問題）時始終採納的現象學進路相符合：回到原初的意識體驗，在這裡是回

者之間並不是根本對立的，而是有著互補和會通的可能，不能人為地拉大二者的區別，此外，牟的學說在內容和方法上都接近舍勒的現象學倫理學，參見氏著《牟宗三與現象學》，《哲學研究》2002 年第 10 期。

〔註 8〕〔德〕馬丁·海德格爾著，陳嘉映、王慶節譯，熊偉校，陳嘉映修訂：《存在與時間》（修訂譯本），北京：生活·讀書·新知三聯書店，2014 年 9 月，第 25 頁。

返到道德意識或倫理意識的體驗上，在內在反思中直接觀察和把握這些意識體驗，並通過本質直觀獲得其本質要素以及這些要素之間的本質結構奠基關係和發生奠基關係」〔註9〕，而張任之教授也提到，「人們要如何面對、擺放或歸置倫理學思想史上這些形形色色的學說才好？現象學給我們提供了一個可能的途徑：朝向倫理的實事本身。概而言之，我們可以從蘇格拉底問題，即『人應該如何生活』的問題開始，並通過對此問題的一個最簡單最直接的回答『人應該好地生活』而引出一切倫理學的引導性問題『什麼是好』，或者更確切地說，『什麼是倫理學意義上的好（善）』。更進一步的，人們要回答這一引導性問題，就需要首先反思，我們據以回答引導性問題的根據何在？或者，倫理學的原則究竟是理性或者情感／感受？倫理學究竟建基於理性還是情感／感受之上？這個有關根據的問題，即『倫理學的建基（Grundlage）』」〔註10〕。前者主要的目的在於對道德意識本身進行現象學分析，而後者主要著眼於對進行著倫理生活的「人」的整體分析，這也可以看做是「行為倫理學」和「行為者倫理學」的區別。

　　本書努力在「行為倫理學」和「行為者倫理學」之間找到一種溝通和綜合的可能。從後者提出的問題來說，在陽明學或者說宋明理學中，「人應該如何生活」這個問題的答案自然是「讀書做聖賢」，而「什麼是好」指向了「存天理、滅人慾」當然這裡的「天理」自身的顯現方式在不同的思想家那裡有著區別。而倫理學的建基問題，在陽明這裡自然的答案自然是「良知」，而「良知」究竟意味著什麼，這是本書所要回答的。從前者的問題出發，首先需要回答的是良知作為一種道德意識，其自身的結構是怎樣的，而從這種道德意識出發，是如何成就聖賢的，這就牽涉到了後者的問題。作為陽明學的宗旨，「致良知」的道德實踐意味著二者之間的聯繫——在道德意識中生成道德人格，從而實現一種好的生活。

第二節　良知的主體詮釋史

　　近代以來，對王陽明的致良知教的研究和詮釋已經有了豐厚的成果，大

〔註9〕倪梁康：《現象學倫理學的基本問題》，《世界哲學》2017年第2期。
〔註10〕張任之：《朝向倫理的實事本身——倫理學的三個基本問題》，《學術研究》2012年第10期。

體說來，分三個時期。第一個時期是 20 世紀上半葉，這是中國哲學史研究的開創時期，在引進西方哲學概念來分析中國傳統思想的過程中顯得比較粗糙。但因為是初創時期，尚未形成固定的思維範式，所以顯得比較有活力。此外，因為當時中國內憂外患嚴重，又得知陽明學在日本倒幕運動和明治維新的過程中發揮了巨大的作用，因此對陽明學的研究又有了追求現代化的政治色彩，這體現在對良知的詮釋中特意強調一種個性解放的意味。這一時期的主要研究成果是馮友蘭《中國哲學史》、張岱年《中國哲學大綱》（出版在建國後）、嵇文甫《晚明思想史論》中關於良知的分析，當然還有散見在其他各處的觀點。第二個時期是 50 年代到 80 年代，這一時期又分為兩個不同的方向。在大陸，主要是以馬克思主義哲學指導下的研究，這種研究進一步演化為唯物主義和唯心主義的簡單對立，而陽明學則被指認為主觀唯心主義而得到批判。這一時期能夠稱得上嚴謹的學術著作的主要是以侯外廬為核心的學派所編纂的中國思想通史類書，但其受嚴格的思想框架所限，對陽明學未有真實的瞭解和詮釋。這一時期的主要觀點和思維對後來者對陽明學的理解影響甚大，可以看到，90 年代以來對陽明學的理解雖然走出了唯物主義和唯心主義的對立以及本體論、認識論和方法論等表面的思維框架的限制，但是在深層次上並未走出其固有的思維方式。而在港臺，主要是現代新儒家們的研究成果，即以道德主體和道德形而上學建立起的詮釋模式，其中牟宗三的詮釋系統尤為可稱道。第三時期是 90 年代以來。在這一時期，既有港臺研究成果的向大陸輸送，大陸本身也有著打破教條思維的新成果，呈現出新的活力，主要著作有陳來教授《有無之境》和楊國榮教授《心學之思》等，當然，這一時期的著作受到之前大陸和港臺研究的影響較深，並未能夠徹底走出其思維方式。這不僅僅是中國哲學研究的問題，也是整體的西方哲學在中國的傳播問題，因為中國哲學的建立本身就受西方哲學的深刻影響。當然，這種研究的轉變的契機在於現象學的傳入，現象學提供了全新的思維方式，使得走出近代以來的研究方法成為可能。道德主體已經成為現今理解陽明學的核心概念，只有通過鬆動道德主體這一概念，才能夠鬆動對良知的傳統解釋。而道德主體之所以重要，因為其關聯著「人」本身，即首先把「人」理解為「主體」，之後「道德主體」才得以可能，「人」及其良知被等同於「道德主體」。

　　在馮友蘭早年的《中國哲學史》中，並未以道德主體來詮釋「良知」以及「心即理」，而是在與朱子學的比較中提出，在陽明心學那裡，並沒有形而

上和形而下的兩個世界的區別，因此無心即無理，而朱子那裡有著兩個世界的劃分，因此理可以離開心而獨存。這一看法是非常準確的，可惜後來者未能注意到陽明學的這一重大特質，反而在陽明學中強調「形上本體」和「超越的道德心」，並區分所謂經驗層和超越（先驗）層。張岱年則在《中國哲學大綱》中明確說王陽明是主觀唯心論的大成，「一切皆依附於心，一切皆在心內；無心則無一切，心是宇宙的主宰」，又說心「即是宇宙之本根」，「一切惟心，以存在即受知為理由」，「一切的存在都依靠個人的心知，離心則無存在」，所以他認為陽明「所提出的論證，都是十分荒謬的」。可以看出，後來對王陽明思想的詮釋傾向在這裡已經出現了，即以心為宇宙論的本原和以心為認識論中的感知者，這二者都是以心為某種存在者之根據，與後來的主體形而上學殊途同歸。而嵇文甫的研究則顯示出陽明學研究的另一種傾向。在嵇文甫看來，王陽明領導了一場當時的道學革新運動。陽明的學說打破了朱子道學的陳舊格套，表現出活動自由的精神。因為每個人的良知都是不同的，今日的良知和明日的良知也是不同的，所以致良知就充滿了自由解放的精神，以其各自的才性所進而成就之，不信奉外在的權威而只信自己的心，充滿了現實主義和自由主義的精神。這裡的問題核心在於，將良知理解為每個人不同的意識和想法，卻忘記了良知作為根本的價值感受而在每個人那裡是一致的，將良知蛻變為相對的個人慾望和利益要求（儘管不是貶義的），從而為現代性下的自由主義和個體主義開路。這種詮釋在當今仍舊是某種「主流觀點」，譬如黃玉順教授認為，「儒學的現代轉化，其典型是明代心學、陽明後學當中的一些思潮，其根本特徵是以心為本、以人心為天理，於是，個體自我及其本真生活情感得以彰顯」，「其形上層級的那種以心本體取代性本體、由個體之心來體證天理的觀念，確實開啟了儒學走向現代性的可能，所以才會出現上述的王門後學中的儒學現代化、個體主義傾向」〔註11〕。這種詮釋其實是把對自由主義和現代化的訴求投射到陽明學的研究中了。當然，對良知的自由主義和個體主義的詮釋的根基在於，良知相對於天理而言，確實有著相對主義的向度，因為每個人的道德感都不盡相同。但是，問題在於，良知真的就是某種相對主義的道德情感麼，或者說，道德情感一定是相對主義的麼？這種相對主義而來的個人主義和自由主義真的是陽明學的要求而不是走向了其

〔註11〕黃玉順：《論陽明心學與現代價值體系——關於儒家個體主義的一點思考》，《衡水學院學報》2017 年 03 期。

反面麼？而且，心體就意指著「個體的心」麼？這種論斷的核心仍舊在於主體性哲學背後的隱喻，即情感的相對性、對人（意識）理解的單子化。因此，倘若現代性的根基在於主體形而上學和個體主義的話，這一時期的研究已經預示著在現代性哲學中的陽明學理解的大致趨勢。

真正建立起道德形而上學體系來詮釋陽明學的是現代新儒家，而其核心就是道德主體性。「新儒學思潮蘊含著一個共同的思想方向，即道德主體的確立與發展的問題。人類文明的現代性進程的背後，有著主體性的哲學作為其理念的支撐」，「現代新儒家把握住了現代性的這一核心，強調儒學的根本精神在於肯定和發揮道德的主體性，據此顯示出儒學不但與人類的現代性進程不相違背，而且還對其有所助益與推動。可以說，對於道德主體性的闡發是現代新儒學的核心與精神所在，也是現代新儒家區別於其他思想流派的最重要特徵」〔註12〕。牟宗三的哲學系統無不是在強調「形上本體」、「道德本心」，以建立起主體性的道德形而上學，他對陽明學的詮釋也由此而來。在牟宗三的判教系統中，王陽明與陸象山合為宋明理學三系中之一系，與伊川朱子一系相對立，這已經是學界非常熟悉的內容。

儘管牟宗三的哲學體系並不是所有人都贊成，但是他所使用的基本概念卻成為 90 年代以來大陸研究王陽明思想的關鍵性概念，尤其是道德主體和與之相關的道德自律。比如陳來就使用「道德主體」來詮釋「良知」，他指出，陽明的「心體」、「心之本體」指的是完全獨立於感性慾念，沒有任何感性慾望染乎其間的先驗的主體，是一個近於康德所謂的「純粹實踐理性」的概念，即「道德主體」的觀念，而「心外無理」的意義就在於承認「道德主體」和道德主體的「自立法度」即自律，「理」是主體自身的一個規定。同時，他又把陽明「無善無惡心之體」指認為先驗的情緒感受主體。在陳來的研究中，「主體」是一個不言自明的概念，即主體意味著人本身，也就直接的是心體、良知。一旦接受了「主體」概念，那麼建立在這個概念之上的其他思維框架就隨之而來，譬如自律道德、經驗與先驗的區別等等。而當發現陽明學所講的道德現象和經驗與這些概念和框架不能夠相吻合時，要麼如牟宗三那樣建立起全新的哲學體系，要麼就在這個框架內縫縫補補，但無論如何都難免削足適履。楊國榮也同樣使用「主體」來詮釋良知，在他看來，良知即是意義世界

〔註12〕劉樂恒：《道德主體性是現代新儒學核心論題》，《中國社會科學報》2017 年 6 月 20 日 002 版。

所以可能的根據，也是主體的意識及其活動、先天的道德本原和先天的道德
原則。但與前人不同的是，受黑格爾和馬克思強調歷史中的辯證法的影響，
楊國榮研究陽明學的時候特別注意心與理在踐履過程中的合一，即普遍的道
德規範與個體道德意識的合一，理融合於心成為主體的意識，心又外現為行
為的普遍規範之理，良知作為穩定的意識結構而逐漸凝結為主體的人格。這
種研究已經突破了前人在現成化的主體中討論良知，把致良知的過程理解為
主體意識結構的歷史性的形成，確實注意到了工夫在陽明學中的關鍵作用。
但是，這種詮釋的核心仍舊在於主體。良知當然首先是作為一種意識，但是
這種意識是不是只能是主體的意識結構呢？換句話說，作為一種意識的良知
是先於此主體還是後於此主體？這個問題的關鍵在於如何理解「主體」，或者
說，將人理解為「主體」是不是不言而喻的，我想不是的。近代以來的研究都
共享了主體性哲學這個大前提，這是西方近代哲學的產物。而與之相關的道
德主體、自律道德等等概念也是近代道德哲學的新生事物，它絕對不是我們
思考道德問題的唯一標準。儘管很多學者意識到了這個問題，但仍舊堅持必
須從儒學中發展出一種主體性哲學，才能夠實現儒學的現代化轉型。這已經
關係到如何理解儒學的未來發展之路，從而超出了本篇論文的議題。

第三節　舍勒的人格主義倫理學與宋明理學

　　現象學進入中國之後，除了翻譯介紹和研究國外現象學家的著作外，現
象學與中國思想本身的對比和闡發也佔據了重要的位置。這一對比和闡發最
早是與道家思想展開的，這當然是由於海德格爾與道家思想本身的親緣性，
之後就轉向了現象學與儒家思想的對比與闡發。這一階段也可以分為兩部分。
首先是現象學與儒學中的一般性思想的對比和闡發，這種一般性思想主要是
從先秦儒學而來，而本身具有嚴格系統的宋明理學並未進入其視野，或者認
為宋明理學是對原始儒學的背離等等而評價頗低。耿寧的研究意味著現象學
與儒學的闡發進入宋明理學的核心議題階段，儘管此前已經有對王陽明哲學
與現象學比較的論文，但比附嚴重和議論疏闊的問題仍在。當然，一些學者
的傑出成果如陳立勝教授《王陽明「萬物一體」論——從「身一體」的立場
看》和林丹博士《王陽明哲學的現象學闡釋》已經在部分議題上有了開山之
功。此外，耿寧著作主要依靠的胡塞爾式的意識分析，而陳立勝、林丹的著

作主要著眼與海德格爾式的存在論分析，這似乎標誌著現象學的兩大傳統都進入了宋明理學的研究。耿寧的著作發表之後，眾多學者跟進討論，其中有中國哲學專業出身的陽明學專家如董平、林月惠教授等，也有倪梁康、張任之等西方哲學出身的學者，這本身預示著陽明學理解的新的視域的開啟。這種開啟不僅僅是作為現象學的陽明學研究的形成，也是一門陽明學的現象學的形成，也即中國哲學研究從哲學史研究向哲學研究的跨越。

本書同樣接續了這個方向，除了胡塞爾的意識分析和海德格爾的存在論分析外，引進了馬克斯·舍勒的現象學的人格主義倫理學。這是因為，首先，舍勒對康德的形式主義倫理學進行了深刻的批判，從而對擺脫了對經驗—先驗等康德倫理學概念的迷思，使得新的理解得以可能；其次，舍勒提出的「人格」概念作為替代「主體」概念的對人的存在方式和存在整體的意指，使得對「良知」、「心體」、「本體」等概念的理解更加貼切。概念的使用是為了能夠更好地理解某些現象並對其作出整體地把握，舍勒的「人格」概念比「主體」更能夠契入儒學對「人」的理解。當然，能夠直接對「良知本體」等概念有著理解和把握是此一詮釋得以可能的條件，本書的目的就在於通過道德意識分析和「人格」分析來使讀者達到對「良知本體」的恰當的理解，當這一目的達到之時，這些分析都可以作為「梯子」而被撤掉。

本書除了道德意識分析之外，大部分是建立在舍勒倫理學的基礎之上的。這方面的研究可以參考張任之教授《質料先天與人格生成——對舍勒現象學的質料價值倫理學的重構》（商務印書館 2014 年），舍勒自己的著作如《倫理學中的形式主義與質料的價值倫理學》（商務印書館 2011 年，倪梁康譯）和「舍勒作品系列」中所收錄的文章（劉小楓主編，北京師範大學出版社 2017 年）。本書無意梳理舍勒對康德倫理學的具體批判，只是從一開始就拒絕了康德倫理學中的主要概念，舍勒的理論為這種拒絕奠定了學理的基礎，而舍勒自身建立的人格主義倫理學的主要觀點會在正文中依據論述的脈絡而提到。

倪梁康教授曾經提到過舍勒與牟宗三思想的接近，他說，「由於牟宗三對舍勒沒有直接的瞭解，至少沒有做過直接的評論，因此對他們兩人之間關係的探討只能具有某種比較研究的性質。它至少可以在兩個基本方向上進行：其一是在內容上，牟宗三與舍勒都在追求客觀的理念與價值，並且共同耕耘在倫理、宗教等實踐哲學領域。在寬泛的意義上，他們從事的是倫常行為與對象的現象學，而不是認識行為與對象的現象學。他們都把倫常行為看作是

第一性的，或者說把實踐哲學視為『第一哲學』，但他們同樣也相信，雖然倫常行為較之於認識行為是奠基性的行為，但卻需要通過認識行為來加以澄清。其二是在方法上，牟宗三與舍勒都在追求道德認識的直接性、倫理直觀的明見性，反對康德『本體』概念或『物自體』概念的『糊塗』或『隱晦』。而且他們實際上都在運用現象學的本質直觀方法，無論是以『智的直覺』（intellektuelle Anschauung）的名義，還是以『倫常明察』（sit tliche Einsicht）的名義。因此，從以上所指出的觀察角度看，在牟宗三與現象學之間即便沒有一種完全相合的關係，也絕不存在一個根本對立的關係，而更多是種種可以會通和互補的可能性」〔註13〕。如果第一點是方向性的接近的話，第二點就是實質意義上的接近。「智的知覺」是否能夠與現象學的倫常明察等同起來是一個需要深入研究的問題，但是已經不能排除二者思想上的接近。這也說明了舍勒思想與儒家思想的貼近。其實，當「智的直覺」已經越出康德哲學的範圍之時，用康德哲學詮釋儒學的最後的和關鍵性的堡壘就是「自律」和「理性立法」。李明輝教授在為牟宗三辯護的時候，核心的闡發就在於把孟子學說解釋為康德的「自律」概念，即「心之自我立法」，同時試圖通過上提「道德情感」來補充康德單純理性立法之不足，他也是在這一意義上認可了舍勒（謝勒）的現象學倫理學關於「價值感」的學說。〔註14〕本書第一章對朱子和陽明的工夫論所作的道德意識分析就表明，「自我立法」所表現的道德意識與儒學本身就不相契合，而不論是上提道德情感還是拈出智的直覺為康德這個詮釋中介查漏補缺，不如徹底地走出康德，邁向新的方向。

　　劉小楓在「舍勒作品系列」《同情感與他者》的「編者前沿」中提到，「由於舍勒的實質情感倫理學（按：也就是質料先天倫理學）在漢語學界不是顯學，康德的形式主義倫理學才是顯學，儒家理學與康德倫理學的德行競賽一度成為當代新儒家主流論述的基本趨向——牟宗三的相關論述因此被視為最富哲學深度的探索。可是，如果我們熟悉舍勒對康德倫理學的現象學批判，有志於復興儒學的論者當會發現，舍勒的實質情感倫理更能有效支撐儒家宋明理學或心學。何況，康德哲學對西方現代啟蒙精神並無自覺的反省意識，

〔註13〕倪梁康：《牟宗三與現象學》，《哲學研究》2002 年第 10 期。
〔註14〕李明輝教授的相關文章可以參看《四端與七情：關於道德情感的比較哲學探討》（華東師範大學出版社 2008 年），《儒家視野下的政治思想》（北京大學出版社 2005 年），《孟子重探》（聯經出版公司 2001 年），《儒家與康德》（聯經出版公司 1990 年）。

舍勒哲學則明確帶有現代性批判的問題意識，當代儒家應該與舍勒聯手而非與康德結盟才對——無論如何，如果要擔當儒家精神傳統的現代命運，舍勒的同情現象學不可不讀」。舍勒的倫理學是否能夠有效支撐儒家的心學，本書會給出一個初步的回答，而「擔當儒家精神傳統的現代命運」則意味著，需要依據儒家的傳統而對建立在主體性哲學基礎之上的現代啟蒙精神做出自覺的反省和批評（當然不是拒絕），這也是本書拒絕以主體性形而上學理解和詮釋陽明學的原因之一。〔註15〕

〔註15〕適應現代化與解決現代化出現的病症似乎是當代儒學開展的根本路徑的兩個方面，然而「現代化」、「現代性」本身的複雜以及對其不同的理解和態度構成了當代儒學內部爭論的前提。這一爭論既涉及形而上學的層面，又涉及了政治哲學、歷史哲學的問題，而面對 20 世紀中國複雜的政治進程又展現出了幾乎截然相反的立場，「大陸新儒學」是這一問題的延續。

第一章　良知的道德意識分析

第一節　朱子工夫論：反思──規範的道德意識

宋明理學之形成，關鍵在於「理」的提出。明道所言「吾學雖有所受，天理二字卻是自家體貼出來」[註1]，已經道破此意。與「理」的提出相關聯的是工夫論的形成。對「理」的不同理解會指向不同的工夫歷程，這意味著「復性」儘管作為理學家的共同立場，但其光譜是非常廣泛的。在不同的理學家那裡，心、性、理、氣等概念有著共同的基本意涵，同時也有著不同的指向。正是這些基本意涵和不同指向之間的張力形成了理學家之間爭論的場地。這種爭論的關鍵不僅僅在於概念的釐清，而是對作為形成概念之不同指向的原因的工夫歷程的辨別──這關係到儒家與異端之辨和儒家內部的爭論。理學家基於自身的工夫歷程和經驗對這些概念有著自己的理解和使用，而這些自身經驗的不同才是理學家之間爭論的真正根源。因此，對一種道德經驗（意識）的描述和分析會成為朱子工夫論分析的首要目的，毫無疑問的是，朱子的工夫論是圍繞《大學》「格物、致知、誠意、正心」的詮釋而展開的。其中，首先要觸及的就是作為「窮理」工夫的「格物」，以及「理」與「物」的關係問題。

一、格物與窮理

對「理」和「物」的理解以及對其關係的思索構成了整個宋明理學的核

[註1] 〔宋〕程顥、程頤著，王孝魚點校：《二程集》，北京：中華書局，2004 年第 2 版，第 424 頁。

心話題。在汪暉教授看來，先秦儒學中的「物」不是純粹孤立的事實範疇，而本身就是自然秩序的呈現，也就是禮樂制度之規範。但在宋儒那裡，「物」逐漸成為認識和實踐的對象，理與氣、理與物的分野意指著道德評價與事實評價的分離，由物尋理的認識實踐表明「物」成為一種內含了天理卻又不同於天理的事實範疇。〔註2〕換句話說，在道德哲學的範圍內，「物」指向了某一事實（件），「理」指向了這一事實（件）的「應當」，在這裡我們似乎看到了「事實」與「價值」的分離。然而問題在於，我們如何理解這種分離？在西方近現代道德哲學中，事實與價值的分離是其根本預設之一，從事實不能推導出應當，反之亦然。康德以自然的因果性和自由的因果性區分自然界和本體界，以應當為自由意志所牽涉之本體界，明顯地區別了兩者。這種區分的關鍵是，二者不能相互涵攝，即有一種二元論的傾向。這種二元論是用兩種不能相互化約的概念來解釋一切現象。但是需要明確的是，「物」與「理」並不是二元概念的雙方。「物」之中就蘊含了「理」本身，「即物窮理」才能夠得以可能。並且，這種蘊含意指的是，作為事實範疇的「物」的存在狀態只有兩種，即「當理」和「不當理」，並不存在一個與「理」（應當）毫無關聯的狀態。因而，「物理」就不會是一種純粹的客觀知識。

那麼，如何理解「物」和「理」？朱子言：「格物二字最好。物，謂事物也。須窮極事物之理到盡處，便有一個是，一個非，是底便行，非底便不行」。〔註3〕在朱子這裡，「物」與「事物」是等同的。一般意義上，只有「事」才可以言「是非」，「物」作為其自身無「是非」可言。只有當「物」介入人的活動之後，才會成為「事」，因而才有此活動之是非。正如楊國榮教授指出的，「正是在人做事的過程中，本來與人無涉的『物』，開始成為人作用的對象，並由此參與現實世界的形成過程。在『事』之外，『物』固然存在，但其意義卻隱而不顯，唯有在做事中，『物』的不同意義才可能逐漸敞開。」〔註4〕當然，朱子在這裡並不承認有與人無關的「物」，「物」從根源講就是「事」。這可以從「物理」來說明。「理」作為「物」的「所當然」和「所以然」，乃是「物」之為「物」的軌則和根據。「自其一物之中，莫不有以見其所當然而不

〔註2〕汪暉：《現代中國思想的興起》上卷第一部，北京：生活‧讀書‧新知三聯書店，2015年第3版，第260～269頁。

〔註3〕〔宋〕黎靖德編，王星賢點校：《朱子語類》卷第十五，北京：中華書局，1986年，第284頁。

〔註4〕楊國榮：《基於「事」的世界》，《哲學研究》2016年第11期。

容已，與其所以然而不可易」。〔註5〕「所當然」指的是一物應當如何，「所以然」是指此「應當」何以如此，即「所以然之故，即是更上面一層。」〔註6〕「所以然」和「所當然」的區別在於，「所當然」主要是一個具體事件中的「不容已」之「應當」，而「所以然」是超越此具體事件的作為其根據之「理」，也就是太極生生之理，「所當然」是「所以然」在具體事物中的表現。如荒木見悟指出，「所當然」還具有與具體對象相關的「有」的品格，而「所以然」則是無法捕捉的、超越個別限定的、無形象的根源之「理」或「太極」。〔註7〕這也就是朱子講的「潔淨空闊」的世界。但是這種區別不是本質性的，「所當然」和「所以然」都是「物理」，而一「物」之「理」是此物之「應當」，從「應當」來理解的「物」也就與「事」沒有區別。而作為軌則和根據的「理」也表明了朱子形而上學的特點。海德格爾指出，「形而上學以論證性表象的思維方式來思考存在者之為存在者。因為從哲學開端以來，並且憑藉於這一開端，存在者之存在就把自身顯示為根據。根據之為根據，是這樣一個東西，存在者作為如此這般的存在者由於它才成為在其生成、消亡和持存中的某種可知的東西，某種被處理和被製作的東西」〔註8〕。倘若朱子這裡仍舊存在著一種形而上學的話──「理」作為形而上者的形而上學，這種形而上學與希臘開端的形而上學是不同的。希臘式的形而上學著眼於「物」的存在根據，而朱子的形而上學著眼於「事」的存在根據──這一根據與「應當」相聯繫。〔註9〕「物」只有在「事」中才能夠被領會，「物理」也就是「事理」。「物」的存在根據是其在人之活動的「事」中的「應當」，只有在「應當」之「事」中，「物」才能夠「各正性命」，此時，「物」與「事」也就沒有了區別。「事物之理」也就是此「事物」之「應當」，這種「應當」不是平鋪之「應當」，而是作為形而上之根據的「應當」，由此朱子那裡的道之形而上學得以成立。但是，

〔註5〕《朱子語類》前言「朱熹與朱子語類」引朱子《大學或問》語，第4頁。

〔註6〕《朱子語類》卷第十七，第383頁。

〔註7〕〔日〕荒木見悟：《佛教與儒教》，鄭州：中州古籍出版社，2005年，第189頁。

〔註8〕〔德〕馬丁‧海德格爾：《哲學的終結與思的任務》，收入陳小文、孫周興譯，孫周興修訂：《面向思的事情》（增補修訂譯本），北京：商務印書館，第81頁。

〔註9〕趙汀陽區別了希臘式的「存在的形而上學」與中國式的「道的形而上學」，與這裡的「物」與「事」的形而上學的區別類似，參見氏著《第一哲學的支點》，北京：生活‧讀書‧新知三聯書店，2017年，第3頁。

「事物」有可能偏離其自身之「應當」，所以有「當理」和「不當理」之區分。

「窮理」，就意味著把握一件事情之應當。「蓋視有當視之則，聽有當聽之則，如是而視，如是而聽，便是；不如是而視，不如是而聽，便不是。推至於口之於味，鼻之於臭，莫不各有當然之則。所謂窮理者，窮此而已。」〔註10〕在朱子這裡，作為一件事情的應當之「理」是需要隨時隨地去探求和把握的，這也是「窮」的內涵。《大學章句》中說到，「推極吾之知識，欲其所知無不盡也」，「窮至事物之理，欲其極處無不到也」〔註11〕，「是以《大學》始教，必使學者即凡天下之物，莫不因其已知之理而益窮之，以求至乎其極」〔註12〕。「窮理」要求人必須深入日常事物中的每一個細節，以求其當然之理，這是朱子工夫論的第一步和前提。「窮理」必須於事物中才有下手處，「即物而窮其理也」。朱子對「格物」的解釋就反映出了這種要求：「即事即物，便要見得此理，只是如此看。但要真實於事物上見得這個道理，然後於己有益。《大學》之道不曰窮理，而謂之格物，只是使人就實處窮竟。」〔註13〕荒木見悟先生認為，朱子在「現實性—本來性」的把握模式上，強調從日常性的細枝末節入手以把握根源性的東西，現實性的多樣性必須經過工夫被本來性所證實，而不能蔑視日常現實的常道，這是朱子區別於禪宗的重要標誌。〔註14〕「格物」與「窮理」在這裡被朱子等同起來，視為同一個工夫的不同說明。「格，至也；物，猶事也。」〔註15〕「格物」，就是到每一件事物中去，把握其當然之理。這種工夫是非常廣泛的，舉凡讀書、考察、辨析等都是格物，故有「今日格一物、明日格一物」之說。

「格物窮理」之結果就是「知至」。《大學》所言「物格而後知至」，朱子解為「物格者，物理之極處無不到也，知至者，吾心之所知無不盡也」〔註16〕。「知至」意味著人幾乎把握了所有的當然之理，換句話說，意味著人知道了大部分的具體的道德準則，這是朱子著力強調的。在朱子看來，道德行為的第一步或者前提就在於把握這種道德準則，使人的行為有確實的規矩可以遵

〔註10〕《朱子語類》卷第五十九，第1382頁。
〔註11〕〔宋〕朱熹：《四書章句集注》大學章句，北京：中華書局，2016年，第4頁。
〔註12〕《四書章句集注》大學章句，第7頁。
〔註13〕《朱子語類》卷第七十五，第1935頁。
〔註14〕〔日〕荒木見悟：《佛教與儒教》，第171頁。
〔註15〕《四書章句集注》大學章句，第4頁。
〔註16〕《四書章句集注》大學章句，第4頁。

循。因此，「格物致知」是朱子所有工夫的前提，要求人意識到每一件事情都有其當行之理，即掌握日常生活中的各種道德準則。

二、誠意

當意識到某件事的「應當」之後，人必須使自己的所有意識和行為符合這一「應當」，這便是朱子理學工夫論所要接下來討論的問題。前者是「格物致知」的工夫，下面就是「誠意正心」的工夫。《大學》在「物格而後知至」後接著就說到「知至而後意誠、意誠而後心正」，朱子言「知既盡，則意可得而實矣；意既實，則心可得而正矣」〔註17〕，「物格知至，則知所止矣，誠意以下，則皆得所止之序也」〔註18〕。首先，「知至」，即掌握各種道德準則，是「誠意」的工夫的前提，「誠意」是「正心」的前提。其次，「誠意」「正心」都屬於「得所止」之工夫，而「格物致知」屬於「知所止」之工夫。所謂「止」，也就是作為道德準則的「善」。《大學》開篇言「三綱領」即「大學之道，在明明德，在親民，在止於至善」，朱子解「止於至善」為「止者，必至於是而不遷之意；至善，則事理當然之極也」〔註19〕。「知止」和「得止」就是知曉「理之當然」和依據「理之當然」而行。「知」與「得」之區別即「知」與「行」之區別，朱子以「知先行後」立論，知曉一個道德準則，然後根據這一道德準則去行動，在朱子這裡是分開的兩個階段。在後一階段，「誠意」是核心工夫。

朱子《大學章句》中釋「所謂誠其意者，毋自欺也，如惡惡臭，如好好色，此之謂自謙，故君子必慎其獨也」曰：

> 誠其意者，自修之首也。毋者，禁止之辭。自欺云者，知為善以去惡，而心之所發有未實也。謙，快也，足也。獨者，人所不知而己獨知之地。言欲自修者知為善以去其惡，則當實用其力，而禁止其自欺。使其惡惡則如惡惡臭，好善則如好好色，皆務決去，而求必得之，以自快足於己，不可徒苟且以殉外而為人也。然其實與不實，蓋有他人所不及知而己獨知之者，故必謹之於此以審其幾焉。〔註20〕

〔註17〕《四書章句集注》大學章句，第4頁。
〔註18〕《四書章句集注》大學章句，第4頁。
〔註19〕《四書章句集注》大學章句，第3頁。
〔註20〕《四書章句集注》大學章句，第7頁。

誠意是「自修」的開始,「自修者,省察克治之功」〔註21〕。經過「格物致知」,工夫進入了第二個層次,也是非常關鍵的層次。「格物者知之始,誠意者行之始」〔註22〕,朱子論知行,以知先行後,知輕行重,就表明了「誠意」作為「行之始」的重要性。當然,這裡「行」仍然屬於意識中的「行為」,而非作為具體外在活動的「行動」。「誠意」是要在意識活動中祛除惡的意向,從而保證所有的意識活動都是符合「當然之理」的。只有當每個意向都是善的意向後,剩下的「自修」活動便可一鼓作氣地完成了,所以朱子說「誠意最是一段中緊要工夫,下面一節輕一節」〔註23〕。「誠意」工夫的內容,就在於「毋自欺」。「自欺云者,知為善以去惡,而心之所發有未實也。」〔註24〕在這裡,「自欺」的前提在於「知為善以去惡」,也就是「知」一件事情之當然,這是建立在「格物致知」的基礎之上的。當人意識到他所應當做的事情(體現為一種意識活動)但卻沒有行動的時候,「自欺」就發生了。

倘若想要阻止這種惡的發生,首先在於意識活動的轉化。當人意識到「這件事情應當如此」的時候,同時有著一種「不願意如此去做」的意識活動,並且,有著對此「應當」和「不願」的同時意識到。人意識到他不願如此去做的同時必須對此「不願」有所抑制和剔除,使自己的意識符合「當然之理」,「誠意」工夫就用在此時。而「誠意」工夫的開端,就是判斷自己的意識活動的善惡,這就是「審幾」。意識發動之初便有善惡之顯現,此之謂「幾」。濂溪《通書》言「誠,無為;幾,善惡」,朱子解曰「幾者,動之微,善惡之所由分也。蓋動於人心之微,則天理固當發見,而人慾亦已萌乎其間矣」〔註25〕。意識活動產生的時候,容易受到私欲的影響而產生各種私心雜念,但同時也會意識到「當然之理」(因為之前已經有格物致知的工夫)。對自己意識的善惡判斷在於是否符合之前格物致知所得之理。也就是說,朱子的「誠意」工夫所體現的道德意識是一種「反思—規範」的道德意識。「反思」的意思是,人對自己意念的判斷是根據已經具有的「應當之理」做出一個判斷,「善」在這種判斷中被給予,而後「規範」自己的意念使其合於善。朱子區分了兩種善,或

〔註21〕《四書章句集注》大學章句,第 6 頁。
〔註22〕《朱子語類》卷第十五,第 305 頁。
〔註23〕《朱子語類》卷第十五,第 305 頁。
〔註24〕《四書章句集注》大學章句,第 7 頁。
〔註25〕〔宋〕周敦頤著,陳克明點校:《周敦頤集》卷二,北京:中華書局,1990 年,第 16 頁。

者說善的兩種被給予方式。「繼之者善也，成之者性也。在天地言，則善在先，性在後，是發出來方生人物。發出來是善，生人物便成個性。在人言，則性在先，善在後」〔註26〕，「天命之謂性，即天命在人，便無不善處。發而中節，亦是善；不中節，便是惡」〔註27〕。可以把這種區別分別稱為「性善」和「意善」。天地生物而有其理為性，這個「性」是「至善」的，所以為「性善」；人之心所發為「意」，此「意」根據其是否符合「性理」而為「善」或者「惡」，所以為「意善」。從工夫的角度講，前者是通過格物致知所得「當然之理」之「善」，後者是意識發動之初有對此意識之檢視和判斷所得之「善」，即「幾者，動之微，善惡之所由分也」之「善」。「意善」就是「誠意」工夫的用力之處，即「反思─規範」的道德意識活動。這種意識活動並不顯現於外，因此只有自己知曉，此時即「人所不知而己獨知之地」〔註28〕，「誠意」工夫就是在這個獨知己之意念發動之初是善還是惡處用力，善者行之，惡者去之，也即「慎獨」。「誠意」工夫的意識活動過程就是「自慊」，也就是使自己的意識活動始終如一。「自慊則一，自欺則二。自慊者，外面如此，中心也是如此，表裏一般。自欺者，外面如此做，中心其實有些子不願，外面且要人道好。只此便是二心，誠偽之所由分也。」〔註29〕在我意識到我應當如此去做的時候，我便如此去做了，這就是「意誠」，也就是「自慊」，如「好好色、惡惡臭」一般堅定，不受私欲之影響，此時人的意識活動是單純的，從意識到行動也是順暢而如一的。在我意識到我應當如此去做的同時，又有對此「應當」的不願意，或者意識到這一「應當」不是因為其本身的「當然之理」而是因為此「應當」可使我獲得某種利益，那麼，這時候的意識活動是諸多念頭並起而雜亂的，這也就是朱子講的「二心」，「誠意」工夫也就是使此雜亂的念頭重新如一於「當然之理」。

　　總而言之，朱子修身工夫的核心在於「誠意」，即一種「反思─規範」的道德意識，其成立的前提在於通過格物致知獲得具體的道德準則，從而在意識活動中對某每一個具體意識進行反思的善惡判斷，從而消除惡的意識。朱子臨終前幾天仍舊在修改《大學》「誠意章」，因此這種工夫可以看做朱子的

〔註26〕《朱子語類》卷第五，第83頁。
〔註27〕《朱子語類》卷第十二，第203頁。
〔註28〕《四書章句集注》大學章句，第7頁。
〔註29〕《朱子語類》卷第十六，第331頁。

成熟定論。後來王陽明通過重新詮釋「誠意」而揭示出作為另一種道德意識的致良知工夫，從而與朱子區別開來。

三、敬與正心

清人李紱（號穆堂）編《朱子晚年全論》，以表示朱子晚年之學說與陸象山一致。穆堂評論朱子之學「早徘徊於佛老，中鑽研於章句，晚始求於一心」〔註30〕，其所著錄朱子晚年（自南宋孝宗淳熙七年南軒卒起，時年朱子五十一歲）書信也大多強調為學當收斂身心，不滯於章句訓詁之學。錢穆先生也強調朱子之學問是心學：「後人言程朱主性即理，陸王主心即理，因分別程朱為理學，陸王為心學，此一分別亦非不是，然最能發揮心與理之異同分合及其相互間之密切關係者蓋莫如朱子。故縱謂朱子之學徹頭徹尾乃是一項圓密宏大之心學，亦無不可。」〔註31〕稱朱子有系統之心學當然可以，但是，朱子對「心」之理解完全不同於陸王，由對此心之不同理解而有工夫之差異。朱子晚年強調心上用功，雖措辭與象山相近，但其所意指之工夫卻不相同。

《朱子晚年全論》載朱子《答度周卿》《答黃直卿書》：

> 歲月易得，義理難明，但於日用之間，隨時隨處，提撕此心，勿令放逸，而於其中，隨事觀理，講求思索，沉潛反覆，庶於聖賢之教，漸有默相契處，則自然見得天道性命，真不外乎此身，而吾之所謂學者，舍是無有別用力處。〔註32〕

> 日用之間，只教此心常明，而隨事觀理，以培養之，自當有進。〔註33〕

朱子在這兩封信中都強調「隨事觀理」，這也就是「格物致知」的工夫。要保證格物工夫的實效，就要使得心隨時警醒提撕，「勿令放逸」，這也是「敬」的工夫。錢穆先生指出，如同象山先立乎其大者指心言，朱子先立乎其大者指敬言，言敬則本體工夫具在，言心則不知何處下手工夫，並總結了朱子言敬的幾種意涵：（1）敬略如畏字相似；（2）敬是收斂其心不容一物；（3）敬是隨事專一，即主一之謂敬；（4）敬須隨事檢點；（5）敬是常惺惺法；（6）

〔註30〕〔清〕李紱編，段景蓮點校：《朱子晚年全論》序，北京：中華書局，2000年第2版，第1頁。
〔註31〕錢穆：《朱子新學案》第二冊，北京：九州出版社，第89頁。
〔註32〕《朱子晚年全論》卷六，第263頁。
〔註33〕《朱子晚年全論》卷八，第353頁。

敬是整齊嚴肅。〔註34〕其實，敬的工夫主要是作為一種動力，使得此心常明，不論是觀理之格物，還是誠意之檢點，都可以順暢而行，不流於私欲而「放其心」。

從格物工夫的角度講，敬之工夫就是使得此心能夠準確地把握當行之理，「此心常明，隨事觀理」。在朱子，「心」其實主要指「知覺」，這也是先秦以來「心」的最穩固的含義，「主宰」「理」「惻隱」等等含義都必須建立在「知覺」的含義基礎之上。「知覺」，也就是人的意識活動。人每時每刻都在進行著意識活動，作為知覺的心也永無間斷（除非死亡）。「心無間於已發未發。徹頭徹尾都是，那處截做已發未發！如放僻邪侈，此心亦在，不可謂非心。」〔註35〕在喜怒哀樂未發之前，意識活動也一直存在，所以已發未發皆屬心。但此心之活動確有當理不當理之區別。牟宗三先生稱朱子學只是一個「心靜理明」，但不如說是「心敬理明」，因為「敬」使得「心」活動起來去把握「理」，「心，則知覺之在人，而具此理者也。」〔註36〕朱子對心的理解除了「知覺」之外，就是「心具眾理」了。需要注意的是，「心具眾理」和陽明學「心即理」存在重大的差異，這種差異造成了二者的本質區別。從朱子學自身來講，「性即理」和「心統性情」意味著，當然之理本身存在於人的心中，但必須經過格物工夫而使之明晰起來。「隨事觀理所得之理，其實不外吾心，即所謂『天道性命，真不外乎此身』」〔註37〕，這也就是「性即理」「心統性情」和「心具眾理」的意思。以朱子學和陽明學對比而言，如何理解作為「知覺」的心和「理」的關係是其分歧所在。在這裡，明代朱子學者羅欽順（號整庵）與陽明弟子歐陽德（號南野）的一段書信往來有助於我們理解這種差異：

> 教箚謂，有物必有則，故學者必先於格物。今以良知為天理，乃欲致吾心之良知於事物，則道理全是人安排出，事物無復有本然之則矣。（引者案：此引整庵之語，《困知記》中有記載。）
>
> 某竊意有耳目則有聰明之德，有父子則有孝慈之心。聰明之得，孝慈之心，所謂良知也，天然自有之則也。視聽而不以私意蔽其聰

〔註34〕錢穆：《朱子新學案》（第2冊），北京：九州出版社，2011年，第403頁以下。
〔註35〕《朱子語類》卷第五，第86頁。
〔註36〕《朱子晚年全論》卷五答徐子融，第217頁。
〔註37〕《朱子晚年全論》卷六答度周卿，第263頁。

> 明，是謂致良知於耳目之間；父子而不以私意奪其慈孝，是謂致良
> 知於父子之間。是乃循其天然之則，所謂格物致知也。天理之則，
> 民之秉彝，故不待安排而錙銖不爽。即凡多聞多見其闕疑闕殆，擇
> 善而從者，秉彝之知，其則不遠，猶輕重長短之於尺度權衡，捨此
> 則無所據，而不免於安排布置，非所謂不遠人以為道矣。〔註38〕

整庵要求工夫的開始必須「格物」以求「本然之則」，這是非常明顯的朱子學之要求。這種要求的背後是這樣一種意識：我們日常的意識活動總會偏離當然之理，這種偏離首先是意識不到當然之理造成的，因此道德實踐的開端就是尋求當然之理，否則意識活動和之後的行動就會流為私欲，即「事物無復有本然之則」。但是在南野看來，儘管日常意識活動會偏離當然之理，但是這並不意味著必須在這個當下的意識活動之前（外）去尋求一個當然之理，而是就此意識活動本身之中去除造成此偏離的私欲，因此這個意識活動本身之發出就具有當然之理，只不過可能被私欲遮蔽。這是陽明學的根本之義。南野以耳目必有其聰明，父子必有其慈孝來說明這個道理。陽明也有類似的說法。這種意識活動本身的當然之理是不帶安排和不必提前尋求的，而且在此當下的意識活動之外去尋求其他的當然之理，則必須以此當下意識活動所展現的當然之理為根據，並「不免於安排布置」。

　　這段對話展現的不同理路就是朱子和陽明的區別，也是朱子和謝良佐（號上蔡）「以覺訓仁」的區別所在。在朱子看來，「心」只是一個「知覺」，工夫的目的就是使得這個「知覺」符合當然之理。因此，工夫首先就是去尋求一個當然之理，然後根據這個理去檢視每一個知覺意識，使其符合理。「知覺」只是一個中性的描述語，指向了人的可善可惡的一般意識。於是朱子強烈反對上蔡以覺訓仁。上蔡有言：「不可易底便喚做道，體在我身上便喚做德，有知覺、識痛癢便喚做仁，運用處皆是當便喚做義。大都只是一事，那裡有許多分別！」〔註39〕「識痛癢」是承襲程顥（明道）而來。明道以手足麻痺為不仁，以指點學者須識得天地萬物一體之仁，此一「識仁」便從「覺」而來。「覺」是人的意識活動，意識同時也是一種領悟和覺解，即對意識對象之意

〔註38〕〔明〕歐陽德著，陳永革點校：《歐陽德集》，南京：鳳凰出版社，2007年，第18～19頁。

〔註39〕〔清〕黃宗羲原撰，〔清〕全祖望補修，陳金生、梁運華點校：《宋元學案》卷二十四上蔡學案，北京：中華書局，1986年，第935頁。

義的把握。這種領會和把握是人意識的根本能力，只要人能夠在具體的行動中領悟到天地萬物一體之仁，那麼其行為自然是當然之則。這本就是人的良知，程明道亦明言「蓋良知良能，元不喪失」〔註40〕。也就是說，上蔡繼承明道而以覺訓仁，意在指出，人之意識活動本身就有天然之則，只要順此覺解而行，便無不是道，「那（哪）裏有許多分別」。但是，朱子卻不同意這種說法，並且稱明道《識仁篇》是「地位高者事」而不列入《近思錄》。這說明朱子將「人之意識活動本身就有天然之則」理解為經過一系列工夫之後達到的結果，而不是如明道上蔡那樣為初學者所作的指點。朱子在駁斥上蔡的時候明確區分了「人之意識活動」和「意識活動的當然之理」：

> 上蔡以知覺言仁。只知覺得那應事接物底，如何便喚做仁！須是知覺那理，方是。且如一件事是合做與不合做，覺得這個，方是仁。喚著便應，抉著便痛，這是心之流注在血氣上底。覺得那理之是非，這方是流注在理上底。喚著不應，抉著不痛，這個是死人，固是不仁。喚得應，抉著痛，只這便是仁，則誰個不會如此？須是分作三截看：那不關痛癢底，是不仁；只覺得痛癢，不覺得理底，雖會於那一等，也不便是仁；須是覺這理，方是。〔註41〕

朱子在這裡分析的比較詳密。朱子把「不關痛癢」和「關痛癢」理解為日常的生理知覺，是關乎「血氣」的，這種「知痛癢」自然與「仁」無關。很明顯，朱子誤解了上蔡所說的「知痛癢」乃是在「天地萬物一體」的「身體」上講的。但是這種誤解背後說明了朱子所做的區別。「喚著便應」等等只是一般的知覺活動，而「合做與不合做」等等才是理，是仁，是知覺活動之應當。我意識到某事和意識到某事之應當，是兩個不同的意識活動。意識到某事之應當必須有專門的工夫來進行，這也是朱子一直強調格物的原因。

　　正如上文分析「誠意」所指出的，意識到某事之應當之後以此應當來檢視意識之善惡就是誠意工夫，而「正心」工夫就是「誠意」的繼續擴展。《大學章句》解「正心」，「然一有之（忿懥、恐懼、好樂、憂患）而不能察，則欲動情勝，而其用之所行，或不能不失其正矣」，「心有不存，則無以檢其身，是以君子必察乎此而敬以直之，然後此心常存而身無不修也」，「蓋意誠則真無惡而實有善矣，所以能存是心以檢其身，然或但知誠意，而不能密察此心之

〔註40〕《二程集》遺書卷第二上，第 17 頁。
〔註41〕《朱子語類》卷第一百一，第 2562 頁。

存否，則又無以直內而修身也」〔註42〕。根據朱子，「正心」工夫也就是「存心」的工夫，也就是仔細地檢查每一個意識，在每一個意識發出之際審視這個意識的善惡，也就是「密察」的工夫。也就是說，「正心」工夫就是「誠意」的擴展和保任，自身並不構成單獨的工夫內容，這與後來王陽明特別是其後學嚴格分別「誠意」和「正心」是不同的。

四、朱子工夫論與自律道德問題

在對朱子哲學的詮釋中，牟宗三先生做的工作是極為重要的。牟先生對朱子學乃至整個宋明理學和儒家哲學的詮釋核心在於道德形而上學、道德主體的提出以及自律道德和他律道德的分別。牟宗三先生以伊川、朱子所開之靜涵靜攝系統為橫向的他律道德而以明道、象山、陽明和五峰、蕺山所開之縱貫系統為自律道德，也即康德哲學所強調的意志自身立法的自律道德，當然康德與儒家的區別在於有無「智的直覺」。本節主要聚焦於從道德意識分析的角度討論自律道德所彰顯之具體意識過程，與朱子工夫論做一對比，以探究這一詮釋是否合適。

在西方道德哲學史上，提出自律道德這一概念並加以詳盡發揮的當屬康德。「康德道德哲學的主旨在於這一斷言：道德主要與人們施加給自己的法有關；並且，在這樣做時，他們必然會給自己提供一種服從的動機。康德把以此方式在道德上實行自治的行為主體說成是自律的」，「他把道德看成是自律的觀點在思想史上還是新生事物」。〔註43〕自律道德的核心在於自己服從自己，更確切的說，是自己的意志服從理性的自身立法。「意志處在其形式的先天原則和其質料的後天動機的中間，彷彿是處在一個十字路口」〔註44〕，意志必然地被作為形式先天原則的理性或者作為質料後天動機的感性所規定，那麼，自律道德必然是前者。理性所制定的形式先天原則也就決定了什麼是善、什麼是惡。「實踐理性的唯一客體就是那些善和惡的客體」，善惡概念必須出自理性的道德法則從而與任何經驗性的對象無關，實踐理性的客體出自實踐理性的自我立法。

〔註42〕《四書章句集注》大學章句，第 8 頁。

〔註43〕〔美〕J.B.施尼溫德著，張志平譯：《自律的發明：近代道德哲學史》（下冊），上海：上海三聯書店，2012 年，第 598 頁。

〔註44〕〔德〕康德著，李秋零譯注：《道德形而上學的奠基（注釋本）》，北京：中國人民大學出版社，2013 年，第 16 頁。

那麼，這在一個必須涉及經驗性條件的具體道德行為時，這個道德行為如何才是出自實踐理性的自我立法也即出自義務的？康德以實踐理性的判斷力回答了這個問題。實踐理性是自由的因果性，其中並沒有知性提供的作為先驗想像力運作的感性圖型，而是有著一條作為自然法則的道德法則的模型：「問問你自己，你打算去做的那個行動如果按照你自己也是其一部分的自然的一條法則也應當發生的話，你是否仍能把它視為通過你的意志而可能的？」〔註45〕任何在經驗中得到運用的實踐準則必須經受這條自然法則的檢驗才能夠成為道德的，而這條作為自由法則模型的自然法則也就是實踐理性的基本法則的應用，「要這樣行動，使得你的意志的準則任何時候都能同時被看做一個普遍立法的原則」〔註46〕。儘管如此，這條法則仍然是形式的，而當我們面臨一個具體的道德情景時，形式的道德法則必須轉換為具有實際內容的道德判斷，一個具體的道德行為才得以可能。

問題就在於，這種轉換是在具體的時空中展開的，它意味著具體的人的意識活動。我們可以試圖描述一下這個過程：當我面臨一個具體的道德事件，我無法直接判斷善惡（在此經驗事實中善惡無法直接呈現）而必須對此事件進行反思，思考其是否符合道德法則的形式（同時也是道德法則在自然界的應用）。這是一種脫離於當下道德情況而進行反思的道德意識，可以稱之為「反思—規範的道德意識」。比如在一個情況下某人撒了謊，我們必須將「撒謊」普遍化而因其自相矛盾而否認其作為普遍立法的可能性，從而認為它是「惡」的，並非從這一撒謊的實際情形中「惡」向我們直接顯現出來，即並非直接意識到這一行為是「惡」的。這是康德形式主義倫理學（舍勒語）的根基所在，也同樣說明了律令倫理學的形式主義特徵。

倘若把這種道德意識過程與朱子做一番比較，就會發現其中既有相似處，也有不同的地方。在不同的地方，我們可以思考，牟先生提出的朱子學是一種他律道德到底說出了什麼。首先，兩者都屬於「反思—規範的道德意識」。在朱子那裡，「誠意」工夫就是對意識活動的道德審查，是對這個意識活動跳出而對象化之檢視，而康德同樣的，需要對這個意識活動進行能否普遍化的審查，同樣是跳出而對象化此意識。但是，這其中仍舊存在區別。在朱子，這種審查是平面化的符合，也即「我當做某事」與「我當下做此事」之比較，與

〔註45〕康德著，鄧曉芒譯，楊祖陶校：《實踐理性批判》，第 95 頁。
〔註46〕康德著，鄧曉芒譯，楊祖陶校：《實踐理性批判》，第 39 頁。

前者相符合者為善。而在康德，這種審查是就當下意識自身而拔高之普遍化，以討論其是否符合形式化之邏輯（不自相矛盾）。這是因為，朱子的格物並不是尋求一個普遍化的道德法則，而是具體的道德準則。理性的自身立法所形成的「法條」才有「應用」的問題，而朱子的格物致知本身所尋求的就是一種具體的道德行為之應當。在這種對比下，我們可以討論牟宗三先生所判定的朱子學為他律道德是否恰當的問題。

牟宗三區別自律道德和他律道德是與康德一致的，即道德原則從幸福原則等經驗性的概念引出者是他律道德，從理性原則引出者是自律道德，這也是其強調的「截斷眾流」義。在此基礎上，牟宗三又指出，從知識講道德就是道德他律，「就知識上之是非而明辨之以決定吾人之行為是他律道德」。於是，朱子學就是一個他律道德：「朱子既取格物窮理之事，故道問學、重知識」，「是則決定我們的行為者是那外在之理；心與理為認知的對立者，此即所謂心理為二。理是存有論的實理，是形而上者，是最圓滿而潔淨空曠的；而心是經驗的認知的心，是氣之靈，是形而下者。因此，決定我們的意志（心意）以成吾人之實踐規律者乃是那存有論的實有之理（圓滿之理），而不是心意之自律。因此，對氣之靈之心意而言（朱子論心只如此，並無孟子之本心義），實踐規律正是基於存有論的圓滿之他律者。故彼如此重視知識。」〔註47〕這也就是「靜涵系統下之他律道德」。這段話有兩個要點，其一就是「知識上明辨是非」與「他律道德」問題，其二就是「心」與「理」之關係問題。

牟宗三對朱子是他律道德的判斷核心就是「以知識講道德」，而且認為這是康德的說法。針對康德是否把「以知識講道德」作為判別自律道德和他律道德，楊澤波教授指出了這是牟宗三的誤讀，追求知識本身並不是道德他律，只有把道德原則建立在經驗性的知識之上才是他律道德，通俗地講即知識的目的決定了其是不是道德他律〔註48〕。回到朱子，牟先生是根據朱子的格物致知論判斷其為「以知識講道德」的。「是以其泛認知主義之格物論終於使道德成為他律道德也」，「朱子之即物窮理徒成為泛認知主義之他律道德而已」，

〔註47〕牟宗三：《從陸象山到劉蕺山》，第9頁。
〔註48〕關於這一問題可以參看楊澤波教授的多種著作，代表性的有《牟宗三三系論論衡》（上海：復旦大學出版社，2006年）第五章、第六章以及《〈心體與性體〉解讀》（上海：上海人民出版社，2016年）第十四章。

「依知識進路而講道德，即成為閒議論，不是知識本身為閒議論。朱子即是依知識之路講道德者，故其講法即成為閒議論而無價值。朱子對於知識本身之追求甚有興趣。若止於此，則亦無礙。但他卻要依此路講道德實踐。通過涵養須用敬、進學在致知，將知識引歸到生活上來，便是依知識之路講道德。順此路講下去，即使講到性命天道、太極之理，所成者亦只是靜涵系統下之他律道德」〔註49〕。針對牟宗三的指責，可以說是誤讀了朱子的格物致知論。格物致知並不是去尋求知識，而在於事事物物上求個是非之理，第一節已經有了詳細的說明。知識的形式是「某物是如此這般」，而格物所得之理是「某物應當如此這般」。前者是「聞見之知」，後者是「德性之知」。朱子對這二者做了區別：

> 問：「聞見之知，非德性之知。他便把博物多能作聞見之知。若如學者窮理，豈不由此至德性之知？」曰：「自有不由聞見而知者。」〔註50〕

> 問「多聞」。曰：「聞，只是聞人說底，己亦未理會得。」問：「知，有聞見之知否？」曰：「知，只是一樣知，但有真不真，爭這些子，不是後來又別有一項知。所知亦只是這個事，如君止於仁，臣止於敬之類。人都知得此，只後來便是真知。」〔註51〕

> 問橫渠「耳目知，德性知」。曰：「便是差了。雖在聞見，亦同此理。不知他資質如此，何故如此差！」〔註52〕

在第一段問答中，朱子明確指出窮理所得為德性之知，不由聞見而有，這是繼承張載「德性之知不萌於聞見」而來。在第二段和第三段問答中，朱子強調只有一個「知」，在「聞見」中所尋求的仍舊是「君止於仁」之「應當」，「雖在聞見，亦同此理」。因此，朱子的格物致知所得之「知」是「某物應當」之「德性之知」，而非牟宗三所言「泛認知主義」的「知識」。

在「心」與「理」之關係問題上，牟宗三的闡發是到位的，即「認知的對立者」，但其對「理」的闡發卻有明顯地受到了自己哲學體系的影響。牟宗三的另一個重要分判就是「只存有不活動之理」和「即存有即活動之理」，

〔註49〕牟宗三：《從陸象山到劉蕺山》，第37頁。

〔註50〕《朱子語類》卷第九十九，第2537頁。

〔註51〕《朱子語類》卷第三十四，第899頁。

〔註52〕《朱子語類》卷第九十九，第2537頁。

朱子的「理」是前者。這種分判牽扯其道德形而上學的體系建構，簡單地說，「即存有即活動」之理是作為宇宙創造真幾的形而上學實體，其「活動」義正是彰顯「心體」的「動力」，而「只存有不活動之理」就喪失了「心義」而割接了「心體」和「性體」，這也是牟宗三提出「以心著性」的意思。倘若跳出牟宗三的哲學體系，楊澤波教授的一段話可以幫助我們理解這個問題：

> 從這裡可以看出，牟宗三對朱子之學最大的不滿之處在於：朱子之學只是講認知，講求其所以然，在學理中沒有孟子的本心之義，從而使其理論沒有活動性。這是一個致命傷。在性體和心體的關係中，性體是一種超越之體，是道德的最後根據。性體雖然如此重要，但其本身沒有活動性，它的活動性必須通過心體來保證，所以完整的心性學說必須做到心性為一而不為二。恰恰在這個關鍵性的環節上，朱子出了問題。朱子並不是不講心，但他對孔子講的仁、孟子講的心缺乏深切的體驗，所以他講心完全偏向了認識方面，成了認識之心。認識之心與孟子的道德本心是不同的。認識之心只是一種認知的能力，通過它可以認識理，認識事物之所以然，而孟子的道德本心本身就是道德的本體，不再需要借助外在的認知即能創生道德。由於朱子在這個關鍵環節上出了問題，其直接的後果就是他講的性體成了死理，只存有不活動，失去了道德的活力，這也就是牟宗三反覆講的「只存有不活動」。「只存有不活動」是說理性沒有活動性，無法直接決定道德善行，在這方面是軟弱無力的。有鑑於此，我把牟宗三對朱子的批評概括為「道德無力」。所謂「道德無力」就是由於在心性學理中道德本心的失位所造成的性體無法直接決定道德的現象。〔註53〕

楊澤波教授使用「道德無力」來解釋牟宗三「只存有不活動之理」的內涵，挑明了一個重要問題。在朱子，其對心的理解只是一個知覺之心，認識之心，此心需要通過格物致知的工夫去把握「理」，然後根據這個「理」去實施道德行為。這中間需要一種動力，或者按照康德的講法，「實踐理性的動機」。康德將敬畏（重）感作為這種動機，而在朱子則是「敬」。後來王陽明反

〔註53〕楊澤波：《「道德他律」還是「道德無力」──論牟宗三道德他律學說的概念混亂及其真實目的》，《哲學研究》2003 年第 6 期。

對朱子增加一個「敬」的工夫，其原因就在於二者對「心」的理解不同，陽明「即心即性即理」的「良知」自身就具有「動力」，所以不需要「敬」的工夫，這也是有論者以「動力之知」詮釋「良知」的根據所在〔註54〕。因此，從缺乏動力的角度來講，朱子與康德是一致的，這也就是「如何對道德法（準）則感興趣之問題」的道德情感問題。康德在「純粹實踐理性的動機論」中詳細闡明他對道德情感的看法。康德認為行動的德行本質在於理性直接規定意志，而如果意志受到情感的影響或者出自情感而做出道德行為，那麼這種行為只是合乎義務的而非出自義務的。但是，由於人類意志並不能夠完全先天地出自理性，因而作為道德行動的客觀根據的道德律同時也必須作為主觀根據，即要求一種主觀的動機。「動機」是拉丁文 elater animi 的翻譯，意思是「心靈的鼓動」〔註55〕。這種動機便是敬畏感，它對主體的感性有影響並以此促進道德法則對意志的影響。康德對敬畏（重）感的產生有著生動的描述。在日常活動中，我們的愛好構成了我們意志的根據，然而當意志出自道德法則的時候，我們會中止或者消除這種自愛，從而產生某種痛苦的情感，因為能夠否定自愛這種情感的只有另一種情感。在這種抑制和阻止自愛的情感中，我們同時感受我們自身感性衝動與道德法則相比而言的謙卑，以及對此道德法則本身的尊重，這二者結合起來就是敬重。這種敬重感是「道德律就其作為這樣一個動機而言在內心中所起的（更準確地說，必然起的）作用」〔註56〕，它對自愛的抑制和對法則的興趣是「一種對法則影響意志有促進作用的情感」〔註57〕。這種敬畏感的前提是人無法主動地愛好一切道德法則，道德法則必然與人的愛好發生衝突，「道德命令」始終是強迫的，「一個要人們應該樂意做某事的命令是自相矛盾的」〔註58〕。康德認為樂意、自願地的道德行為是一種跨越人類理性界限的宗教狂熱和單純道德狂熱。道德自律仍然是律令倫理學，實踐理性的自身立法也可以看做人自身理性對感性的立法，有立法者亦有遵法者，感性在此只能是被強迫的而非自願地遵守道德法則。出自純粹理性的道德法則是神聖的，而感性則是卑下的，自願地遵守道德法則是感性

〔註54〕參見黃勇：《論王陽明的良知概念：命題性知識，能力之知，抑或動力之知？》，《學術月刊》2016 年第 1 期。

〔註55〕康德著，鄧曉芒譯，楊祖陶校：《實踐理性批判》，第 98 頁注。

〔註56〕康德著，鄧曉芒譯，楊祖陶校：《實踐理性批判》，第 99 頁。

〔註57〕康德著，鄧曉芒譯，楊祖陶校：《實踐理性批判》，第 103 頁。

〔註58〕康德著，鄧曉芒譯，楊祖陶校：《實踐理性批判》，第 114 頁。

對純粹理性的「僭越」。

但是，這種敬重感和朱子所講的「敬」仍舊有區別。朱子提到「敬」時也說「只是一個畏字」，這與康德「敬畏」有相通之處。但進一步深究，就會發現其中存在深刻的差異。其一，「敬」不僅僅是對道德法則的敬畏。在康德那裡，敬重感是一種對象化的情感，即面對道德法則這一對象所具有的情感，因而這種敬重感按照朱子的話來說是「有事時」。朱子強調「敬」無分動靜，「無事時敬在裏面，有事時敬在外面」〔註59〕，敬只是一個常惺惺模樣，一種持續的心理狀態，並不是應物而起的情感，反而是使得道德意識─行為應物而起的可能性。其二，「敬」不是對理性立法對感性的壓抑以及一種非自願的義務感，恰恰相反，「敬」的目的就在於道德行為的自然而然。「學者當知孔門所指求仁之方，日用之見，以敬為主。不論感與未感，平日常是如此涵養，則善端之發，自然明著。」〔註60〕自然之善端意味行善之自然自願，全無強迫之感。

我們看到，牟宗三提出的朱子「只存有而不活動之理」的背後是「心」與「性理」的割裂，以至於「心」本身需要提供一個在「窮理」之外的動力以促動道德意識和行為。而康德那裡的「敬畏」感也是一種促使意志遵守理性制定的道德法則的力量。從這一點上，朱子和康德是一致的，都是使自身去遵循某一道德要求。不同的是，康德否認人能夠對道德法則感興趣。從這點區別來看，朱子學已經超出了自律倫理學所要求的理性原則而陷入康德所批評的「道德狂熱」。儘管牟宗三提出了道德情感「可以上下其講」來回應這一問題，但主要是建立在伊川朱子一系之外的「逆覺體證」工夫基礎之上的，朱子這裡則被忽略掉了。

統而言之，朱子與康德的道德哲學所展現之道德意識過程都是「反思─規範」的道德意識，儘管二者在反思的方式上有所區別。而且，從「以知識講道德」來看，朱子學絕非是他律道德；從「敬」之工夫體現的道德情感和道德動力來看，朱子學又與康德式的自律道德不一致。這恐怕是因為康德建立在道德主體和自然法基礎上的形式主義倫理學與儒家倫理學本身不相契合的緣故，這背後是兩種不同的道德經驗。

〔註59〕《朱子語類》卷十二，第213頁。
〔註60〕《朱子語類》卷十二，第213頁。

第二節　知善知惡之良知：隨附性的道德意識

一、覺與隨附性意識

在儒家哲學的近代詮釋中，「覺」或者「直覺」是一個出現頻率很高的核心概念，當然，在以「覺」言「心」的古典思想中，「心」或「覺」也是論述的核心話語之一。可以說，一些「新儒家」正是通過對「心」或者「直覺」的哲學闡發而形成自己的哲學體系的。在這些闡發中，我們可以追尋「覺」的真實意涵，從而對王陽明的「良知」概念有一個深刻的理解。因為，良知乃「自然靈昭明覺者」。

梁漱溟先生在其《東西文化及其哲學》〔註61〕中就借用唯識學中「現量」「比量」和「非量」來說明中國傳統哲學是講「直覺主義」的思想方法。「現量」就是一般哲學所謂感覺（Sensation），由感官所得的諸種單純的感覺。「比量」是使用分別綜合等理智的方法從單純感覺中構造出意義和概念。而「非量」就是「直覺」，是「受」「想」二心所所得到的一種精神意味、趨勢或者傾向，這種「非量」「直覺」的方法就是中國哲學的根本方法，對於陰陽、乾坤等觀念的認識都是直覺的。在梁漱溟看來，孔子是「一任直覺」的，人生道路本就是流行之體，遇事情而自然感應而無不恰好，「仁」也就是一種直覺。孟子講的不慮而知、不學而能的良知良能也就是一種直覺。這種對善和美的直覺是同一的，人人具有，只要保持著這種直覺，自然活動自如不失規矩。梁漱溟這裡的直覺方法主要是對「意味」「趨勢」這種不能夠通過固定而現成化對象化把握的對象的直接領悟，或者說，對變動不居的事物的把握和與之協行，即一種人生態度。

賀麟先生同樣也注重直覺方法。在《宋儒的思想方法》〔註62〕中，賀麟針對梁漱溟提倡的直覺法提出了兩點疑問，其一是關於直覺是否計較善惡，其二是直覺能否作為一種思想方法。首先，他認為，梁漱溟所講之直覺應該是道德的直覺，是對善惡分辨敏感的直覺，而不是超道德的、藝術的、宗教的直覺。其次，他認為直覺即是一種經驗，一種精神境界、神契經驗和當下頓悟之類，同時也是一種方法，是與抽象理智不同的但卻不違背理性的方法，而且，在具體的思維過程中，首先需要直覺去洞見對象之全體，然後經過局

〔註61〕梁漱溟：《東西文化及其哲學》，上海：上海人民出版社，2015年。
〔註62〕賀麟：《近代唯心論簡釋》，上海：上海人民出版社，2009年。

部的理智分析，再在更高層次上以理智的直覺把握其全體的意蘊。在賀麟看來，宋儒的思想方法就是這樣一種直覺法，不論是朱子還是象山。直覺方法有兩種，其一是向外透視，即以理智的同情觀察外物如自然、歷史和書籍等，朱子主要代表這一面；其二是向內省察，同情地理解自我，回復本心，回復道德的良知，象山主要代表這一面，陽明的直覺法也與此相同。賀麟在梁漱溟提出的直覺法上又往前推進了一步，將直覺法當做一種方法，並且，提出了這種方法可以用來進行直接的善惡判斷和道德行為。那麼，這種向內直覺的方法究竟是什麼，「回復本心」如何才是可能的，它如何才有一個堅實的現象上的根基？

馮友蘭先生的《新原人》〔註63〕中關於「覺解」的闡發有助於我們理解這個問題。在馮友蘭看來，人在做某事，對某事有瞭解，同時對此瞭解也有所瞭解，即其自覺其瞭解或者自覺其做某事，而這種「自覺」或「覺」也就是人之活動區別於其他動物活動的根本所在。人生是有覺解的活動。這種覺解是一種心理狀態，並不依據概念而獲得，只是反觀地瞭解我們自己的活動，「我們於活動，心是明覺底。有瞭解的活動時，我們的心，亦是明覺底。此明覺底心理狀態，謂之自覺」〔註64〕。馮友蘭詳細發揮了「心」的「覺」義，並且以此為其人生境界論的依據。「心」，就是「知覺靈明」，人之所以能夠有覺解就是人是有心的，而人的道德行為之所以是道德的首先在於其是有覺解的。人因其心而對世界有一個覺解，但其覺解之不同就會導致這一世界對人的意義就會有所不同，因而各個人的境界也就不同，所以才有自然境界、功利境界、道德境界和天地境界的區別。所以說，馮友蘭正是通過「自覺其做某事」的「覺解」而建立了自己的人生境界論的哲學體系，這種「覺解」就是不依賴概念理性的「直覺」。這種意義上的「直覺」就與賀麟講的「向內省察」的直覺方法聯繫起來，「向內省察」之所以可能，就在於「覺解」，即對自己所做之活動同時有所瞭解，在這種瞭解中，「本心」「良知」才能有所體現。在作為「反省」的「覺解」中使得「本心」呈現，唐君毅與牟宗三亦順此理路而行，「道德自我」之確證和「逆覺體證」就是順此「覺」而來。

唐君毅對道德心靈的肯定在於「一念自反」。唐君毅首先感到現實世界的無情、不仁、不善，但人之所以能夠對現實世界感到不滿，就在於他對善和

〔註63〕馮友蘭：《貞元六書》（下），北京：中華書局，2014年。
〔註64〕馮友蘭：《貞元六書》（下），第571頁。

完滿世界的要求是真實的。「正是因為道德心靈得以肯定的起始點是對現實自我及世界殘忍不仁的否定，和對真實、恒常、善、完滿的自我及我所對的世界的要求。所以，在道德實踐中一念自反以建立道德心靈，進而在道德心靈中體會的本體是真正的內部之自己，形上自我」〔註65〕若懸置唐君毅所秉持的形而上學思想不論，只從其對道德自我的獲得而言，無非是對自身之對善的要求的覺察和肯認，即對此要求本身的「覺」。而唐君毅用來論證心本體的涵蓋性和超越性的主要根據也在於能覺，即人類思維能力的無限性和超越性，「純粹能覺是我所固有，我只要一覺，他便在」〔註66〕，「他」即「心之本體」，無所不在而主宰一切。唐君毅晚年著《生命存在與心靈境界》，從「感通」處言「心靈」，境與心俱起而有九境之別，「境界」之義包涵「物」在內，與「世界」（World）或「視域」（Horizon）相近。此種說法與馮友蘭之「覺解」和「境界」相通，只不過更加繁複和精細。此外，牟宗三在講明道五峰和象山陽明兩系哲學的時候都提到了「逆覺體證」，也是其哲學體系的核心概念。

　　其實，我們看到，近代以來新儒家的哲學體系中，「覺」或者「直覺」佔有了核心的位置。正如胡軍教授指出的，「只要稍加注意，人們就能發現這樣一個事實，即中國現代哲學家雖然重視辯證方法、邏輯分析方法、歸納方法，甚或其他的種種方法，但由於他們與生俱來的內在深厚的中國傳統文化情結，其內心深處卻似乎更鍾情於直覺的方法。因為，中國傳統思想所強調的悟或體悟、體驗等，與現代意義上的直覺有著剪不斷、理還亂的密切而複雜的內在聯繫」，而且，「從整體上看，中國現代哲學家們關於直覺及其方法的思想精髓可以概括為七點：一是將直覺視為一種向內處理和研究人的精神生活或生命的取向、態度、途徑。二是不能將對生命的把握或認知看作對外在對象的認知進路，不能借助於其他種種非生命的手段，而必須讓自己直接地進入生命本身。三是不同於一般意義上的生命概念，任何個體生命都是一個整體，不能用自然科學的、邏輯分析的方法對之做零打碎敲式的研究，而只能對之做整體的把握或領悟。四是這種把握不是靜態的，而是動態的；不是固化的，

〔註65〕單波：《心通九境：唐君毅哲學的精神空間》，北京：北京大學出版社，2011年，第40頁。

〔註66〕唐君毅：《道德自我之建立》，臺北：學生書局，1985年，第110頁。轉引自單波：《心通九境：唐君毅哲學的精神空間》，第44頁。

而是流動的。五是不能借助於語言、語詞、概念做形式上的無內容的把握，而是對生命內容深切體悟與直接切入。六是這種把握需要經過長期的努力、艱苦的摸索、百般的計較，才有可能。七是直覺不僅僅是一種方法，而且更是一種境界。」〔註67〕

這種「直覺」，作為對生命的直接整體領悟，乃是根植於對生命活動的當下意識到，這種意識到不是對象化反思的意識，而是與之俱起的隨附性意識。這種意識在現象學這裡得到了詳細的發揮。現象學的根本原則就在於「直觀」，「直觀」可以說是現象學精神的核心：「將各個編者聯合在一起並且甚至在所有未來的合作者那裡都應當成為前設的東西，不應是一個學院系統，而毋寧說是一個共同的信念：只有通過向直觀的原本源泉以及在此源泉中汲取的本質洞察的回復，哲學的偉大傳統才能根據概念和問題而得到運用，只有通過這一途徑，概念才能得到直觀的澄清，問題才能在直觀的基礎上得到新的提出，爾後也才能得到原則上的解決。」〔註68〕胡塞爾把概念的澄清建立在直觀的基礎之上。在胡塞爾這裡，直觀不再是康德意義上只提供感性材料的感性直觀，而是本質直觀。而本質直觀只不過是調整我們看或者傾聽的方式而已，譬如對紅色物體的直觀轉向對紅本身的直觀，即轉向了更加可能化的維度。「也正是由於人的意識活動這種根本的自由可能性所創造出的『總是更多、更深』的狀況，或多維可能性先於可當場對象化的現實性的狀況，雖然人的意識總要從其投入的直觀活動——感知、想像等——中獲得真實體驗，但又不會完全陷於當下從事的活動而不同時意識到或自知到這個活動。換言之，意識活動的自由變更性或自由構造性也必適用於它自身，即就在它進行時溢出它及它所朝向者，並隨附式地意識到它正在進行著的構造活動和被構造物，『每個行為都是關於某物的意識，但每個行為也被意識到。每個體驗都是被感覺到的，都是內在地被感知到的（內意識），即便它當然還沒有被設定、被意指（感知在這裡並不意味著意指地朝向與把握）。』這就是所謂的自身意識或原意識，或每個意向行為必超出對象化投入而具有對自身的附隨意識。」〔註69〕這裡對上文提到的人之能夠覺解自身之活動的原因提供了詳

〔註67〕胡軍：《中國現代直覺論的思想淵源與得失》，《南國學術》2017年第1期。
〔註68〕引自倪梁康：《現象學運動的基本意義——紀念現象學運動一百週年》，《中國社會科學》2000年第4期。
〔註69〕張祥龍：《什麼是現象學》，《社會科學戰線》2016年第5期。

盡的現象學解釋。隨附意識即對當下活動的一同意識到，這是人之意識的根本能力。

　　良知首先就是這種隨附意識。這種隨附意識也就是向內省察意義上的直覺，只有將梁漱溟、賀麟、馮友蘭、唐君毅和牟宗三等人關於「向內反省」的「覺」的討論放置到「隨附性意識」也就是「自身意識」的基礎之上，才能得到現象上的堅實地基。而「向外探求」的「覺」也是一種直接的意識到，對這種直接的意識的同時意識就是「向內反省」的「覺」，儘管隨著意識活動的自由變更，這兩者所呈現的側重不同，但是，這兩種意識（姑且這麼講）本身構成了一個意識暈圈（也即根本上是一個意識），只是隨著意識焦點的轉移而呈現不同，根本上乃是相互構成的。薩特把這種「隨附性意識」稱為「反思前的我思」而與「反思意識」相區分，是一種無位置的原始的「我思」，是一切向外面對具體對象的探求意識得以可能的原因，「使認識意識成為對它對象的認識的充分必要條件是，它意識到自身是這個意識」，而「反思的意識將設定被反思的意識為自己的對象，在反思活動中，我對被反思的意識做出一些判斷」〔註70〕。很明顯的，「向內反省」的「覺」是這種「反思前的我思」而不是「反思的意識」。這種「向內反省」的「覺」同時使得「向外探求」的「覺」得以可能。當然，這裡「向內」和「向外」的用語已經會引起思維的混亂，因此，毋寧說這裡沒有「向內省察」和「向外探求」的「覺」的區別，「覺某物」的同時有著對此「覺」的意識到，對此「覺」的意識到也使得「覺某物」成為「覺」，隨附性意識不是第二性的意識而是原初的自身意識，其根本在於「意識到」以及這一「意識到」的自身循環，「良知」就是作為「意識到」的「靈昭明覺」。

　　然而，當「良知」作為「覺」而呈現出一種善惡判斷時，這種「覺」如何理解，是不是作為一種善惡判斷而已不是原初意識，這都是後文所要討論的。而「覺」作為一種「精神境界」是如何可能的，會留在第二章做詳細的討論。

二、心即理

　　毫無疑問，「心即理」是陽明學的「邏輯起點」，「心即理」與「性即理」也是諸多學者用來區別陽明學和朱子學的根本特徵。但是，需要討論的是，

〔註70〕〔法〕薩特著，陳宣良等譯，杜小真校：《存在與虛無》（修訂譯本）導言，
　　　　北京：生活·讀書·新知三聯書店，第9、10頁。

「心即理」作為「邏輯起點」說出了什麼，更為關鍵的是，「心即理」說出了什麼樣的道德經驗和道德意識，從而使其成為了陽明學的「邏輯起點」。

陳來教授在分析「心即理」時提出，陽明把「理」理解為「事理」的「至善」，因此「心即理」指事物的道德秩序來自於行動者賦予它的道德法則，道德法則並不存在於道德行為對象中，並且道德評價的根據在於內心的道德動機，總而言之，「本心」是接近康德「道德主體」的一個概念。在此基礎上，陳來指出「心即理」說的矛盾在於，忽視了外部知識和事物的客觀性質的「必然之理」，以及這種道德純粹主觀立場在陽明後學那裡變成了「鼓吹感性法則的藉口」。〔註71〕關於「心即理」與外部知識的問題，會在後文討論良知與聞見之知時涉及到，這其實是一個問題。「本心」並非是「道德主體」，陽明後學的流弊也不能夠用「感性法則」來解釋，這與用「實踐理性」的「道德主體」解釋「良知」是同一個問題的兩個方面。當懸置掉這些因為各種哲學前見而得出的結論後，陳來教授指出的「心即理」從現象上說明就是兩點：事物的道德秩序或者某件事情之應當來源於行動者的自身賦予，以及內心的道德動機（道德意識和道德情感）是決定道德行為的根本要素。那麼問題在於，這兩者並不構成與朱子學的根本區別，因為朱子同樣強調這兩點。陳來教授引了陽明答徐愛的一段話來說明第一點：

> 愛問：知止而後有定，朱子以為事事物物皆有定理，似與先生之說相戾。先生曰：於事事物物上求至善，卻是義外也，至善者心之本體，只是明明德到至精至一處便是，然亦未嘗離卻事物，本注所謂「盡夫天理之極，而無一毫人慾之私」者得之。〔註72〕

我們首先來看告子「義外」說究竟意指什麼。「義外」說出自告子和孟季子，其言分別為「彼長而我長之，非有長於我也；猶彼白而我白之，從其白於外也，故謂之外也」〔註73〕，「所敬在此，所長在彼，果在外，非由內也」〔註74〕。也就是說，「義」的行為會根據對象的不同而不同，因此是與對象一樣在

〔註71〕陳來：《有無之境：王陽明哲學的精神》第二章，北京：北京大學出版社，2013年6月第2版。

〔註72〕〔明〕王守仁撰，吳光、錢明、董平、姚延福編校：《王陽明全集》卷一語錄一，上海：上海古籍出版社，2011年，第2頁。

〔註73〕〔清〕焦循撰，沈文倬點校：《孟子正義》卷二十二告子章句上，北京：中華書局，1987年，第743頁。

〔註74〕《孟子正義》卷二十二告子章句上，第746頁。

「外」而不是「內」。「義者，宜也」，「義」本身就是根據不同的對象和環境而做出不同的行為，孟子並不否認這一點，但是孟子指出，雖然這種行為會根據對象和環境的改變而改變，但不能認為「義」就是「外」的。孟子提出的疑問就直接回答了這個問題：「且謂長者義乎？長之者義乎？」〔註75〕儘管對象和行為不同，但是我們只是稱讚做出這個行為的人「義」，而不是此行為的對象「義」，即「長之者」義而非「長者義」。「義外」說的爭論只是挑明了這個問題，即不同環境下的道德行為是需要根據環境而變化的，即「事事物物」不同因而有不同的「理」。這也是朱子格物說的前提，即必須窮盡各種各樣的不同之理。但是，這並不意味著「事事物物皆有定理」是「義外」之說。孟子講「仁，人心也；義，人路也」〔註76〕，「義」是人之當行，儘管所面對之環境和對象不同，但是人之行為面對此不同之環境和對象而當變之時首先有需要一個行義之心，否則環境和對象之變化僅僅是其變化，「義」之行為就不可能發生，這也是「義內」和「長之者義」所要說出的。在此意義上，朱子也明確反對「義外」：

> 若長馬、長人則不同。長馬，則是口頭道個老大底馬。若長人，則是誠敬之心發自於中，推誠而敬之，所以謂內也。〔註77〕

> 所以道「彼長而我長之」，蓋謂我無長彼之心，由彼長，故不得不長之，所以指義為外也。〔註78〕

> 以義為見於所行，便是告子義外矣。義在內，不在外。義所以度事，亦是心度之。〔註79〕

> 某謂事之合如此者，雖是在外，然於吾心以為合如此而行，便是內也。且如人有性質魯鈍，或一時見不到；因他人說出來，見得為是，從而行之，亦內也。〔註80〕

以上摘引四條語錄，在辨別「義內」「義外」說時，皆以心言之，即需要有一個行義之心。這點上，朱子和陽明其實是一致的。也就是說，朱子和陽明都

〔註75〕《孟子正義》卷二十二告子章句上，第 743 頁。
〔註76〕《孟子正義》卷二十二告子章句上，第 786 頁。
〔註77〕《朱子語類》卷第五十九，第 1378 頁。
〔註78〕《朱子語類》卷第五十九，第 1378 頁。
〔註79〕《朱子語類》卷第五十一，第 1227 頁。
〔註80〕《朱子語類》卷第一百二十四，第 2977 頁。

贊成「事物的道德秩序或者某件事情之應當來源於行動者的自身賦予」，道德
行為之所以為道德行為就在於這種行為是出自行動者的自願意識，這是儒家
的一致立場。至於「內心的道德動機是決定道德行為的根本要素」這一問題，
其實與「義內」說是一致的，二者是同一個問題。但是，陽明屢屢指責「外心
以求物理」的朱子學為「義外」和「義襲」，這究竟是意指什麼？前文對「義
外」有了說明，在孟子那裡，「義襲」是孟子論述「浩然之氣」時提出的，與
「義外」想要說明的問題類似：「其為氣也，至大至剛，以直養而無害，則塞
於天地之間。其為氣也，配義與道；無是，餒也。是集義所生者，非義襲而取
之也。行有不慊於心，則餒矣。我故曰，告子未嘗知義，以其外之也。必有事
焉而勿正，心勿忘，勿助長也。」〔註81〕而孟子舉的「義襲」的例子就是眾
所周知的「揠苗助長」。所謂「義襲」就是「行有不慊於心」〔註82〕，「慊」
是「快足」之義，即「義」之行為是心自然而發，而不是模仿某種行為而來。
「揠苗助長」就是過度看重現成的樣態而忽視了「苗」自身的自然生長，即
保存心的自然而發，使得行為出自心之自然而非某種因為私意之刻意，即「遇
此事自然知做某事」而非「他人此時如此做我便如此做」之模仿或「如此做
可以得到利益」之私欲。陽明後來也非常強調「心慊」和「勿助勿長」之義：
「若云『寧不了事，不可不加培養』者，亦是先有功利之心，較計成敗利鈍而
愛惜取捨於其間，是以將了事自作一事，而培養又別作一事，此便有是內非
外之意，便是自私用智，便是義外，便有不得於心勿求於氣之病，便不是致
良知以求自慊之功矣」〔註83〕，一有「功利之心」而計較成敗就非「自慊」，
一有「欲速之心」便不是自然而發，私意已經參合其中，這都是陽明繼承孟
子思想而來。也就是說，陽明指責「義外」「義襲」的原因在於強調「心」的
自然義，這種自然義要比在不同事物那裡的不同之理要更為根本，或者說，
正是心的這種自然義使得不同事物的理成為可能，私心之用便不是理。陽明
「心即理」首先要強調的就是這點。陽明答覆顧東橋時說：

　　專求本心，遂遺物理，此蓋失其本心者也。夫物理不外於吾心，
　外吾心而求物理，無物理矣。遺物理而求吾心，吾心又何物耶？心
　之體，性也，性即理也。故有孝親之心，即有孝之理；無孝親之心，

〔註81〕《孟子正義》卷六公孫丑章句上，第200～203頁。
〔註82〕《孟子正義》卷六公孫丑章句上，第202頁。
〔註83〕《王陽明全集》卷二語錄二答歐陽崇一，第82～83頁。

即無孝之理矣。有忠君之心，即有忠之理；無忠君之心，即無忠之理矣。理豈外於吾心耶？晦庵謂：「人之所以為學者，心與理而已，心雖主乎一身，而實管乎天下之理，理雖散在萬事，而實不外乎一人之心。」是其一分一合之間，而未免以啟學者心理為二之弊。此後世所以有「專求本心、遂遺物理」之患，正由不知心即理耳。夫外心以求物理，是以有暗而不達之處。此告子義外之說，孟子所以謂之不知義也。心一而已，以其全體惻怛而言謂之仁，以其得宜而言謂之義，以其條理而言謂之理。不可外心以求仁，不可外心以求義，獨可外心以求理乎？外心以求理，此知行之所以二也。求理於吾心，此聖門知行合一之教，吾子又何疑乎？〔註84〕

這段話是陽明對「心即理」的較為詳細的論述，「外心以求理」就是「義外」之說，也就是說，「心即理」首先是對孟子「仁義內在」說的強調和深化，以及在此基礎上的對朱子「知行為二」的批判。「外吾心以求物理」和「遺物理而求吾心」是同樣地割裂「心即理」。「孝」的「理」必須經過「心」的自然流露而有，並不是依據模仿某種行為而稱之為「孝」，也就是說，我面對「親」時自然而有某種「孝」之意識並繼而有行動，「孝親之理」只有奠基於「孝親之心」之上才是可能的，在戲臺上扮演父子而有孝親之行並不是真的孝親之理，因圖謀父親之好處而有孝親之行也就更加不是孝親之理了。因為作為這些行為的發端處的「心」已然不是「孝心」，「心」之「覺知」已經不是「孝親之行」，此「知行之所以二」。意識自始之終只是一個「孝親之心」，自然有此「孝親之行」，這就是陽明講的「知行合一」。「孝親之行」作為某種「事事物物之定理」的根本在於「孝親之心」，這就是陽明用「心即理」表達出的對孟子「義內」說的深化。而「遺物理而求吾心」之說，則是此「孝親之心」並未真實呈現，只是被私意籠罩。

但是，從孟子和朱子的對「義外」的批判看，他們主要強調一個道德行為必須是內心自願發出的，「以吾心以為合如此而行」，但是，「義外」說所揭示的「物理」的多樣性確是實際存在的。這也是朱子試圖綜合「心」與「理」的關係的原因，畢竟「理」所體現的首先是外在的行為規範，也即朱子「謂人之所以為學者，心與理而已，心雖主乎一身，而實管乎天下之理，理雖散在萬事，而實不外乎一人之心」的原因。朱子固然反對「義外」，但卻也認識到

〔註84〕《王陽明全集》卷二語錄二答顧東橋書，第48頁。

「理」之客觀性並不完全能夠從作為「知覺」的「心」推出來，而是通過讀書講求等等「格物」的方法而來，只不過在最真實的動機上需要「以為合如此而行」，哪怕是「他人說出來」也不礙這個行為之「內」。那麼，「心即理」在與朱子同樣堅持的「義內」的基礎上又多說出了什麼？「理」又該如何理解？

前文講「覺」時提到，良知之「覺」是直接的意識到並且是這種意識到的自身循環（自身意識），「心即理」之「心」也是從此「覺」講，這種「覺」即是「對於所視所聽及其痛癢的身在其中之知曉」，「即邊緣域的緣在領會和領會著的邊緣域之緣在」〔註85〕。但是，這種活動的直接領會能夠產生出具體的道德規範麼？正如告子「義外」說顯示的那樣，不同的對象和環境需要不同的道德行為，如果不事先講求清楚其中的「理」，又怎麼能夠「依理而行」呢？這也是朱子學與陽明學的根本差異。「心即理」說必須回答清楚這些問題，才能夠成立自身。我們首先可以從人的道德意識的起源討論起，以便於明白為什麼直接的領會能夠產生出「理」，或者說「理」何以能夠直接領會。以及，作為自身意識的「覺」與此種道德意識有何關係，與「良知」有何關係。

倪梁康教授提出了道德意識的三種起源：（1）產生於個體自身的內心本能，即內心的起源；（2）產生於主體間的約定和傳承，即外在的起源；（3）產生於對宗教的道德規範的信念，即超越的起源。在他看來，第一種主要是與內心良知有關的道德意識，第二種是與普遍政治法則有關的社會倫理意識，第三種是與外在神性有關的義務意識。當然，在倪梁康這裡，孟子講的惻隱之心和良知都是第一種道德意識，並且也是與生俱來的道德本能，在任何思考和反省之前就已經開始活躍，是無意識的、非反省的道德反應。〔註86〕這種道德本能，特別是孟子講的惻隱之心，耿寧教授有著精彩的分析，他把惻隱之心描述為一種「為他感」而不是「同情」：

> 我們可以在看見一個在井邊開心玩耍的孩子時感到吃驚，並且傾向於去保護他免受我們擔心的災難，我們在這裡並未參與這個孩子的情感。這孩子自己也許並未預感到他所處的危險，並且正在自得其樂。我們所參與的不是他的情感，而是傾向於針對這個危險處

〔註85〕 林丹：《日用即道：王陽明哲學的現象學闡釋》，北京：光明日報出版社，2012年，第85、86頁。
〔註86〕 倪梁康：《心的秩序：一種現象學心學研究的可能性》第二章、第三章，南京：江蘇人民出版社，2010年，第40頁以下。

　　境做些什麼。〔註87〕

在耿寧看來，在這種根本的「為他感」中，一個他人的處境而非情感在其對
他而言的性質中以感受的方式對我們在場，這種感受不僅是對自身處境的感
受，也是對其他生物的指向，並且，更為重要的，這種為他感要求一種為他
人的行為。如果在這種為他感中我們能夠行動而沒有行動，那麼這種為他感
就會逐漸泯滅，如果順著這種為他感而行動，那麼就會感受到這種為他感被
充實的滿足，這也就是陽明講的「自慊」和「知行合一」。而只有這些根本的
為他感作為精神志向和取向才使得一個外在的行為方式成為一種倫理上善的
行為方式，這也就是孟子「義內」說，孟子及其後學的倫理學正是把倫理學
建基在這種朝向對象的價值感受之上，以對他人生活處境的參與性感受以及
根植於這些感受的為他人的行為傾向為起點。〔註88〕

　　人類的道德本能和道德意識就建基於這種對他人處境的直接價值感受
之上。陽明「心即理」首先就是強調這種直接的價值感受是所有道德行為的
根基，即「義內」說的深化。這種直接的價值感受和隨之而來的行為的直接
驅動力就是孟子所言的「不慮而知」「不學而能」的「良知」「良能」。然而，
這種直接的為他感所要求的行為只有一種傾向，其中必須有著各種各樣針對
現實情況而採取的不同行為才能使得這種為他感得到充實，另外，拋去超越
的道德規範不論（即懸隔儒家道德是不是一種宗教道德的問題），很多道德要
求其實是約定俗成的，那麼這種道德行為是否建立在直接的價值感受之上
呢？這是「心即理」也要面對的，也就是上文說的陽明學必須面對的朱子學
的挑戰。

　　這裡牽扯在陽明學中如何理解「理」的問題，同時也是如何理解朱子和
陽明的「理」有何不同的問題。在朱子那裡，「理」是先於「心」的，即「未
有這事，先有這理。如未有君臣，已先有君臣之理；未有父子，已先有父子之
理。不成元無此理，直待有君臣父子，卻旋將道理入裏面」〔註89〕，「未有天
地之先，畢竟是先有此理」〔註90〕，「理未嘗離乎氣，然理形而上者，氣形而

〔註87〕〔瑞士〕耿寧：《人生第一等事——王陽明及其後學論「致良知」》（下），第
　　　　1065頁。
〔註88〕〔瑞士〕耿寧：《人生第一等事——王陽明及其後學論「致良知」》（下），第
　　　　1066～1068頁。我對具體說法做了引申。
〔註89〕《朱子語類》卷第九十五，第2437頁。
〔註90〕《朱子語類》卷第一，第1頁。

下者。自形而上下言，豈無先後」〔註91〕，這也就是「若理，則只是個潔淨空闊底世界」〔註92〕。「理」自身的存在是不依靠「氣」和「心」的，「理」在「事」先意味著「理」不是在具體的生活境遇和道德場景中才得以出場的，而是現成地存在於任何道德境況之前。於是，在朱子那裡，「心與理一」就只能是先通過格物工夫把握此「理」，然後「入道之門，是將自家身己入那道理中去，漸漸相親，久之與己為一」〔註93〕，「學之久，則心與理一」〔註94〕，「理」從「外在」到「內在」需要一個長久的工夫過程，「心與理一」不是當下即是的。現成化的「理」也就意味著「性即理」之「性」也是現成化地存在於「心」中，其發動只能是「情」，哪怕是「四端之情」也只是「情」而非「性」，朱子「心統性情」就是建立在這樣的「性即理」的現成化理解之上的。有論者指出，這種對「理」的脫離當下道德境遇的理解，使得「理」成為脫離境遇的現成化的「定理」，成為脫離世界的、孤懸的「形而上者」，這樣的「心與理一」就不可能真正是「身己入那道中」，「心具眾理」更多的是指理現存於「心」中，心「包含」理這種現成的外在的關係，朱子要求的「切己工夫」與「理」「性」也是不能完全貫通的，王陽明正是以質疑和批評這一求「事事物物」上的「定理」之說為其思想的重要起點。〔註95〕因為，現成化的「理」很容易演變成為缺乏內心意願的外在行為規範，從而成為「義外」和「義襲」，而且，這種「心與理一」的長久工夫很可能因為缺乏當下即是的直接價值感受而引起的道德行為，從而喪失儒家一貫強調的「活潑潑」的意蘊，因為這種工夫意味著我必須首先思考該如何做，然後才去行動，這種思慮之心就會產生陽明講的「知行為二」之病，也不是陽明強調的道德意識和道德行為「何思何慮」的境地。

那麼，陽明那裡的「理」指什麼？陽明對「理」的闡發與朱子最為關鍵的差異之處在於「良知是天理之昭明靈覺處」〔註96〕。在朱子，「昭靈明覺」是言「心」，也即言「氣」的，絕對不可以言「理」。「天理之昭明靈覺」意味著「理」不再是現成化的「實理」「定理」，而是一種「虛理」。作為「虛理」

〔註91〕《朱子語類》卷第一，第 3 頁。
〔註92〕《朱子語類》卷第一，第 3 頁。
〔註93〕《朱子語類》卷第八，第 140 頁。
〔註94〕《朱子語類》卷第二十，第 446 頁。
〔註95〕林丹：《日用即道：王陽明哲學的現象學闡釋》，第 67 頁。
〔註96〕《王陽明全集》卷二語錄二答歐陽崇一，第 81 頁。

的「昭明靈覺」也就是一種根本的「能」，「所謂汝心，卻是那能視聽言動的，這個便是性，便是天理。有這個性才能生。這性之生理便謂之仁。這性之生理，發在目便會視，發在耳便會聽，發在口便會言，發在四肢便會動，都只是那天理發生，以其主宰一身，故謂之心」〔註97〕。「理」從「實」向「虛」的轉變就是從「視」「聽」之「行為」（之應當）轉為「能視」「能聽」。「能」是一種根本的構成和生發能力，永遠保持著不斷地出離自身而生成某種意識和行為但卻又不被其填滿地超出這種意識和行為，因此所謂「虛」，「虛」不是空無一物之「無」，而是使得「實」得以可能的根本的興發態，這是人的根本的生存論狀態。這種「能」，施邦曜在點評《傳習錄》時以「活」來說明，「識得此不息之理，即魂遊魄降，還是活的。不識此不息之理，即目視耳聽，亦是死的」〔註98〕。「活」意味著衝破此「理」的現成性而保持一種在境遇中的活生生的可以直接領會和感受狀態，即從朱子的「理」返回到在當下境遇使此「理」得以可能的「即心即理」的「良知」。而「能」也就是此「心」之「主宰」，「主宰」不是那種強制的、外在的驅動，而是此「心」原本的「能」，是在當場境遇中的自然領會與驅動。

因而，那些具體的針對不同道德情況，需要做的不是提前去講求和思索，而是在具體的境遇中保持良知的充分施展。「知是心之本體，心自然會知：見父自然知孝，見兄自然知弟，見孺子入井自然知惻隱，此便是良知，不假外求。」〔註99〕「知」就是作為根本興發態的「能」，遇父自然知孝並行孝，而不是提前講求如何行孝之理，然後遇父之時再去根據此理而行，見兄和見孺子入井亦然。不同的境遇要求不同的道德行為，而且這種行為是需要思考的，譬如面對父母親人時應當做什麼，這是需要思考，譬如面對君王同僚時應當做什麼，這是需要思考的，同時，譬如見孺子入井而欲救之，但如何救的方法是需要思考的，譬如遇見不同身份的長輩而欲敬之，但這其中也有禮節的差異，也就是說，這其中有許多道理在。朱子的格物說也就是要去考察這許多道理。這其中分為兩個層面，面對父母時的孝、見孺子入井的惻隱之心是一種道德本能，而不同地域不同情況不同時代卻有著不同的具體要求，這是

〔註97〕《王陽明全集》卷一語錄一，第41頁。

〔註98〕〔明〕施邦曜輯評，王曉昕、趙平略點校：《陽明先生集要》理學編卷二語錄施邦曜眉批，北京：中華書局，2008年，第101頁。

〔註99〕《王陽明全集》卷一語錄一，第7頁。

屬於約定和傳承的社會倫理，所謂「事事物物求個定理」就是指後面這種情況。但是，陽明卻說，「中只是天理，只是易，隨時變易，如何執得？須是因時制宜，難預先定一個規矩在。如後世儒者要將道理一一說得無罅漏，立定個格式，此正是執一」〔註100〕。陽明意識到了具體的道德規範的變易性，難以預先講求得盡，譬如漢唐與宋元不同，明清與共和國又有不同，但這種具體的不同只是社會倫理規範的不同，這種不同必須奠基在道德本能的基礎之上。（那種僅僅作為調節利益關係而無關道德本能的規範是只是政治法律，而不是道德；那種因為信仰某個宗教至上者因而遵守某種戒條的只是信念，而不是道德。）作為道德本能的直接價值感受會自動驅使著人去尋求具體的道德規範和行為，而不是預先固定住一個道德規範使人去遵守，這也就是陽明一直強調的：

> 就如講求冬溫，也只是要盡此心之孝，恐怕有一毫人慾間雜；講求夏清，也只是要盡此心之孝，恐怕有一毫人慾間雜。只是講求得此心。此心若無人慾，純是天理，是個誠於孝親的心，冬時自然思量父母的寒，便自要去求個溫的道理；夏時自然思量父母的熱，便自要去求個清的道理。這都是那誠孝的心發出來的條件。卻是須有這誠孝的心，然後有這條件發出來。譬之樹木，這誠孝的心便是根，許多條件便是枝葉，須先有根，然後有枝葉；不是先尋了枝葉，然後去種根。〔註101〕

對具體行為的「求」是此「心」自然而發的講求，是順著此道德本能而來的。必須順著此本能而行，「人若不去躬行，即講究得道理十分明白，終是饞口空咽，望梅遙渴，學者辨之。」〔註102〕這種道德本能就是良知，而具體的許多道理就是其發用，順此良知而行，冬溫夏清等具體的道理連帶其中的見聞之知莫非良知之用，而離卻此具體的道理也無所謂致良知。龍溪稱此為「虛實相生」：

> 先師提掇良知，乃道心之微，一念靈明，無內外，無寂感。吾人不昧此一念靈明，便是致知；隨事隨物不昧此一念靈明，便是格物。良知是虛，格物是實，虛實相生，天則乃見。蓋良知原是無知

〔註100〕《王陽明全集》卷一語錄一，第21～22頁。
〔註101〕《王陽明全集》卷一語錄一，第3頁。
〔註102〕《陽明先生集要》理學編卷三答顧東橋書施邦曜眉批，第203頁。

而無不知，原無一物，方能類萬物之情。或以良知未盡妙義，於良知上攙入無知意見，便是異學。或以良知未足以盡天下之變，必加見聞知識，補益而助發之，便是俗學。吾人致知工夫不得力，第一意見為害。意見是良知之賊，卜度成悟，明體宛然，便認以為良知。若信得良知過時，意即是良知之流行，見即是良知之照察，徹內徹外，原無壅滯，原無幫補，所謂丹府一粒，點鐵成金。若認意見以為實際，本來靈覺生機，封閉愈固，不得出來。學術毫釐之辨，不可不察也。〔註103〕

劉師泉也有言：

心之為體也虛，其為用也實。義質禮行，遜出信成，致其實也；無意無必，無固無我，致其虛也。虛以通天下之志，實以成天下之務，虛實相生則德不孤。是故常無我以觀其體，心普萬物而無心也：常無欲以觀其用，情順萬事而無情也。〔註104〕

良知乃作為根本興發態的「虛」而區別於「意見」，而良知須在「格物」處用其功，即於事事物物上致良知，此時「意見」乃良知之用而遂成「天則」。於事事物物上致良知也就是「格物」「誠意」之學。

三、誠意

根據上文的討論，簡要地說，良知作為「覺」是一種直接的意識到和原初的自身意識，即直接的價值感受和對這種價值感受的意識到。對於王陽明來說，致良知的工夫就是順從此直接的價值感受而行動從而使此感受得到充實。這種工夫也就是「誠意」，而「誠意」工夫的核心在於對直接價值感受和當下實際的真實意識的同時意識到，以及對後者是否符合前者的判斷和隨後而來的「為善去惡」的行動。這一過程是同時俱到的。在「誠意」工夫中，更加側重的是作為隨附性意識和自身意識的「覺」，當然，這種「覺」能夠「知善知惡」的根本在於此「覺」同時是直接的價值感受（直接的意識到），而正是通過對「誠意」的重新闡發，陽明明確地表明了自己與朱子的不同。

〔註103〕徐儒宗編校整理：《羅洪先集》卷三夏遊記，南京：鳳凰出版社，2007年，第70～71頁。
〔註104〕〔清〕黃宗羲著，沈芝盈點校：《明儒學案》卷十九江右王門學案四，北京：中華書局，2008年第2版，第440頁。

　　陽明於正德十三年刻《大學》古本並為之作序以駁斥朱子，突破口便是「誠意」，直言「大學之要，誠意而已矣」。〔註105〕這裡的「要」並不是僅僅如朱子那種強調「誠意」工夫的重要性，而是將《大學》的次第工夫全部收攝到「誠意」上來，也即「格物」「致知」和「正心」都只不過是「誠意」本身而已，只是一個工夫的不同說法。陽明比較簡要地做了說明：

> 大學之要，誠意而已矣。誠意之功，格物而已矣。誠意之極，止至善而已矣。止至善之則，致知而已矣。正心，復其體也；修身，著其用也。以言乎己，謂之明德；以言乎人，謂之親民；以言乎天地之間，則備矣。是故至善也者，心之本體也。動而後有不善，而本體之知，未嘗不知也。意者，其動也。物者，其事也。致其本體之知，而動無不善。然非即其事而格之，則亦無以致其知。故致知者，誠意之本也。格物者，致知之實也。物格則知致意誠，而有以復其本體，是之謂止至善。〔註106〕

　　如何去「誠意」，就需要在「格物」處下工夫。「誠意」的最終目的，就在於「止於至善」，而如何達到至善，就需要「致知」，也就是致良知，即依照最原初的價值感受而行動。這裡，朱子和陽明對「致知」的詮釋發生了重要差異。在朱子，「致知」，也就是「知至」，「知至者，吾心之所知無不盡也」，即廣泛地把握各種事物的當然之理。而在陽明，「致」是推出、充實和達到之「至」，而「知」就是「良知」，不是作為知識之「知」的「理」，「致良知」就是使直接的價值感受不受到任何阻攔而充分地發揮並得到充實，這種能夠直接感受價值處境而自然興起一種行動之「心」便是「心之本體」，也就是使得耿寧所分析的根本的為他感得以可能的作為人之生存論狀態的根本的「能」。「至善」不再是具體的「止於禮」等道德要求，而是使得此具體的道德要求得以興發的「能」，即「心體」「良知」。當此直接的價值感受不能夠經由隨之而來的意識和行動得到充實之時，「惡」也就發生了。但是，儘管

〔註105〕王陽明所作《大學古本原序》現收於《全集》補錄（上海古籍出版社 2011年），係正德十三年原作。《全集》文錄四所收《大學古本序》係嘉靖二年改作，其重點已從「誠意」變為「致知」。而《全集》補錄所收《大學古本傍釋》亦非最後定本，其理路以「誠意」為重。（據鄧國元：《王陽明〈大學古本旁釋〉獻疑與辯證——以「初本」和「定本」為中心的考察》，載《中國哲學史》2014 年 01 期。）這裡不刻意區分陽明思想的不同階段，因為這些階段是同質的深入而非異質的斷裂。

〔註106〕《王陽明全集》卷七文錄四大學古本序，第 270～271 頁。

這種價值感受並未得到充實，但是我同時會意識到這種價值感受的未被充實。這種直接的價值感受也是一種直接的意識（感受本身作為一種意識），這種意識也是作為同時意識到其自身的自身意識（還不是自我意識），這也就是「良知自知」，或者說「自知其良知」。這種即能直接意識到一種價值處境（因而有直接的價值感受）和此價值感受是否充分實現之根本的「能」，也就是「良知」，而在具體的處境中的直接的價值感受和隨後的意識，陽明稱之為「意」：

> 意與良知，當分別明白。凡應物起念處，皆謂之意。意則有是有非，能知得意之是與非者，則謂之良知。依得良知，即無有不是矣。〔註107〕

「誠意」工夫就是要在此現實的處境中進行。譬如，在遇到老人摔倒的時候，我們內心會有一直接的價值感受（對其處境的直接參與）以及因這種價值感而有的行為驅動力，此時，要麼我順著這種直接的價值感而生起要去幫扶的意識，要麼因為種種原因（比如怕訛詐）使得這種價值感被削弱而生起不去幫扶的意識。在陽明看來，這一系列意識都是「應物起念」之「意」，而「良知」則是對此「意」的直接的是非之知。「誠意」工夫就是在許許多多的這種現實的處境中去實際用功，依據良知的判斷而行，如果是善的意識則順其而行，惡的意識則摒棄之。「意」在陽明的思想體系中具有核心的位置，因為其勾連「心」與「物」的關鍵在於「意」。一方面，「心」不能不發為「意」，否則就是懸空；另一方面，「意之所在謂之物」「物即事也」，把「物」收攝到「事」，把「事」收攝到「意」。這樣一來，「心」「意」「知」「物」連成一體而無分別，工夫也只是一事。當然，其中的關鍵在於將「物」收攝為「意」：

> 心者身之主也，而心之虛靈明覺，即所謂本然之良知也。其虛靈明覺之良知，應感而動者謂之意，有知而後有意，無知則無意矣。知非意之體乎？意之所用，必有其物，物即事也。如意用於事親，即事親為一物；意用於治民，即治民為一物；意用於讀書，即讀書為一物；意用於聽訟，即聽訟為一物。凡意之所在，無有無物者，有是意即有是物，無是意即無是物矣，物非意之用乎？〔註108〕

陽明主要是在儒者修身工夫的含義上去理解「物」的，而對「心外無物」

〔註107〕《王陽明全集》卷六文錄三答魏師說，第242頁。
〔註108〕《王陽明全集》卷二語錄二答顧東橋書，第53～54頁。

的理解和詮釋也是眾說紛紜。已經有很多學者指出，陽明的「意之所在謂之物」近似於胡塞爾現象學的意向性。比如，陳來指出，陽明的「意」具有一種對對象的指向性質，物只是作為意的對象才有意義，是意構成了事物的意義（理），事物的秩序來自構成它的意。〔註109〕當胡塞爾開宗明義地懸隔事物是否客觀存在的「自然主義態度」的時候，陽明就需要面對這個問題，即「意之所在即是物」和「心外無物」所要面對的外界事物的客觀實在性的挑戰。面對這種問題，詮釋者採取了多種路徑，比如，將「物」替換為「事」，「心外無事」即人的活動不能離開人的意識的參與，這樣在理論上是沒有問題的。或者，區分實然世界和意義世界，「物」作為意義對象必須經由人的意識而構造起來，「心外無物」談論的是一個價值的、審美的世界而不是客觀存在的實然世界。〔註110〕楊國榮也以意義世界的建構來詮釋「心外無物」，他指出，事親、仁民等實踐活動也是一種存在，這種存在始終無法離開主體意識的範導，只有在意識之光照射其上的時候，才會獲得道德實踐的意義，因此，「意之所在即是物」，並不是在外部時空中構造一個物質世界，而是通過心體的外化（意向活動），賦予存在以某種意義，並由此建構主體的意義世界，「心外無物」不是指本然之物（自在之物）不能離開心體而存在，此外，更重要的是，這種意義世界還主要是意識中的存在，需要通過「格物」的過程而使得意義世界獲得現實性的品格，從而超越了化對象為意識的單純先驗維度而具有了現實的經驗性。〔註111〕我們看到，如果說陳來以意義世界的建構為詮釋而忽視了這種道德實踐面對的事物的秩序必須是在實然世界中的話，楊國榮的理論正好回答了這個問題，使得意義世界和實然世界在一種實踐的辯證法中獲得了統一。但是，「心外無物」和「意之所在即是物」必須首先通過「意義世界」來理解和詮釋麼？而且，這種「意義世界」必須奠基於「實然世界」之上麼？不論是樸素的日常觀念和現代的哲學詮釋，不依賴人的意識而客觀實在的「事物」是絕對自明而不可置疑的，這也就是著名的「南鎮觀花」的例子中陽明弟子的疑問和現代哲學詮釋必須以「意義世界」來對陽明進行迴護的原因所在。

〔註109〕陳來：《有無之境：王陽明哲學的精神》，第 50 頁。
〔註110〕陳來：《有無之境：王陽明哲學的精神》，第 54、55 頁。
〔註111〕楊國榮：《心學之思：王陽明哲學的闡釋》，北京：生活・讀書・新知三聯書店，2015 年，第 92～103 頁。

　　其實，不論中西，對「物」的理解有著一個變遷的過程，現代人所理解的那種「客觀存在之物」是近代西方哲學和科學合力下的結果。海德格爾分析了三種使用「物」這個詞時候的不同指向：（1）在比較狹窄的意義上，指的是摸得著、看的見等等現成的東西。這也是我們日常意義上和現代人所熟悉的「物」的概念，並隨著牛頓時空觀和近代科學的傳播而成為統治性的理解，即「物」就是有廣延的東西；（2）在比較寬泛的意義上，「物」意味著所有的事務，在「世界」中發生的各種各樣的不同情況、事件、事情。這種理解近於陽明對「物」的理解；（3）在最寬泛的意義上的，僅僅意味著不是虛無的東西，區別於「對於我們的物」（「現象的物」）。〔註112〕後兩者較為寬泛的理解也是建立在第一種的理解之上的，譬如作為「事件」的「意義世界」必須奠基於「實然世界」之上〔註113〕。根據海德格爾，這種對於物的明確的理解與真理、話語的本質結構和對於時空的理解密切相關。時空作為與物漠不相關而只是容納其的領域，為作為「這一個」的物指定了時間─空間─位置，「這一個」意味著我們對物的領會已經聚集了時間──「當下」和空間──「這裡」，但是在牛頓時空觀和符合式的陳述真理觀下，「時空」只能是「外」於「物」的東西而「這一個」也是「主觀」性的，「物之物性」（物之本質）並未得到揭示，因為「當下這裡有根粉筆」不經意間就會變成非真理。因此，物就被理解為諸多在其上現成的並同時變化著的特性的現成的承載者，而真理，作為與之相符合的東西，在一個主詞和謂詞相聯結的陳述中有其場所。〔註114〕我們看到，從「這一個」到在陳述中尋求物之確定性的本質，最終形成現代生活中自然而然的對「物」的理解，是一個歷史的過程，當我們基於此去反溯陽明對「物」的理解的時候，就錯失了在他那裡與「物」真實的照面方式。

　　首先，我們回到起點，在懸隔掉牛頓力學時空觀（即單純三維空間和線性的時間序列）的時候，去領會「物」的最源初的被給予方式。在「這一個」中，一個粉筆作為書寫者的工具為正在書寫的老師所照面，一張書桌作為放置書本的地方為學生所照面，這是「物」的最源始的存在方式，當我們開始

〔註112〕〔德〕海德格爾著，趙衛國譯：《物的追問》，上海：上海譯文出版社，2016年，第5頁。
〔註113〕楊國榮：《基於「事」的世界》，《哲學研究》2016年第11期。
〔註114〕〔德〕海德格爾著，趙衛國譯：《物的追問》，第14～43頁。

思考「這一個」能否成為物之物性以及試圖用陳述的真理把握住「物」的時候，那種源始的照面就隨之遠去了。因而，我們需要追問的是，在陽明那裡，「物」是如何源初的被給予的？在陽明那裡，「物」必須首先作為倫理中的物而照面，如施邦曜所說，「如人一惟遊其神於無何有之鄉，身不歷物，何以見能修？心不應物，何以見能正？意不觸物，何以見能誠？知不照物，何以見能致？」〔註115〕在陽明乃至整個儒家那裡，當「物」最初與我們照面的時候，就已經在倫理之內了。這種倫理並不是要「賦予」一個客觀實在的世界以倫理的「色彩」，而是源初的、第一位的照面方式。那種客觀實在的「物」是從此源初的領會的境遇脫落之後的理解。我們再來看那個著名的「山中觀花」的例子：

> 先生遊南鎮，一友指岩中花樹問曰：「天下無心外之物，如此花
> 樹在深山中自開自落，於我心亦何相關？」先生曰：「你未看此花
> 時，此花與汝心同歸於寂。你來看此花時，則此花顏色一時明白起
> 來，便知此花不在你的心外。」〔註116〕

「同歸於寂」意味著對「花」沒有絲毫領會和意識，此時「心」也就保持在一種「能覺」而沒有「所覺」的狀態，當「看此花」時，「心」與「花」一同顯現，「自開自落」是這種領會之後的再思索，或者說，「自開自落」本身也是對「花」的一種領會。也就是說，作為客觀實在的存在者，本身就是對存在者的一種存在之領會，儘管是第二位的領會。「實然世界」同時也就是對此「世界」的領會，亦即「實然世界」本身就是一種「意義世界」，是在源初的照面方式之後的又一種現成化的觀看方式之領會。「物」作為當下的「這一個」來照面的時候，我們對其的領會是直接而源始的，我們是在使用此「物」中獲得的對此「物」之領會。依照海德格爾，只有當我們在用錘子的時候，錘子才作為錘子本身而與我們相遇，當把錘子當作一個有待觀察的現成的存在者的時候，才會考慮到這個錘子的種種外形硬度，以及進一步抽象為單純的廣延物。「錘子」作為「物」，而「使用錘子」作為「事」，本身就是不可分離的源初存在方式。「心」在這一系列的照面方式中才得以到達，「心外無事」也就是「事外無心」，「心」是一種直接的知覺和領會，倘若依據胡塞爾「意識總是關於某物的意識」，那麼，我們可以說，「心」總是關於某「物」的意識，「心」

〔註115〕《陽明先生集要》理學編卷三答顧東橋書施邦曜眉批，第 211 頁。
〔註116〕《王陽明全集》卷三語錄三，第 122 頁。

與「物」一同顯現。而只有當「物」與「心」俱起的時候，「心」才能意識到自身，即「心」通過意識到某物而意識到自身，此時，我們也就能夠明白陽明所講的「天地鬼神萬物離卻我的靈明，便沒有天地鬼神萬物了，我的靈明離卻天地鬼神萬物，亦沒有我的靈明」〔註117〕，「心無體，以天地萬物感應之是非為體」〔註118〕。「心」只有在與天地萬物的直接領會中意識到自身，而天地萬物也就在此領會中與我們源初照面。而良知，也就在「事」的源初領會中才能顯現自身，在這種源初領會中，就有直接的價值感受和是非判斷。「虛靈明覺之良知，應感而動者謂之意」〔註119〕，此一應物而有之源初領會就是「意」，也即是「物」「事」，因此「凡意之所在，無有無物者，有是意即有是物，無是意即無是物矣」，「心物俱起」是在「意」中呈現自身。「知為意之體」，此「體」須在「用」中而顯，而「知為意之體」「意為知之用」也就是「知為事之體」「事為知之用」，即「知」在「應物而起」之「意」中意識到自身，也就是陽明所言「即體而言用在體，即用而言體在用，是謂體用一源」〔註120〕。當然，「心外無事」「心外無物」在說出了「心」與「物」俱起這一存在論事實外，更為重要的是，人必須在此「心物俱起」的直接價值感受中作致良知的工夫，即「必有事焉」：

> 夫「必有事焉」只是「集義」，「集義」只是致良知。說「集義」，則一時未見頭腦，說致良知，則當下便有實地步可用功。故區區專說致良知。隨事就事上致其良知，便是「格物」；著實去致良知，便是「誠意」；著實致其良知，而無一毫意、必、固、我，便是「正心」；著實致良知，則自無忘之病，無一毫意、必、固、我，則自無助之病，故說格、致、誠、正，則不必更說個忘助。孟子說忘助，亦就告子得病處立方。告子強制其心，是助的病痛，故孟子專說助長之害。告子助長，亦是他以義為外，不知就自心上「集義」，在必有事焉上用功，是以如此。若時時刻刻就自心上「集義」，則良知之體，洞然明白，自然是是非非，纖毫莫遁，又焉有「不得於言，勿求於心，不得於心，勿求於氣」之弊乎？〔註121〕

〔註117〕《王陽明全集》卷三語錄三，第141頁。
〔註118〕《王陽明全集》卷三語錄三，第123頁。
〔註119〕《王陽明全集》卷二語錄二答顧東橋書，第53頁。
〔註120〕《王陽明全集》卷一語錄一，第36頁。
〔註121〕《王陽明全集》卷二語錄二答聶文蔚書，第94～95頁。

於「心上集義」也就是「隨事上致良知」，也就是在「心物俱起」的時候，於「意」上為善去惡。這樣，「誠意」就不僅僅是一個懸空的意識之內的事情，而是貫通內外的「一事」。「致良知」也就在這個「實地」中用工夫，在應物而起的源初的價值感受中就能夠領會自己的良知，順著此源初的價值感受帶來的行為驅動力而行就是「致良知」，也就是「正心」。其中若出現私意，也能立即知曉並祛除此私意，也就是在「事」中「誠意」，也就是「正事」之「格物」。順著此源初價值感受而行，即不忽視此感受而任由私意泛濫，就是「勿忘」，也不在此價值感受之外去模仿做戲，就是「勿長」。「誠意」就是使知善知惡之良知能夠有一個實際的用力之處：

> 大學工夫即是明明德，明明德只是個誠意，誠意的工夫只是格物致知。若以誠意為主，去用格物致知的工夫，即工夫始有下落，即為善去惡無非是誠意的事。如新本先去窮格事物之理，即茫茫蕩蕩，都無著落處，須用添個敬字，方才牽扯得向身心上來。然終是沒根源。若須用添個敬字，緣何孔門倒將一個最緊要的字落了，直待千餘年後要人來補出？正謂以誠意為主，即不須添敬字，所以提出個誠意來說，正是學問的大頭腦處。於此不察，真所謂毫釐之差，千里之謬。大抵中庸工夫，只是誠身，誠身之極，便是至誠。大學工夫只是誠意，誠意之極，便是至善，工夫總是一般。今說這裡補個「敬」字，那裡補個「誠」字，未免畫蛇添足。〔註122〕

這裡會看到陽明在「誠意」說的重新詮釋中與朱子的重大區別。在陽明，「誠意」說的根基在於知善知惡之良知，即對本己意向中的倫理價值的直接意識，即「在出自他的心之基礎的善的萌動與他的自私意向之間做出區分」。這種知善知惡之良知得以可能就在於其本身是一種源初的價值感受，並且在應物而起之意中對此源初價值感受和背離此源初價值感受的意識有著直接的意識。因此，「誠意」並不需要朱子那裡的「格物」工夫。在朱子，判斷此「意」之善惡的是在此「意」之前（外）的「理」，它需要專門的工夫來獲取。但是，陽明對此「意」之善惡的判斷是直接性的。倘若是要依據外在的「理」來扭轉和規範內在的「意」，就需要一個驅動力，在朱子，這種驅動力就是「敬」，也就是說需要用敬的工夫使得「理」落實到「意」處，這就是陽明所批評的「如新本先去窮格事物之理，即茫茫蕩蕩，都無著落處；須用添個

〔註122〕《王陽明全集》卷一語錄一，第44頁。

敬字，方才牽扯得向身心上來，然終是沒根源」。而「以誠意為主，即不須添敬字」，這又是為何呢？上文提到，原初的價值感受本身就有著行為的驅動力，耿寧教授對「惻隱之心」作為「為他感」所作的分析已經表明了這點。此外，也有學者指出，良知也是一種動力之知，即一種使人傾向做出相應的行為的道德知識〔註123〕，倘若不關注其背後牽扯的知識論的背景的話，這種看法是符合陽明的意思的。因此，「誠意之極，便是至善」：工夫總是一般。今說這裡補個敬字，那裡補個誠字，未免畫蛇添足」。陽明弟子龍溪也提出，「物」本身就在良知所發之「意」中顯現，也就順此直接的驅動而來，不須用「敬」之工夫，「格物之物，是意之用處，無意則無物矣。後儒格物之說，未有是意，先有是物，必須用持敬工夫以成其始，及至反身而誠，又須用持敬工夫以成其終。《大學》將此用功要緊字義失，下待千百年後，方才拈出，多見其不自量也已。夫實心謂之誠，誠則一，一心之謂敬，一則誠，非兩事也。既說誠意，則不須復說持敬，而敬在其中矣。故曰合之以敬而益綴」〔註124〕。只有當「理」作為先於根本的價值感而來的「意」的時候，才會出現用「敬」之工夫使「意」符合「理」，若「理」本身出自根本的價值感，也就不需要的外在的驅動力了。陽明用「好好色、惡惡臭」的自然而然的知覺和行為的連續性來描述良知的這種不需要外在的動力而本身就能夠自然促發行為的狀態，這也是「知行合一」的內在要求。王陽明在《大學問》中詳細地詮釋了以「誠意」工夫收攝「格致誠正」為「一事」之工夫，而以「致良知」貫穿其中，讀者可以參看。

　　簡而言之，誠意說是陽明徹底發揮知善知惡之良知的「是非」義，其根底在於良知作為「覺」的隨附性意識。良知本身作為使人可以在具體的境遇中有直接的價值感受並獲得一種行為驅動力的根本性的「能」，而在「應物（事）而起」的一個直接的價值感受和隨後的意識中意識到自身，並且意識到隨後的意識與行為是否與直接的價值感受保持了一致，即區別出善的倫理意向和出自私欲的惡的倫理意向，然後為善去惡。在這裡，良知主要是發揮了反身性的隨附性意識的作用，也即「知善知惡」之良知作為隨附性的道德意識而構成了致良知工夫得以成立的原因。

〔註123〕黃勇：《論王陽明的良知概念：命題性知識，能力之知，抑或動力之知？》，崔雅琴譯，《學術月刊》2016 年 01 期。

〔註124〕《王畿集》卷六格物問答原旨（答敬所王子），第 142 頁。

第三節　無善無惡之良知：源初的道德意識

陽明晚年所講「四句教」之首句「無善無惡心之體」是其後學爭論的焦點，而近代以來對「無善無惡」的詮釋也呈現出多種路徑。心體之無善無惡，在陽明那裡，也就是良知之無善無惡、性體之無善無惡，這與儒家一貫堅持並且與陽明說過的「心體至善」「性善」有著十分明顯的文字上的衝突。如何回應這些疑問，則是本節所要努力的。

一、性善與心善

性善論始倡自孟子，在與告子的辯論中，孟子提出其性善論的核心意涵在於，「善」是人的自然而然就能呈現出的狀態：

> 告子曰：「性猶杞柳也，義猶桮棬也。以人性為仁義，猶以杞柳為桮棬。」
>
> 孟子曰：「子能順杞柳之性而以為桮棬乎？將戕賊杞柳而後以為桮棬也？如將戕賊杞柳而以為桮棬，則亦將戕賊人以為仁義與？率天下之人而禍仁義者，必子之言夫！」
>
> 告子曰：「性猶湍水也，決諸東方則東流，決諸西方則西流。人性之無分於善不善也，猶水之無分於東西也。」
>
> 孟子曰：「水信無分於東西。無分於上下乎？人性之善也，猶水之就下也。人無有不善，水無有不下。今夫水，搏而躍之，可使過顙；激而行之，可使在山。是豈水之性哉？其勢則然也。人之可使為不善，其性亦猶是也。（《孟子‧告子上》）

在告子看來，作為「善」的「仁義」，是需要外在於人的強制力才能夠達到的。告子以杞柳為例子，桮棬是外在於杞柳的某種力量造成的，杞柳本身不會自然成為桮棬，人之善和不善同樣如此，都是需要外在於人的力量使人成為善的或者惡的，人性本身沒有自然而然的或善或惡的傾向。這種外在的力量，在當時人看來，主要是以統治者為代表的整體社會政治環境，即「性可以為善，可以為不善；是故文武興，則民好善；幽厲興，則民好暴」（《孟子‧告子上》）。性無善無不善與性可善可惡所講述的是同樣的東西。但是，在孟子看來，人與仁義和杞柳與桮棬是不同的。在杞柳，其自身的性狀並不能夠自然的成為桮棬，杞柳成為桮棬是「戕賊」其自然之性，因為很明顯的，植物的枝條只有通過人力的加工才能夠成為器皿，也即「杞柳本非桮棬，其為桮棬也，

有人力以之也。以喻人性本非仁義，其為仁義也，有人力以之也。非人力，則杞柳不可以為桮棬；非人力，則人性不可以為仁義」〔註125〕。水的比喻也是如此，水的自然而然的傾向是往下流的，儘管可以往東往西、過顙在山，但都不是水之性，而是外在的「勢」。人儘管可以不善，但同樣也是因為各種因素造成的，人的自然之性還是善的。孟子在這裡的「性」，主要指的是在不受外力和其他因素干擾下自然而然呈現出狀態。

同樣的，也有人認為，人之性本身也可以為善為不善，這種善或者惡是注定而必然的，外在的環境幾乎不會對其產生較大的影響，即「有性善，有性不善。是故以堯為君而有象，以瞽瞍為父而有舜，以紂為兄之子，且以為君，而有微子啟、王子比干」（《孟子·告子上》）。這與告子都是對孟子性善說的反駁。倘若我們綜合這種每個人的性有幾乎必然的善和必然的惡和上段提到的性可以為善可以為惡，就是董仲舒的性三品說和漢代流行的人性論的觀點。但是，孟子的人性說著眼點卻與此不同，性善論的背後是人禽之辨，儘管不能把人禽之辨理解成為一種現成者的形而上學：

> 告子曰：「生之謂性。」
>
> 孟子曰：「生之謂性也，猶白之謂白與？」
>
> 曰：「然。」
>
> 「白羽之白也，猶白雪之白；白雪之白，猶白玉之白歟？」
>
> 曰：「然。」
>
> 「然則犬之性猶牛之性，牛之性猶人之性歟？」（《孟子·告子上》）
>
> 孟子曰：「人之所以異於禽獸者幾希；庶民去之，君子存之。舜明於庶物，察於人倫，由仁義行，非行仁義也。」（《孟子·離婁下》）

首先，孟子對告子「生之謂性」的批評表明，「生之謂性」也同樣意味著不同的動物之性的不同以及動物和人之性的不同。趙岐注說到：「孟子以為羽性輕，雪性消，玉性堅，雖具白，其性不同。問告子，子以三白之性同邪」，「猶見白物皆謂之同白，無異性也」〔註126〕。告子把「生之謂性」與「白之謂白」混同了起來，從而忽視了「白」與「性」的根本不同。「白」只是人通過意識

〔註125〕〔清〕焦循撰，沈文倬點校：《孟子正義》告子章句上，北京：中華書局，1987年，第732頁。

〔註126〕〔清〕焦循撰，沈文倬點校：《孟子正義》告子章句上，第738頁。

想像力的自由變更而看到的抽象之物，這種抽象忽視掉了「白」之物背後的具體的不同存在方式。「白羽」「白雪」和「白玉」有著不同的存在方式，這種存在方式對於其來說就是不同的「性」，告子混淆了二者，是一種概念領悟層次上的混亂。如果把「白」和「性」等同起來，那麼「犬」和「牛」之性、「牛」和「人」之性也會等同起來。這是因為，「性」意味著「犬」和「牛」的存在方式本身，而「白」只是某種存在者所顯現出的一種可以進行抽象的性狀，這種抽象不會改變「白」之為「白」的本質特徵，「白」的同一性是以籹平「白」背後的存在者的不同存在方式而達到的。那麼，將「白」和「性」等同起來，就意味著對「性」的理解，或者說對「性」的同一性的把握是以籹平存在者本身的不同的存在方式而達到的，具體地說，就是以籹平犬和牛、牛和人的不同的存在方式而達到的。倘若犬和牛的不同的存在方式孟子尚不在意的話，嚴辨牛和人的不同的存在方式就是孟子思想的核心任務了，因此，孟子堅決反對告子的說法。而這種區別，就是「人倫」「仁義」了。從「生之謂性」來講，犬、牛和人的存在方式（性）差別並不大，但是，「人倫」「仁義」卻使得二者根本地區別開來。「生之謂性」孟子並沒有明確反對，而是要求從「生之謂性」中看出「禽獸」和「人」的「生」的不同。更為重要的是，這種不同並不是「行仁義」的外在的行為的不同，因為這是「義外」和「義襲」，而是「由仁義行」的內在價值感受的根本差異。這種內在的根本的價值感受，就是孟子講的「四端之心」：

> 孟子曰：「乃若其情，則可以為善矣，乃所謂善也。若夫為不善，
> 非才之罪也。惻隱之心，人皆有之；羞惡之心，人皆有之；恭敬之
> 心，人皆有之；是非之心，人皆有之。惻隱之心，仁也；羞惡之心，
> 義也；恭敬之心，禮也；是非之心，智也。仁義禮智，非由外鑠我
> 也，我固有之也，弗思耳矣。故曰：『求則得之，捨則失之。』或相
> 倍蓰而無算者，不能盡其才者也。《詩》曰：『天生蒸民，有物有則。
> 民之秉彝，好是懿德。』孔子曰：『為此詩者，其知道乎！故有物必
> 有則；民之秉彝也，故好是懿德。』」（《孟子‧告子上》）

在後來的詮釋中，「情」、「才」、「心」和「性」總是分開來，但孟子這裡並沒有嚴格的界限。「乃若其情，則可以為善」，意指倘若人能夠跟隨其自有的本性、情實，則可以成為善的。不善的原因在於沒有能夠「若其情」，即「不能盡其才」「非才之罪」，這裡，「情」和「才」是同樣的意思，都指向了「人之

性」。而「人之性」就在「惻隱之心」「羞惡之心」、「恭敬之心」和「是非之心」中體現。當然，孟子在其他地方也提到了「惻隱之心」是「仁之端」，其餘亦然。這裡的「端」應當作「端倪」講，「仁之端」已然是「仁」本身，只不過需要保任而擴充之，切不可以「仁之端」而非「仁」，這也是陽明所講的蒼蒼之天與廣大之天原無區別。孟子在其他地方也講到了「性」須在「心」中見的意思：

> 口之於味也，有同耆焉；耳之於聲也，有同聽焉；目之於色也，有同美焉。至於心，獨無所同然乎？心之所同然者何也？謂理也、義也。聖人先得我心之所同然耳。故理義之悅我心，猶芻豢之悅我口。（《孟子・告子上》）

這段話有兩層含義，其一，理義是人心之同然，其二，理義與心的關係和芻豢與口舌的關係類似。人心之所同然意味著理義是人所共有的，而不是一部分人所有的，每個人都會對理義感到認可和贊同。而芻豢與口舌的關係是非常自然的，理義與心的關係也是如此自然的，也即理義是心的自然而然的一種傾向，心的這種自然而然的傾向就是那種直接的價值感受，也就是性：

> 口之於味也，目之於色也，耳之於聲也，鼻之於臭也，四肢之於安佚也，性也，有命焉，君子不謂性也。仁之於父子也，義之於君臣也，禮之於賓主也，知之於賢者也，聖人之於天道也，命也，有性焉，君子不謂命也。（《孟子・盡心下》）

> 君子所性，雖大行不加焉，雖窮居不損焉，分定故也。君子所性，仁義禮智根於心，其生色也睟然，見於面，盎於背，施於四體，四體不言而喻。（《孟子・盡心上》）

孟子區別了「口、目、耳、鼻、四肢」與「心」的不同的自然傾向，二者都是人性的自然欲望，但是，「四體謂之四肢，四肢解倦，則思安佚不勞苦，此皆人性之所欲也。得居此樂者，有命祿，人不能皆如其願也」〔註127〕。感官和四肢的所欲所樂的滿足並不是必然的，而是有可遇而不可求的命運在裏面。而仁義禮智，雖然也有不得行於時的可能，即「命也」，但這是人之為人的根本，即「有性焉」。在孟子看來，耳目口鼻和心都有自己的自然傾向，而且這種自然傾向都有著實現或者不實現的可能，但是，只有心的自然傾向才能夠

〔註127〕《孟子正義》告子章句上，第990頁。

稱為「性」，而心的自然傾向就是直接的價值感受，也就是「四端之心」，而這也是能夠區別於禽獸的人之「性」，否則「耳目口鼻」之性之欲無法與動物做出明確的區別，這也就是「君子所性，仁義禮智根於心」，即仁義禮智是心的直接的價值感受，順著此直接的價值感受而發散行動出去就是逐漸地擴散到「面、背、四體」，即有一種身體感，這種身體感仍舊是根植於能夠直接領悟價值感的「心」的。所以孟子說：

> 盡其心者，知其性也。知其性，則知天矣。存其心，養其性，
> 所以事天也。夭壽不貳，修身以俟之，所以立命也。(《孟子‧盡心
> 上》)

盡其四端之心而保任擴展之，就是知其性；知其仁義禮智之性，就是知其「天職」，即中庸所謂「天命之謂性」，存其惻隱、羞惡、恭敬和是非之心，即保任其自然而直接的價值感受，養其仁義禮智之性，即以此直接的價值感受而來的行動為人之為人的根本，這就是「事天」之道，而其所遇之時不同，故所得行之命也不同，但所存所養不能夠有一時之放鬆，這就是「立命」之道。

其實，孟子整個性善論的現象上的根基就在於「四端之心」，由「四端之心」而言仁義禮智之性，從而立人禽之辨，進而有王道政治。「四端之心」也即是「不慮而得、不學而能」的「良知、良能」，王陽明的致良知同樣於此立論，而言心善、性善。在陽明那裡，心和性更是打成一片而不分彼此，心體即性體，也即良知，而「性善」，也必須從「惻隱之心」上體現出來：

> 「生之謂性」，「生」字即是「氣」字，猶言氣即是性也。氣即
> 是性，人生而靜以上不容說，才說氣即是性，即已落在一邊，不是
> 性之本原矣。孟子性善，是從本原上說。然性善之端，須在氣上始
> 見得，若無氣，亦無可見矣。惻隱、羞惡、辭讓、是非，即是氣，
> 程子謂「論性不論氣不備，論氣不論性不明」，亦是為學者各認一
> 邊，只得如此說。若見得自性明白時，氣即是性，性即是氣，原無
> 性氣之可分也。〔註128〕

這段話是陽明回答周道通關於程子「人生而靜以上不容說，才說性，便已不是性」和朱子「不容說者，未有性之可言；不是性者，已不能無氣質之雜矣」的困惑而來。不同於嚴辨義理之性和氣質之性的朱子，陽明雖然也講到「孟子性善，是從本原上說」，似乎有著分辨理氣的意味，但是，「性善之端，須在

〔註128〕《王陽明全集》卷二語錄二啟問道通書，第68～69頁。

氣上始見得」，「見性」成為陽明談論「性」時候的常用語。在陽明，「見性」就是領悟自身之「惻隱、羞惡、辭讓、是非」之「心」，即對自身之直接的價值感受有所領悟。當對此直接的價值感受有所覺知進而對使此感受得以可能的根本之「能」，即良知，有所覺察的話，就不會糾纏與性氣之分。「見性」的根本在於見得此「性」此「氣」是靈動的，而非僵死的不動的。施邦曜有評論：

> 人若除了氣，便是僵屍了，何以見性？第就此氣之動處有個當
> 與不當，當則便是真性動，不得其當便是氣質。夫辯性莫精於孟子，
> 其言曰：「吾善養吾浩然之氣。」其功只在集義，是氣之得其當也。
> 又曰夜氣，其端在好惡之相近，亦氣之幾於當也，人只把氣看得是
> 靈的，不要看得是蠢的，理氣便是合一。〔註129〕

人之氣總是在動的，即人總是在活動中，此活動之當與不當就是「真性」與「氣質」（似朱子語）的差別。「見性」就意味著要在氣的活動和得當處領悟「性善」，即「性善」是一個活動的當場呈現，而非形而上學的思辨構造。此活動的當場呈現，就是能夠直接領悟價值感的「心」的當場活動，「性善」不是如同朱子那樣是每個事物有當然之理而善，而是此心之善。王陽明在回答王純甫關於「何者謂之善？原從何處得來？今在何處？其明之之功當何如？」的問題時說到：

> 夫心主於身，性具於心，善原於性，孟子之言性善是也。善即
> 吾之性，無形體可指，無方所可定，夫豈自為一物，可從何處得來
> 者乎？

> 純甫之意，蓋未察夫聖門之實學，而尚狃於後世之訓詁，以為
> 事事物物，各有至善，必須從事事物物求個至善，而後謂之明善，
> 故有「原從何處得來，今在何處」之語。純甫之心，殆亦疑我之或
> 墮於空虛也，故假是說以發我之蔽。吾亦非不知感純甫此意，其實
> 不然也。夫在物為理，處物為義，在性為善，因所指而異其名，實
> 皆吾之心也。心外無物，心外無事，心外無理，心外無義，心外無
> 善。吾心之處事物，純乎理而無人偽之雜，謂之善，非在事物有定
> 所之可求也。處物為義，是吾心之得其宜也，義非在外可襲而取也。

〔註129〕《陽明先生集要》理學編卷三答周道通書施邦曜眉批，第192頁。這段評語
　　　　最後言「理氣便是合一」有朱子學分判理氣然後再言合一的意味。

格者，格此也；致者，致此也。必曰事事物物上求個至善，是離而二之也。伊川所云「才明彼即曉此」，是猶謂之二。性無彼此，理無彼此，善無彼此也。〔註130〕

「性具於心」之「具」不是朱子那裡「心具眾理」之「具」，而是「心」之活動當體是「性」，因此，此「性善」才能夠「無形體可指、無方所可定」。而王純甫對「至善」的理解是從朱子而來，即於事事物物上求個應當之定理，陽明以「夫在物為理，處物為義，在性為善，因所指而異其名，實皆吾之心也」而答之，也即上節所分析之「心即理」之含義。「心外無善」則把「心即理」講的更加清楚，即必須在心的直接的價值感受中領悟善，對這種直接的價值感受的意識到也就是對善的意識到，這種能直接領悟價值感受的「心」也就是「性」，心即性即理即善，心外無性無理無善。所以，陽明繼承了孟子以「四端之心」為立論根基的性善論，從而更加強調「四端之心」的作用，以「心善」為立論根基。而「心善」的核心在於，以心之當下活動的直接價值領會為現象上的堅實地基，也即「見性」說。而陽明正是從「見性」說走向了「性無善無惡」說，這其中有著對「心」的深刻領會。

二、性之本體無善無惡

陽明明確地提出「性之本體，原是無善無惡的」，對這句話的理解產生了極大的分歧，我們需要把「無善無惡」與「見性」聯繫起來理解：

問：「古人論性，各有異同，何者乃為定論？」先生曰：「性無定體，論亦無定體。有自本體上說者，有自發用上說者，有自源頭上說者，有自流弊處說者，總而言之，只是這個性，但所見有淺深爾。若執定一邊，便不是了。性之本體，原是無善無惡的，發用上也原是可以為善，可以為不善的。其流弊也原一定善，一定惡的。譬如眼，有喜時的眼，有怒時的眼，直視就是看的眼，微視就是覷的眼，總而言之，只是這個眼。若見怒時眼，就說未嘗有喜的眼，見得看時眼，就說未嘗有覷的眼，皆是執定，就知是錯。孟子說性，直從源頭上說來，亦是說個大概如此。荀子性惡之說，是從流弊上說來，也未可盡說他不是，只是見得未精耳。」〔註131〕

〔註130〕《王陽明全集》卷四文錄一答王純甫癸酉，第174～775頁。
〔註131〕《王陽明全集》卷三語錄三，第130～131頁。

先生曰：「今之論性者紛紛異同，皆是說性，非見性也。見性者，
無異同之可言矣。」〔註132〕

這裡對孟子性善說的判定與上文提到的不同。上文是以贊同的語氣提到孟子
的性善說，即「從本原處說」，陽明也提到孟子的性善論是說出了「心性之原」，
但是在這裡，陽明區分了「本體」和「源頭」以及「發用」、「流弊」，孟子的
性善論只是說出了「源頭」而非「本體」。如何理解陽明這裡的區別呢？我們
首先需要轉換思路，即陽明這裡的「性善」其實就是「心善」，「性之本體無善
無惡」也就是「心之本體無善無惡」，後來四句教首句「無善無惡心之體」也
就從此而來。上文提到，陽明即心即性的思路在於從當下的具體活動來指認
心善即性善，即從直接的價值感受如惻隱之心來指認善。這種直接的價值感
受是活生生的當下呈現，是一種在境遇中的當下可領會，但是這種領會卻不
能夠被語言概念所把握，因為這種把握是一種現成化的分析態度和執定態度，
即要求從此活生生的直接領會中脫落出來而將其固定化，通過層層分析又建
立起各種思想體系。在陽明看來，這種做法是「說性」「論性」而非「見性」。
若是真正「見性」，則沒有什麼可以爭論的地方，性善也好、性惡也好、性無
善無惡也好，都在「見性」中泯而化之，這也是後來龍溪所講的「四無說」的
化境。我們可以通過陽明所舉眼睛的例子來理解這裡的「性」、「心」。眼睛的
例子可以分兩層理解：其一，「喜時的眼」「怒時的眼」等和「眼」本身的差
異；其二，「喜時的眼」和「怒時的眼」等等之間的關係。首先，「眼」本身使
得「喜時的眼」「怒時的眼」成為可能，「喜」「怒」只是「眼」所遇之時，「眼」
本身沒有發生變化，但是，正是在「喜」、「怒」「看」「覷」中「眼」才能夠顯
現自身，然而「眼」在「喜」「怒」中顯現的同時又超越此「喜」「怒」而保持
著自身作為「眼」，即「眼」在每個具體的看的活動中出離自身而顯現著自身，
從而「只是這個眼」。其次，「喜時的眼」並不與「怒時的眼」相衝突，一方的
成立並不妨礙另一方成立，因為「眼」本身超出具體的看而維持著自身，如
果指定「喜時的眼」而否認「怒時的眼」的可能性是荒謬的，即「皆是執定，
就知是錯」。那麼，「心」也是一樣。我們可以用孟子和荀子的人性論來說明
這個問題。孟子的人性論上文已經言明，即以惻隱之心為現象上的根基，即
一種直接的價值感受。而在荀子看來，人之生來的欲望沒有節制的話會導致
社會秩序的混亂，即「今人之性，生而有好利焉，順是，故爭奪生而辭讓亡

〔註132〕《王陽明全集》卷三語錄三，第139頁。

矣」(《荀子·性惡》)，這也就是孟子講的「耳目口鼻四肢」之「性」。顯然，荀子也看到了人性的惡的趨向，但與孟子即心言性不同的是，荀子心性對言，以人性有惡的趨向的同時以心為能制禮儀而起法度之善的趨向。「耳目口鼻四肢」也是通過「心」來作主宰的，倘若和孟子放在同一個語境中討論的話，孟子就是看到了「心」的善的一面，即直接的價值感受，而荀子就看到了「心」的惡一面，即欲望的不知所止，因此陽明說荀子「從流弊上說來，也未可盡說他不是，只是見得未精耳」，而孟子「直從源頭上說來」。也就是說，在陽明看來，孟子和荀子的關於人性的說法（也是關於人心的）並不構成相互否定的雙方，心性本身超越這些具體的規定而維持著自身，心性本身能夠出離荀子講的私欲而來的惡的趨向（這也是荀子心論和「化性起偽」所強調的）而顯現自身，荀子和孟子都只是看到了心性的一部分而執定了。然而這其中也有區別，荀子雖然有所見，但其所見不精，孟子所見尤精，但未見得「本體」，而只是「源頭」。另外，陽明也說，「從發用上也原是可以為善，可以為不善的」，那麼，從「源頭」上說和從「發用中說」之「善」有什麼區別呢？陽明講心之所發為意，「從發用中說」的「善」，就是指意的善。心之所發為意，意可善可惡，這就是「發用上也原是可以為善，可以為不善的」，所以才有為善去惡的致良知工夫。而使得此發用中的善成為可能的，使得為善去惡的誠意工夫成為可能的，就是這個「源頭」的善。這個「源頭」的善就是直接的價值感受，而使得此直接的價值感受成為可能的那個根本的「虛而能應」的「心」之「能」（心之本體），就是「性之本體」，是「無善無惡」的。所以，在陽明看來，心之根本的「能」，正如上節分析到的，就是「無善無惡」的心之本體，其直接的價值感受就是作為「源頭」的善，順此直接的價值感（包括其內在的行為驅動力）而有的意念上的善就是「發用」的善。陽明從本體處講「無善無惡」就是強調「心」的這種根本的「能」，有此「無善無惡」的根本之「能」才有具體的「知善知惡」之良知，陽明經常用「規矩」和「方圓」來說明二者，同時也提到了「至善」：

> 至善者，明德親民之極則也。天命之性，粹然至善，其靈昭不昧者，此其至善之發見，是乃明德之本體，而即所謂良知者也。至善之發見，是而是焉，非而非焉，輕重厚薄，隨感隨應，變動不居，而亦莫不自有天然之中。……故止至善之於明德親民也，猶之規矩之於方圓也，尺度之於長短也，權衡之於輕重也。故方圓而不止於

規矩，爽其則矣；長短而不止於尺度，乖其劑矣；輕重而不止於權
衡，失其準矣；明明德親民而不止於至善，亡其本矣。〔註133〕

　　夫良知之於節目事變，猶規矩尺度之於方圓長短也。節目時變
之不可預定，猶方圓長短之不可勝窮也。故規矩誠立，則不可欺以
方圓，而天下之方圓不可勝用矣。尺度誠陳，則不可欺以長短，而
天下之長短不可勝用矣。良知誠致，則不可欺以節目時變，而天下
之節目時變不可勝應矣。毫釐千里之謬，不於吾心良知一念之微而
察之，亦將何所用其學乎？是不以規矩而欲定天下之方圓，不以尺
度而欲盡天下之長短，吾見其乖張謬戾，日勞而無成也已。〔註134〕

又有《別諸生》一詩：

綿綿聖學已千年，兩字良知是口傳。

欲識渾淪無斧鑿，須從規矩出方圓。

不離日用常行內，直造先天未畫前。

握手臨岐更何語，殷勤莫愧別離筵。〔註135〕

陽明在這裡提出了「至善之發見」和「是非」的區別。「天命之性」是「靈昭
不昧」的，這已經是以心言性了，心之本體即此靈昭不昧，粹然至善也不是
具體的道德準則，而是在具體的事件中能夠當場生發道德準則而知曉是非的
純粹的「能」，這也是「至善」和「善」的區別，即「至善」在具體的境遇中
生成具體的「善」，此即「輕重厚薄，隨感隨應，變動不居，而亦莫不自有天
然之中」。「至善」作為純粹的「能」之所以在具體的境遇中會生成「善」，是
因為其在具體的境遇中有著直接的價值感受，即「源頭」上的善。這一「至
善」即「良知」，也就是「規矩尺度」，而具體的節目事變上的「善」是「方圓
長短」，具體的節目事變上的道德準則是不可以窮盡的，必須依靠良知在具體
境遇中的當下而決，「毫釐千里之謬，不於吾心良知一念之微而察之」，只有
依據良知這個「規矩尺度」才能分辨清楚「方圓長短」，不可以具體事件上的
「方圓長短」而違背作為其可能之根源的「規矩尺度」，此即「欲識渾淪無斧
鑿，須從規矩出方圓」。良知本體是「渾淪」的，它超出了具體境遇下的道德
準則而生成了具體的道德準則，也就是「寂然不動、感而遂通」，寂感一致而

〔註133〕《王陽明全集》卷二十六續編一大學問，第1066頁。
〔註134〕《王陽明全集》卷二語錄二答顧東橋書，第56頁。
〔註135〕《王陽明全集》卷二十外集二別諸生，第872頁。

為「渾淪」之圓而能應，若把其侷限而固定於具體的節目事變之「善」就是「斧鑿」之功了。換句話說，良知能夠知善知惡而自身不落於此善惡之中而為至善，也即良知超越具體的善而為至善，此至善也就是「無善無惡」。這種意義上的「無善無惡」也就是為了針對朱子學在事事物物上求個「善」之「理」而來，陽明弟子錢緒山有詳盡的發揮：

> 人之心體一也，指名曰善可也，曰至善無惡亦可也，曰無善無惡亦可也。曰善曰至善，人皆信而無疑，又為無善無惡者，何也？至善之體，惡固非其所有，善亦不得而有也。至善之體，虛靈也，即目之明、耳之聰也。虛靈之體不可有乎善，即明之不可有乎色、聰之不可有乎聲也。目無色，故能盡萬物之色；耳無聲，故能盡萬物之聲；心無善，故能盡天下萬事之善。今之論至善者，乃索之於事事物物之中，先求其所謂定理者，以為應事宰物之則，是虛靈之內，先有乎善。是耳未聽而先有乎聲，目未視而先有乎色。塞其聰明之用而窒其虛靈之體，非至善之謂矣。今人乍見孺子入井，皆有怵惕惻隱之心，怵惕惻隱是謂善矣，然未見孺子之前，先加講求之功，預由此善以為之則耶？抑虛靈觸發其機、自不容已耶？目患不能明，不患有色不能辨；耳患不能聰，不患有聲不能聞；心患不能虛，不患有感不能應。虛則靈，靈則因應無方，萬感萬應，萬應俱寂，是無應非善，而實未嘗有乎善也。……衡能一天下之輕重，而不可加以銖兩之積；鑒能別天下之妍媸，而不可留夫一物之形；心能盡天下之善，而不可存乎一善之跡。……千思萬感而一順乎不識不知之則，無逆吾明覺自然之體，是千思萬慮謂之何思何慮也。此心不有乎善，是至善之極，謂之無善也。故先師曰：「無善無惡者心之體。」至善本體，本來如是，未嘗有所私意撰說其間也。〔註136〕

儘管緒山早年與龍溪爭論四句教之後三句，但對於第一句「無善無惡心之體」並無異議，又經過多年而始悟本體工夫合一，對陽明四句教之第一句有了深入的瞭解，其言明白曉暢，可補陽明和龍溪之所未盡。緒山明確地指出，不要糾纏於心體的善、至善和無善無惡之類的名相，而要真正領悟到心體的虛靈，正是由於心體的虛靈，才能夠在每一個具體的境遇中知善知惡，即「心

〔註136〕轉引自吳震《陽明後學研究》（增訂本），上海：上海人民出版社，2016年，第137～138頁。

無善，故能盡天下萬事之善」，即心體能夠使具體的善得以生成而為至善，此至善不是具體的道德判斷和行為準則，所以也是無善無惡。若是執著於具體的善而困守於事事物物的一定之當然，則會阻塞此虛靈明覺的心體之至善的發用，即會執一處之是非而遺別處之是非，或者試圖窮盡天下事事物物之具體的是非而馳騖於外物而為義外，「塞其聰明之用而窒其虛靈之體，非至善之謂矣」。緒山指出，惻隱之心是具體的境遇下的對善的直接領悟，而未見孺子之前的心體就是此無善無惡之虛靈體，此心體在見孺子入井時候「觸發其機、自不容已」，當場就有惻隱之心，但不能在見孺子之前就對此惻隱之心抑或救人之行動加以講求而以之為善則。我們需要對這個虛靈之體加以保任，使其能夠在具體的境遇中獲得直接的價值感受並因此而行動，如此之行動即陽明所強調的「何思何慮」，而心體超越具體的善而不被固守於其中，此即「心能盡天下之善，而不可存乎一善之跡」，這也是上文提到的心體的根本的「能」，這個「能」超越任何具體的善的意識而為「虛」，故為「不識不知之則」，即「此心不有乎善，是至善之極，謂之無善也」，這也就是緒山對陽明「無善無惡者心之體」的精彩而準確的詮釋。

　　如果緒山詮釋的「無善無惡心之體」主要是從本體來討論的話，陽明也從工夫的角度談論過這個問題：

> 　　侃去花間草，因曰：「天地間何善難培，惡難去？」先生曰：「未培未去耳。」少間，曰：「此等看善惡，皆從軀殼起念，便會錯。」侃未達。曰：「天地生意，花草一般，何曾有善惡之分？子欲觀花，則以花為善，以草為惡；如欲用草時，復以草為善矣。此等善惡，皆由汝心好惡所生，故知是錯。」曰：「然則無善無惡乎？」曰：「無善無惡者，理之靜，有善有惡者，氣之動。不動於氣，即無善無惡，是謂至善。」曰：「佛氏亦無善無惡，何以異？」曰：「佛氏著在無善無惡上，便一切都不管，不可以治天下。聖人無善無惡，只是無有作好，無有作惡，不動於氣。然遵王之道，會其有極，便自一循天理，便有個裁成輔相。」曰：「草既非惡，即草不宜去矣。」曰：「如此卻是佛、老意見。草若有礙，何妨汝去？」曰：「如此又是作好作惡？」曰：「不作好惡，非是全無好惡，卻是無知覺的人。謂之不作者，只是好惡一循於理，不去又著一分意思。如此，即是不曾好惡一般。」曰：「去草如何是一循於理，不著意思？」曰：「草有

妨礙，理亦宜去，去之而已。偶未即去，亦不累心。若著了一分意
思，即心體便有貼累，便有許多動氣處。」曰：「然則善惡全不在
物？」曰：「只在汝心。循理便是善，動氣便是惡。」曰：「畢竟物
無善惡。」曰：「在心如此，在物亦然。世儒惟不知此，捨心逐物，
將格物之學錯看了，終日馳求於外，只做得個義襲而取，終身行不
著，習不察。」曰：「『如好好色，如惡惡臭』，則如何？」曰：「此
正是一循於理；是天理合如此，本無私意作好作惡。」曰：「『如好
好色，如惡惡臭』，安得非意？」曰：「卻是誠意，不是私意。誠意
只是循天理。雖是循天理，亦著不得一分意，故有所忿懥好樂，則
不得其正，須是廓然大公，方是心之本體。知此即知未發之中。」
伯生曰：「先生云『草有妨礙，理亦宜去』，緣何又是軀殼起念？」
曰：「此須汝心自體當。汝要去草，是甚麼心？周茂叔窗前草不除，
是甚麼心？」〔註137〕

陽明這裡不僅僅是從心體，更是從心之所發中闡明了工夫中的「無善無惡」。
天地萬物各遂其性各有其自然之生長，並無善惡之分。只有當人的欲望和要
求參合其中的時候，符合人之私欲的便是善，此即「子欲觀花，則以花為善，
以草為惡；如欲用草時，復以草為善矣。此等善惡，皆由汝心好惡所生，故知
是錯」，人心之有所好，便以其好為善，有所惡，便以其惡為惡，這就是「動
於氣」而有善惡之別，這種善惡還不是依據直接的價值感受而來的善惡判斷，
而是純粹以人之自私的欲望而來的喜好和厭惡，所以是錯。但是，卻有著真
正的好惡，即此好惡是跟隨直接的價值感受而來。倘若又執著於無善無惡而
認為世間之善惡對錯都為相對而虛妄者，卻又是佛老的觀點，而非儒家正脈。
在這裡，無惡指的是人的好惡是從直接的價值感受而來，「是天理合如此，本
無私意作好作惡」，也就是伊川所說「夫天地之常，以其心普萬物而無心；聖
人之常，以其情順萬物而無情。故君子之學，莫若廓然而大公，物來而順應」
〔註138〕。這種無善無惡不是沒有善惡之意，而是此意不是出自私欲，「卻是
誠意，不是私意。誠意只是循天理。雖是循天理，亦著不得一分意」。陽明在
其他地方也提到了「著不得一分意」，這是其晚年工夫的關鍵，也構成了陽明

〔註137〕 《王陽明全集》卷一語錄一，第33～34頁。
〔註138〕 〔宋〕程頤著，王孝魚點校：《二程集》文集卷第二明道先生文二答橫渠張
　　　　　子厚先生書，北京：中華書局，2004年第2版，第460頁。

後學的整體趨向：

> 為學工夫有淺深。初時若不著實用意去好善惡惡，如何能為善去惡？這著實用意便是誠意。然不知心之本體原無一物，一向著意去好善惡惡，便又多了這分意思，便不是廓然大公。《書》所謂「無有作好作惡」，方是本體。所以說「有所忿懥好樂則不得其正」。正心只是誠意工夫裏面體當自家心體，常要鑒空衡平，這便是未發之中。〔註139〕

> 這一念不但是私念，便好的念頭，亦著不得些子。如眼中放些金玉屑，眼亦開不得了。〔註140〕

初學者自然是要用功去好善惡惡，需要自己刻意地去在事物中追求一個善。這就是陽明早年強調的誠意說。上節分析陽明誠意說的時候指出，誠意的關鍵在於當我當下一念而發的時候，我同時有著對此意念的倫理意向的直接意識，即直接的善惡判斷。「著實用意去好善惡惡」意味著，我必須在我的每一個意識發作的同時要對此意識有直接的善惡判斷，並且在此同時意識和緊隨的行動中為善去惡，這就是初學者的用功之處。然而，王陽明提出的這種隨附性的道德意識呈現的前提有兩個：其一，從對意識行為相關項的關注轉向了對意識行為本身的關注，譬如，從「惻隱之心」轉向了對「見孺子入井自然知惻隱」本身的意識到，或者說，當我意識到我有惻隱之心發作的時候，這一關注的轉移已經發生了，儘管二者是同樣源始的；其二，實際行為與直接的價值感受（良知）之間出現了爭執，由此善惡意識得以給予——儘管不是反思—判斷性的，這以對意向行為本身的關注為前提。這種關注的轉移實際上通過實際的意識和行為和直接的價值感受之間的差異而產生的，即有私欲和私意的產生而被良知覺察到，這時候就需要誠意的工夫。但是，對於陽明來說，「一向著意去好善惡惡，便又多了這分意思」。因為，倘若我並沒有私欲的發作，那麼也就沒有這種爭執的產生，而當我沉浸在原初的價值感受以及隨後而來的行為中，以至於我對我的行為並沒有一個善的意識的話，那麼這其中也就不會有善和惡的判斷和意識的產生。舉例來說，當我沉浸在寫論文中的時候，我當下對此寫論文的活動並沒有意識，只有我從這個完全投入的活動脫離出來的時候，我才會意識到我剛才在寫論文；當放學後充滿喜悅

〔註139〕　《王陽明全集》卷一語錄一，第 39 頁。
〔註140〕　《王陽明全集》卷三語錄三，第 140 頁。

地騎自行車回家的時候，我唯一的意識在於回家，而對於我正在騎自行車並沒有意識；當我在公交車上看到老人上車的時候，自然而然地讓座，而對讓座的行為的善惡意識並沒有顯現，只有當我在猶豫要不要讓座的時候，讓座行為本身的善才顯現了出來從而有著善和惡的抉擇。當然，沉浸在某種活動中而沒有對此活動的意識只是由於此隨附性的意識在此源初意識的邊緣域中沒有顯現，即意識活動的焦點並未轉移。陽明所要求的「著不得一分意」就是這種源初意識的完全沉浸，即順著源初的價值感而充分地行動，在此過程中完全沒有私欲產生，因而不會產生實際意識與價值感之間的衝突從而導致意識焦點的轉移和由此而來的善惡意念的出現，只是此源初的道德意識和其中行為驅動力的自然而然的進行，誠意工夫也就不存在了。也就是說，當我沉浸在原初行為中並且這種爭執並未發生的時候，第三種道德意識就出現了——或許，這種意識並不能夠稱為一種道德意識，因為這裡並沒有任何善惡從判斷中被給予——無論是反思性的還是隨附性的，而是原初行為的不斷進行並且沒有對此原初行為本身的善惡意識——關注的轉移和爭執的出現並未發生。這種從源初的道德意識而來的行動，陽明稱之為「正心」，「正心只是誠意工夫裏面體當自家心體」，也即是在初學者的誠意工夫中體會使得此誠意工夫得以可能的作為根本的「能」的「心體」，從而即本體以為工夫，順此無善無惡的良知心體而生念，「這一念不但是私念，便好的念頭，亦著不得些子」。「正心」與「誠意」的區別也就是源初的道德意識和隨附性的道德意識的差別，這是陽明工夫論的兩層含義。

總而言之，陽明在孟子以惻隱之心等為立論根基的性善論基礎之上，強調心體的根本性的「能」和直接的價值感受，提出基於此直接的價值感受的對當下意念的倫理意向的直接性意識，即一種隨附性的道德意識，從而反對朱子先求事事物物之定理然而依據此理判斷行為之善惡的反思—規範性的道德意識。進一步地，陽明又指出工夫的最佳層次在於保持心體的虛靈明覺之「能」，以至於可以完全沉浸在此直接的價值感受和隨後的意識及行為中，使得源初的道德意識並不顯現出隨附性的道德意識。良知作為根本性的「能」、源初的道德意識和隨附性的道德意識，顯示出陽明對良知心體的深層次的領悟和發揮。

第二章　人格主義倫理學中的良知

　　王陽明在幼年時便有「讀書學聖賢」為「第一等事」的高遠志向，及揭示致良知之教後，便有「學者既立有必為聖人之志，只消就自己良知明覺處、樸實頭致了去，自然循循日有所至」〔註1〕之語，即以致良知為成聖人之法。成就聖人，意味著人的整體性變化，而何為聖人，則關聯著對人的理解。如上一章指出的，良知首先是一種直接的道德意識（感受），那麼致良知以成為聖人，就是依靠（道德）意識而成就聖人，即實現人的整體性變化，良知本體就指向了人的整體性存在。楊國榮教授就注意到了這一點，在他的詮釋中，特別注意心與理在踐履過程中的合一，即普遍的道德規範與個體道德意識的合一，理融合於心成為主體的意識，心又外現為行為的普遍規範之理，良知作為穩定的意識結構而逐漸凝結為主體的人格。但是，這裡面的問題在於，首先，將人理解為「主體」；其次，將良知之「理」理解為外在的普遍的道德規範，從而有從外在之理到個體意識的轉變歷程；最後，在其他地方提到的，將良知作為意義世界所以可能的根據，也是主體的意識及其活動、先天的道德本原和先天的道德原則。將人理解為主體的問題在序論中已經有所說明，與此相關的良知作為根據、作為道德原則的詮釋仍舊是一種希臘式形而上學的方法，背後是尋求「本原」的「第一哲學」思維。在上文提到，良知是作為一種根本的直接的道德意識，儘管有著隨之而來的具體的道德要求，但是這種要求並不構成普遍的道德規範，或者說根本上拒斥一種具有普遍性要求的道德規範，「無善無惡心之體」也表明了良知並不是一種先天的道德原則，而

〔註1〕《王陽明全集》卷五文錄二答劉內重，第219頁。

只是一個能夠應物而起的虛靈之心，這個根本的「能」也不是作為「根據」而顯現的。當懸置這些說法而直面良知與整體性的人的關係的時候，在這裡，「穩定的意識結構」意味著人格的存在樣式，致良知就是通過一個個道德意識的充實而生成穩定的人格，即聖人。舍勒的人格主義倫理學對人格的存在樣式及其與意識的關係作了描述，可以使我們瞭解這一人格的生成是如何進行的。

在張任之教授的分析中，舍勒現象學中的「人格」涵蓋有三個層級，即存在論式的知識論的、實存─存在論的、存在論─倫理學的。〔註2〕「人格是不同種類的本質行為的具體的、自身本質的存在統一，它自在地先行於所有本質的行為差異。人格的存在為所有本質不同的行為奠基」。〔註3〕而人格通過前概念的、直接的、非對象化的、伴隨性的「自身體驗」以及作為「存在參與」的「一同飄蕩著」的存在論式的反思的知識，人格自身被給予自身。這也就是說，人格在行為的隨附性意識中被給予。人格作為動態的「行為實體」，有「厚度」地生活在它的每一個生活─親歷之中，並且通過當下的「自身認同化」獲得其自身的同一性。這裡談論的人格的被給予方式（顯現自身和獲得自身同一），就是「存在論式的知識論」意義上的人格。而在儒家思想中，如果說有著「人格」的對應概念的話，那應該就是「性」和「情」（現在日常用語中也用「性情」來品鑒一個人）。因為，人格首先意味著人的自我同一性，這種同一性首先表現為意識的同一性，而在儒學中，這種意識的和人格的同一性表現人的善惡問題，即人的整體性的善惡的存在狀態。早期儒學關於「性」的討論可以看做是對人的存在整體的探討，它意味著一個人的整體性的存在樣態，當然主要是與善惡有關的，「性」「情」是緊密關聯在一起的。在宋明理學中，「性善」得到了普遍性的承認，儘管其表現方式不同，而情之可惡與性善之間的張力使得理學家對人的整體存在樣態的討論更加複雜，這種複雜表現在已發和未發的中和問題中，這可以看做是宋明儒學心性論的最核心內容。喜怒哀樂之情是已發，那麼性是不是未發？這種未發如何理解？而關聯著未發已發的性情關係也就是如何理解性的存在樣態和顯現方式的問題，即性與顯現著的情的關係是什麼？這些問題也就是作為人格的性如何被給予（人的

〔註2〕張任之：《質料先天與人格生成──對舍勒現象學的質料價值倫理學的重構》，北京：商務印書館，2014年，第383頁。
〔註3〕舍勒：《倫理學中的形式主義與質料的價值倫理學》，第559頁。

整體存在樣態如何被把握）的問題。因此，在人格的被給予問題中重新梳理宋明理學的已發未發關係，有助於理解陽明學的深層意蘊。

　　而人格的存在樣式是「人格生成」，即朝向觀念的愛的秩序或者觀念的人格價值本質的去—存在。先天的價值等級秩序對應在每個人身上便是我們的愛的秩序，它即作為個人一切行為的根源，同時也是一個先天價值秩序的縮影。愛的秩序有雙重含義，即規範性含義和描述性含義。對於任一個體人格來說，它所具有的最根本的核心或結構恰如倫常的基本公式，它正是依據這一結構或公式而道德地去生活和實存。在此意義上，我們可以說，作為行為實體的人格的基本存在樣式就體現為：依據描述的愛的秩序去生活或者去—存在。人格通過自身之愛，即使得人格得以完整得理解自身並因此而使人格的救贖被直觀到和被感受到的行為，基於此之上的人格對自身個體規定的自身理解才得以可能，由此人格才可能在存在論的實踐的自身對自身之行事中自身生成。在舍勒那裡，這種得以完整理解自身的最高的自愛也就是對人格的本質價值的看出，即對一個自在的善的明見認識，這個善是「為我的自在的善」，從屬於這個善的應然包含著對個體人格的呼喚並要求其自身的實現。而這種自身之愛中，我們的精神目光及意向光束都投向了一個超世的精神中心，將自身看做整個宇宙的環節，即自身之愛奠基在神愛之中。舍勒這裡的神愛指向了一種神聖價值因而具有了宗教性的意義，而在宋明理學包括陽明那裡，與自身存在感受（自身理解）和「愛的秩序」相對應的就是「萬物一體之仁」。換句話說，在陽明那裡，完整的自身理解就是「大人者，以天地萬物為一體」〔註4〕，這也就是「愛的秩序」，而朝向此觀念的人格價值本質去存在就是陽明所講的「拔本塞源論」中所強調的。這種實存—存在論的人格就在於自身意識的實存感受，即在感受中把握自身之存在、對自我與其自己的存在的相互關係的把握與領會。而在儒家那裡，這種實存感受就是「天人合一」「萬物一體」，這也是人格存在的樣態。

　　人格的生成需要「時機」，即通過自身價值感受而獲得一種真正的人格志向改變的時機。這種志向改變是人格中一切行為（包括意志行為）所擁有的方向，他影響著一切行為的開端。在舍勒那裡，這種時機就是在愛之中的對榜樣人格性的追隨或者羞感、懺悔等自身價值感受。這種被體驗到的價值感受佔據了人格存在之整體，同時意味著人格變更。「整個人格都隱藏在每一個

完整具體的行為之中，並且人格也在每一個行為中並通過每一個行為而變更
——同時它的存在卻並不消融在它的某個行為中，或者不會像一個時間中的
事物一樣變化」，（人格的）「同一性在這裡僅僅在於這個純變異本身的質性方
向中」。〔註5〕在陽明那裡，志向改變意味著「立志」，即學以為聖人之志，這
是一切致良知之工夫的起始和決定性的開端，它使得人格的自身生成有著質
性的變化。而作為時機的自身價值感受就是「悟」。陽明龍場悟道就開啟了這
一人格變更的時機，「一悟本體即工夫」也表明者陽明後學的主要思想傾向。
「悟」意味著在自身價值感受中直接把握了人格的應然的存在樣態，它開啟
了人格志向改變和具體意圖變更的契機，這也是明道「學者先須識仁」和龍
溪「悟以啟修」的意義所在。

第一節　未發已發：人格的自身被給予

一、性情與未發已發

「未發」和「已發」出自《中庸》首章：

> 天命之謂性；率性之謂道；修道之謂教。道也者，不可須臾離
> 也；可離，非道也。是故君子戒慎乎其所不睹，恐懼乎其所不聞。
> 莫見乎隱，莫顯乎微。故君子慎其獨也。喜怒哀樂之未發，謂之中。
> 發而皆中節，謂之和。中也者，天下之大本也。和也者，天下之達
> 道也。致中和，天地位焉，萬物育焉。

在漢唐的注疏中，「未發」和「已發」已經與「性」「情」相聯繫。鄭玄注首句
「性」曰：「天命，謂天所命生人者也，是謂性命。木神則仁，金神則義，火
神則禮，水神則信，土神則知。孝經說曰：性者生之質命，人所稟受度也」，
注「中」曰：「中為大本者，以其含喜怒哀樂，禮之所由生，政教自此出也」。
而孔穎達疏云：「天命之謂性者，天本無體，亦無言語之命，但人感自然而生，
有賢愚吉凶，若天之付命遣使之然，故云天命。老子云：道本無名，強名之曰
道。但人自然感生，有剛柔好惡，或仁或義或禮或知或信，是天性自然，故云
謂之性」，「喜怒哀樂之未發謂之中者，言喜怒哀樂緣事而生，未發之時，澹
然虛靜，心無所慮，而當於理，故謂之中。發而皆中節謂之和者，不能寂靜而

〔註5〕舍勒：《倫理學中的形式主義與質料的價值倫理學》，第559頁。

有喜怒哀樂之情，雖復動發，皆中節限，猶如鹽梅相得，性行和諧，故云謂之和。中也者天下之大本也者，言情慾未發是人性初本，故曰天下之大本也。和也者天下之達道也者，言情慾雖發而能和合道，理可通達流行，故曰天下之達道也」。〔註6〕

鄭玄和孔穎達對「性」的理解有一致之處，也有些許差異。兩人都以「生之質」為「性」，其中有仁義禮智，也有賢愚吉凶，只是一個「自然之性」，當然鄭玄更加強調「天之命」而孔穎達以「天無言語之命」而關注其「自然」之義，這也是漢唐人性論的基本觀點。而「性」與「中」「喜怒哀樂之情」的關係卻值得深究。在鄭玄那裡，沒有把「性」與「中」直接聯繫起來，而孔穎達直接點明了「中」是「情慾未發是人性初本，故曰天下之大本」，而根據鄭玄，「大本」的原因在於「以其含喜怒哀樂，禮之所由生，政教自此出也」。那麼，「含」（即「未發」）與「已發」之「喜怒哀樂」是什麼關係，以及「喜怒哀樂」為什麼能夠與禮樂政教聯繫起來？孔穎達給的解釋是喜怒哀樂未發之時，心是無所慮而靜，所以當於理，即是「中」，而心有所動之時，其情也能夠當於理，即是「和」，但沒有說明為何「人性初本」為何是「天下之大本」，也即鄭玄所說「禮之所由生，政教自此出」，也沒有說明心之虛靜和動發之時如何能夠「當於理」。前者是先秦儒學關注的重點，而後者是宋明理學關注的重點，而二者對性情的理解既有差異，也有共同之處。

先秦儒家對性情關係的理解，如郭店楚簡《性自命出》：「凡人雖有性，心無定志，待物而後作，待悅而後行，待習而後定。喜怒哀悲之氣，性也。及其見於外，則物取之也。性自命出，命自天降。道始於情，情生於性。始者近情，終者近義。知情者能出之，知義者能入之。好惡，性也。所好所惡，物也。善不善性也，所善所不善，勢也。凡性為主，物取之也。金石之有聲，弗扣不鳴，雖有性，心弗取不出。凡心有志也，無舉不可。人之不可獨行，猶口之不可獨言也。」〔註7〕這篇文字對理解性情關係有著極其重要的意義。人之有性，但其心無固定的傾向，只有當心與外物相皆的時候，才有具體的活動。我們可以把「性」理解為人的根本的「能」，但其具體表現為哪種活動則根據不同的外部環境而變化。我們可以說，人之性有喜怒哀樂，但是只有遇到外

〔註6〕〔清〕阮元校刻：《十三經注疏·禮記正義》，北京：中華書局，2009年10月，第3527頁。

〔註7〕劉釗：《郭店楚簡校釋》，福州：福建人民出版社，2005年，第88頁。

物才能夠具體地表現出現。也就是說，性只是一個「好惡」，即能夠去「好惡」（能夠去「喜怒哀樂」），是一個根本的「能」，而其所好所惡，必須在一個具體的環境中遇到具體的事物才能夠顯現出來。如果說「性自命出，命自天降」只是對「性」之來源做了一個說明的話，那麼「道始於情，情生於性」則關聯著現實的人的具體活動的展現和政教秩序的根基。「道」，即人之道，《荀子‧樂論》有言：「夫樂者，樂也，人情之所必不免也，故人不能無樂。樂則必發於聲音，形於動靜，而人之道，聲音動靜，性術之變盡是矣。故人不能不樂，樂則不能無形，形而不為道，則不能無亂。先王惡其亂也，故制《雅》《頌》之聲以道之，使其聲足以樂而不流，使其文足以辨而不諰，使其曲直、繁省、廉肉、節奏足以感動人之善心，使夫邪污之氣無由得接焉。」人之道的根基在「樂」，此「樂」即是「喜怒哀樂」之「樂」，也是「禮樂刑政」之「樂」，人情之自然，而人情之發倘若沒有節制而肆意放縱，則會導致混亂和無序。因此，先王制禮作樂的目的在於「道」（「導」）「情」，以激發人之善心，遏制人之惡心。這一做法的可能性在於情是人之性的表現，只有通過對情的疏導和調節，才能夠揚善止惡而化民成俗，對情的疏導和調節就構成了先王之禮樂，這也就是荀子講的「稱情而立文」，也就是《性自命出》的「道始於情」，也就是鄭玄所說「中為大本者，以其含喜怒哀樂，禮之所由生，政教自此出也」。這種理論的前提就是「人之雖有性，心弗取不出。凡心有志也，無舉不可，人之不可獨行，猶口之不可獨言也」。口之言當有所言，沒有脫離所言的言；心之發（情）必有物，沒有脫離物的情，人之性顯現出來即是情，倘若沒有與外物接觸，性也就不會顯現出現，而其一旦顯現出現，就成為了情。回到《中庸》的「大本」「達道」，按照鄭玄的理解，「含」而未發的「大本」就是能夠顯現為具體的情但尚未顯露出的「性」，這個「性」使得具體的應物而有的「情」得以可能，也因此使得建基在情之上的禮樂政教得以可能，因而為「大本」。而「達道」即順此情之發而有禮樂刑政之制，「發而皆中節」是在禮樂制度意義上的順暢和節制，此「道」即「政道」之「道」，這也是先秦儒學心性與政教合一的表現，即政教的根基和可能性在於人之心性，「未發」之性和「已發」之情的關係的落腳點在於強調後者的重要性，「未發」使得「已發」得以可能，而「未發」只有在「已發」中才能夠顯現出來，並關注對「已發」的調節。當然，這個時期對「未發」之「性」的理解仍舊是從「生之質」的意義上理解的，「性」只是標識了人的生存狀態。

　　這裡也可以參考《禮記·樂記》來理解「未發」「已發」和「性」「情」之間的關係：「人心之動，物使之然也。感於物而動，故形於聲」，「六（情）者非性也，感於物而後動」，「人生而靜，天之性也。感於物而動，性之欲也。物至知知，然後好惡形焉。好惡無節於內，知誘於外，不能反躬，天理滅矣。夫物之感人無窮，而人之好惡無節，則是物至而人化物也。人化物也者，滅天理而窮人慾者也」，「夫民有血氣心知之性，而無哀樂喜怒之常，應感起物而動，然後心術形焉」〔註8〕。人的喜怒哀樂之情是在具體的境遇中才有的，即「感於物而後動」，「感動」之前的「性」與「感動」之後的「性之欲」即「未發」之靜和「已發」之動的區別，也即性和情的區別。只有當人在具體的環境中與物遭遇的時候，具體的心理活動和情感才能夠顯現出現，而這種具體的環境總是變化的，因此人的情感也是經常變化的，這也就是「無哀樂喜怒之常，應感起物而動，然後心術形焉」的意思。但是《樂記》提出的觀點「好惡無節」確是從「未發」之性上說的。前引《性自命出》有「好惡，性也，所好所惡，物也。善不善性也，所善所不善，勢也」之言，也指明了這點。情是性之遇物而發的，但是，此情之具體表現確是由性決定的。性只是一個能夠去「好惡」，同時也蘊含了「好」什麼和「惡」什麼以及「好」和「惡」的程度，於是在遇見具體的事物時才有相應的「情」的發作，因此才有「善不善性」的區別。倘若人性之本身「好惡無節」，在遇到外物的誘惑和不良引導之後，就容易「滅天理而窮人慾」。這是一個兩方面合力的結果，其一是「性」本身「好惡」，其二是所遇之外物的境況，而後才有「情」或者「心」的具體的善惡狀況。而《樂記》所給出的解決辦法是控制後者，而不是在「性」本身做工夫，這也是制禮作樂的根據所在，「是故先王之制禮樂，人為之節」，「禮節民心，樂和民聲，政以行之，刑以防之，禮樂刑政四達而不悖，則王道備矣」，「是故先王本之情性，稽之度數，制之禮義」，「故禮以道其志，樂以和其聲，政以一其行，刑以防其奸。禮樂刑政，其極一也，所以同民心而出治道也」〔註9〕。先王制禮作樂之目的就在於通過禮樂制度等外在境遇的變化使得民心向善而有治道之行，當然，性與情並不是前者絕對地決定了後者，通過禮樂制度對情的疏導和轉化，也就能夠對性產生影響而使得好惡有節，這也是荀子「化

〔註8〕〔清〕孫希旦撰，沈嘯寰、王星賢點校：《禮記集解》卷三十七樂記，北京：中華書局，1989年，第976～998頁。
〔註9〕《禮記集解》卷三十七樂記，第977～986頁。

性起偽」和董仲舒「性三品」說以「中人之性」為主和提出「王承天意以成民之性為任」的原因所在。

這種對性情和已發未發的理解，楊儒賓教授有相關之論述可供參考。他指出，以鄭玄和孔穎達代表的漢唐諸儒所理解的「未發」，是指經驗性的喜怒哀樂未萌發的渾然狀態，這樣的性情乃是爾後禮樂政教所出，故曰「大本」，禮樂政教由此而出，如果和諧就是「達道」。漢唐諸儒的這種理解是一種情感的「表現論」，具有源遠流長的理路，其強調「文化源於人是感性的主體」，感性的人對外界有交感的能力，自己內在的性情可相應的有喜怒哀樂交相流行的動能，這種內外交織的感性意義網脈使得人所創造出的文化具體群體生命共振的效果。戰國秦漢之際儒者所提出的幾種重要的文化論述，如詩歌的「感悟吟志」，音樂的「音由心生」，都是這樣的思維模式。「中和」作為禮樂教化之本，在《周禮》等處也可見到類似的意思，表現論的確是周秦時期重要的文化敘述，而後來理學家所理解的性情則在層次上不同。〔註10〕

這就是宋明理學興起以前對性情關係的理解，這種理解直接關係著禮樂政教的人性論根基，而在孔穎達的疏中雖然對性情的理解與先秦一致，但是沒有提到其與禮樂政教的關聯，只是以「當於理」來解釋，這已經預示了某種變化。之後對宋明理學的產生有著先導意義的韓愈對性情的理解已經超出了先秦儒學的範圍。韓愈論性情：

> 性也者，與生具生也。情也者，接於物而生也。性之品有三，而其所以為性者五；情之品有三，而其所以為情者七。曰：「何也？」曰：性之品有上中下三。上焉者，善焉而已矣；中焉者，可導而上下也；下焉者，惡焉而已矣。其所以為性者五：曰仁，曰義，曰禮，曰信，曰智。上焉者之於五也，主於一而行於四；中焉者之於五，一也不少有焉則少反焉，其於四也混；下焉者之於五也，反於一而悖於四。性之於情，視其品。情之品有上中下三，其所以為情者七：曰喜，曰怒，曰哀，曰懼，曰愛，曰惡，曰欲。上焉者之於七也，動而處其中；中焉者之於七也，有所甚，有所亡，然而求合其中者也；下焉者之於七也，亡與甚，直情而行者也。
>
> 曰：然則性之上下者，其終不可移乎？曰：上之性，就學而愈

〔註10〕楊儒賓：《論「觀喜怒哀樂未發前氣象」》，《中國文哲研究通訊》第十五卷第三期，第35～36頁。

　　明；下之性，畏威而寡罪。是故上者可學，而下者可制也。其品則

　　孔子謂不移也。〔註11〕

韓愈對性和情的存在方式的理解與先秦儒學相近，但對於性的具體內容的理解卻發生了變化。與漢代董仲舒性三品說不同的是，韓愈儘管也提出了「性之品有三」，但對性的具體內容（「其所以為性者」）卻規定為「仁義禮智信」，這已經是理學性善說的先兆。具體地說，漢代性三品說將「性」理解為根本性的「能」，這種「能」即是「能好惡」，也是「能欲求」，同時這個「能」有著穩定的意向趨向（善或者惡或者可善可惡），每個人的具體的穩定的「能」是有所區別的，因此有了三品之性的區別。韓愈大體上延續了董仲舒的性三品說，尤其以「中人之性」可導而上下，但是與之不同的是，韓愈對三品的具體內容做出了說明，這就是根據「仁義禮智信」的不同的表現情況而體現出了三品之間的差異。在上文對先秦人性論的分析中，「禮」更多的是建立在人情易受外物影響而趨向於惡的情況中，而韓愈則將「禮」與「仁義」並稱，這近乎孟子的觀點，而對人性的判別更是以「仁義禮智信」為標準。「其所以為性者」和「其所以為情者」已經表明，人性必然地表現為「仁義禮智信」，人情必然地表現為「喜怒哀懼愛惡欲」，只不過，其表現的有差異，即有可能悖離「仁義禮智信」或者七情動而不處於中，儘管如此，「仁義禮智信」和「中」已經成為理解性情的尺度和參照，這向宋明理學的人性論邁出了關鍵的一步。而尚未邁出的另一步就是「其品則孔子謂不移也」。在韓愈看來，有些具體的人的活動對「仁義禮智信」和「中」的遵守或者違背是穩定而不可更改的，這種觀點是繼承了董仲舒的看法，因此，宋明理學的工夫論就無法得以建立，因為工夫論的前提就是「人人皆可成聖」，此外，韓愈也沒有對性情的關係作出更加具體的說明，即「與生具生」與「接於物而生」的關係沒有進一步的論說。邁出這關鍵性一步的是韓愈的學生李翱。

　　李翱《復性書》所論述的性情關係和工夫論已經基本揭開了宋明理學的面紗，所缺少的就是「天理」的提出，這也是二程的功績和理學之所以為理學的原因。李翱說到：

　　　　人之所以為聖人者性也，人之所以惑其性者情也。喜怒哀懼愛

　　　　惡欲，七者皆情之所為也。情既昏，性斯匿矣，非性之過也。七者

〔註11〕〔唐〕韓愈著，劉真倫、岳珍校注：《韓愈文集匯校箋注》卷一，北京：中華書局，2010年，第47頁。

循環而交來，故性不能充也。情不作，性斯充矣。性與情不相無也。雖然，無性則情無所生矣，是情由性而生。情不自情，因性而情。性不自性，由情以明。性者天之命也，聖人得之而不惑者也。情者性之動也，百姓溺之而不能知其本者也。聖人者豈其無情耶？聖人者，寂然不動，不往而到，不言而神，不耀而光，製作參乎天地，變化合乎陰陽，雖有情也，未嘗有情也。然則百姓者，豈其無性耶？百姓之性與聖人之性弗差也。雖然，情之所昏，交相攻伐，未始有窮，故雖終身而不自觀其性焉。聖人知人之性皆善，可以循之不息而至於聖也，故制禮以節之，作樂以和之，安於和樂，樂之本也，動而中禮，禮之本也，故在車則聞鸞和之聲，行步則聞佩玉之音，無故不廢琴瑟，視聽言行，循禮法而動，所以教人忘嗜欲而歸性命之道也。道者至誠而不息者也。至誠而不息則虛，虛而不息則明，明而不息則照天地而無遺，非他也，此盡性命之道也。哀哉！人皆可以及乎此，莫之止而不為也，不亦惑耶？〔註12〕

《復性書》的開篇就指明了李翱對性情的不同定位，性是人之為聖人的根據，而情是使得此根據不能夠充分顯露和產生作用的原因，「性善情惡」是李翱對性情的基本理解，因為性善，所以人人皆可成聖，因為情惡，所以並非人人都是聖人。當七情表現出來的時候，就會遮蔽性的充分顯現。儘管二者相互對立，但性情之間的關係卻非常緊密，這裡的關鍵在於，情的產生除了在具體的環境中所遇之事物，即「所感」之外，還需要有「能感」，也即上文經常提到的根本的「能」，於是李翱提出「無性則情無所生矣，是情由性而生，情不自情，因性而情」，這也就是繼承了先秦儒學以來的對性情關係的理解。情之產生的可能性奠基於性之上，而性之顯露自身也必須經由情，也就是說，性作為根本的「能感」，必須在作為「所感而有」的情當中呈現自身，離卻了情，性便無法被指認，所以李翱說「性不自性，由情以明」。因此，聖人也有情，即李翱所說「聖人者豈其無情耶」，但這又與情惡的基本理解有了矛盾。那麼，這裡面的區別就在於百姓之情和聖人之情有所不同，而其性未嘗不同。聖人之情，「寂然不動」，自然合乎天地陰陽，「雖有情也，未嘗有情也」。這裡的「有無之辨」和「動靜之別」是中國傳統思想的特別之處。「有無」並非在

〔註12〕〔清〕董誥等編：《全唐文》卷六百三十七李翱四，北京：中華書局，1983年，第 6433～6434 頁。

西方哲學中所指向的存在者的實存（Existent）意義上的「存在」（有）還是「不存在」（無）；「動靜」也並非指存在者的位移和變化，即不能在赫拉克利特「萬物皆流」和巴門尼德「不動的一」的西方哲學「變化—永恆」相對立的傳統中去理解。在儒學，「有無」問題被轉換為「動靜」問題，「動靜」問題又被理解為「顯隱」問題，而「顯隱」的根據就在於變化著的條理／秩序，特別是在工夫論中。在儒家看來，天地萬物都是變化著的，但此變化有著自身的自然秩序，這也就是《易經》的「變易」和「不變」，而聖人就是要參與到這種變化之中並維持著這種變化的自然條理，這種參與其中即《中庸》所言「與天地參」，維持著其中的條理也就是萬物「各正性命」，於是，這樣的活動雖然是「變化」著的「動」，但從天地萬物流行整體看來，就是其本身的有條理的自然變化，因而也是「靜」的，或者「動而不動」的，這也就是在宋明理學中經常提到的「易無思也，無為也，寂然不動，感而遂通天下之故」。單純的「動」或者「靜」意指著脫離了此流行整體，要麼是具體的存在者囿於自身而未能參與此流行整體（即周濂溪所言「動而無靜，靜而無動，物也」和「物則不通，神妙萬物」），要麼是人由於私欲而背離此流行整體使其條理喪失，在李翱這裡的就是這一種情況，這也是百姓之情和聖人之情的差別所在，百姓之情因私欲而起故「昏」，聖人之情無思無為故「明」。在此基礎上，李翱也談到了制禮作樂的問題。與上文提到的對制禮作樂和人性論關係的理解不同，李翱對制禮作樂的人性論根基的理解是「人之性皆善，可以循之不息而至於聖」，即禮樂的目的在於使每個人都有途徑成為聖人。上文提到的先秦儒學和受其影響的漢代儒學中，制禮作樂的目的主要集中在通過對情的疏導和轉化而防止人之惡的意義上，而在荀子那裡，制禮作樂更是與「群」而非單個的人相聯繫。李翱對制禮作樂的理解，首先是從消極的止惡轉向了積極的成聖，其次是從如何治理「群」之「亂」轉向了針對個人的「教人忘嗜欲而歸性命之道」。

但是，作為國家制度建構的制禮作樂面對單個人的成聖問題的時候，其間存在著較大的差距，即禮樂制度與人格生成之間還需要具體的個人的工夫歷程。這也是宋明理學的問題意識轉向個人如何成聖之後，關聯著心性論的工夫論得到了充分的討論，而漢代儒學那種基於經學的政教制度的討論就逐漸淡化的原因，所謂心性儒學和政治儒學的分野也就是這種問題意識的轉化所帶來的核心議題的轉變導致的，儘管二者並不能完全分離。因此，李翱著

重討論了「復性」的具體工夫，這也是宋明理學工夫論的濫觴：

> 或問曰：「人之昏也久矣，將復其性者，必有漸也，敢問其方？」
> 曰：「弗慮弗思，情則不生，情既不生，乃為正思。正思者。無慮無
> 思也。易曰天下何思何慮，又曰閑邪存其誠，詩曰思無邪。」曰：
> 「已矣乎？」曰：「未也。此齋戒其心者也，猶未離於靜焉。有靜必
> 有動，有動必有靜，動靜不息，是乃情也。易曰吉凶悔吝，生於動
> 者也，焉能復其性耶？」曰：「如之何？」曰：「方靜之時，知心無
> 思者，是齋戒也。知本無有思，動靜皆離，寂然不動者，是至誠也。
> 中庸曰誠則明矣，易曰天下之動貞夫一者也。」問曰：「不慮不思之
> 時，物格於外，情應於內，如之何而可止也？以情止情，其可乎？」
> 曰：「情者性之邪也，知其為邪，邪本無有，心寂然不動，邪思自息，
> 惟性明照，邪何所生？如以情止情，是乃大情也，情互相止，其有
> 已乎？易曰：顏氏之子，其殆庶幾乎，有不善未嘗不知。知之未嘗
> 復行也。易曰：不遠復，無祇悔元吉。」問曰：「本無有思，動靜皆
> 離，然則聲之來也，其不聞乎？物之形也，其不見乎？」曰：「不覩
> 不聞，是非人也。視聽昭昭而不起於見聞者，斯可矣。無不知也，
> 無弗為也。其心寂然，光照天地，是誠之明也。大學曰：致知在格
> 物。易曰：易無思也，無為也，寂然不動，感而遂通天下之故，非
> 天下之至神，其孰能與於此。」曰：「敢問致知在格物，何謂也？」
> 曰：「物者萬物也，格者來也至也。物至之時，其心昭昭然明辨焉，
> 而不應於物者，是致知也，是知之至也。知至故意誠，意誠故心正，
> 心正故身修，身修而家齊，家齊而國理，國理而天下平，此所以能
> 參天地者也。」〔註13〕

這段文字以問答的形式討論了「復性」的方法，可以分為兩部分來討論，第
一部分是具體的復性工夫，第二部分是聖人之情的存在樣態問題，即「性不
自性，由情以明」的條件下「善」之「性」所對應的「情」如何可能的問題。
在具體的復性工夫中，李翱區別了「齋戒」和「至誠」兩個不同而遞進的階
段，「方靜之時，知心無思者，是齋戒也。知本無有思，動靜皆離，寂然不
動者，是至誠也」。在第一個階段，「弗慮弗思，情則不生，情既不生，乃為
正思」。從李翱之後的描述看來，這裡的「弗慮弗思」也就是盡力地排除日

〔註13〕〔清〕董誥等編：《全唐文》卷六百三十七李翱四，第 6435～6437 頁。

常的私欲雜念，面對外物的時候保持「不動心」的狀態。人之性（心）是一個根本的「能感」，這一「能感」既可以是「能去感」，也可以是「能不去感」，「齋戒其心」就是保持這種「不去感」的狀態。但是，這種狀態必須依賴具體的環境，也就是說，「不去感」只能在一種靜心獨居的環境中維持自身，人不能夠時時刻刻保持這種「不去感」，即「猶未離於靜焉」。後來宋明理學家教人靜坐就是這種方法，「伊川每見人靜坐，便歎其善學」，而陽明早年也教學生靜坐，以補小學收心一段工夫。但這種「心無思」的狀態畢竟「有待於境」，必須進入「本無有思」的狀態才能夠真正「復性」，「知本無有思，動靜皆離，寂然不動者，是至誠也」。「本無有思、動靜皆離」的提法是借鑒了當時的佛教，特別是禪宗的思想：「世人妙性本空，無有一法可得，自性真空，亦復如是，善知識，莫聞吾說空便即著空，第一莫著空若空心靜坐，即著無記空」〔註14〕，一念悟得自性佛性而動靜雙遣，既不執有之動，也不沉空之靜。但是，這種思想在佛教傳來之前的魏晉玄學中就已經有了體現，王弼反駁何晏時說到，「人茂於人者神明也，同於人者五情也，神明茂故能體沖和以通無，五情同故不能無哀樂以應物，然則聖人之情，應物而無累於物者也」〔註15〕，五情同以應物即離靜，應物而無累於物即離動，動靜雙離在此意義上得以理解。這種思想可以上溯到莊子，《德充符》有言：「吾所謂無情者，言人之不以好惡內傷其身，常因自然而不益生也」，也可以下延至明道《定性書》之「動亦定、靜亦定」。只有到了這種狀態，「復性」才能夠完成。第二部分牽扯的問題與此相關，即「物格於外，情應於內，如之何而可止也」。倘若為了遏制一個情，卻發起了另一個情，則是使得此情更為顯著，「以情止情」是行不通的。只有做到「心寂然不動，邪思自息，惟性明照」，「止情」才得以可能，而此「寂然不動」就是上文提到的「聖人之情」。那麼，下面的問題就迎刃而解，即「聲之來也，其不聞乎？物之形也，其不見乎」。李翱用對「格物致知」的詮釋來表達了他的觀點，即人當然有所聞見，但是這種聞見需要做到「物至之時，其心昭昭然明辨焉，而不應於物者，是致知也，是知之至也」，也就是「寂然不動」「物來順應」「廓然大公」。做

〔註14〕〔明〕瞿汝稷編纂，德賢、侯劍整理：《指月錄》卷四六祖慧能大師，成都：巴蜀書社，2012 年第 2 版，第 109 頁。

〔註15〕〔晉〕陳壽撰，〔南朝宋〕裴松之注，中華書局編輯部點校：《三國志·魏書》王弼傳，北京：中華書局，1982 年第 2 版，第 795 頁。

到了這點，聖人之情也就不是情惡之情，而是善性之當體呈現。性必須經由情之顯現而呈現自身，當情之顯現「物來順應」「寂然不動」之時，性就能夠充分的呈現自身。如果將「已發」「未發」不作為時間的前後順序來理解，而是作為「顯現者」和「通過此顯現者而呈現自身者」來理解的話（它們在時間上是同時的），「性」即是「未發」，「情」即是「已發」，而這種關係在宋明理學中得到了詳盡的討論。

二、伊川朱子論中和

在陽明之前，對已發未發問題討論最為詳盡的當屬伊川和朱子，對他們各自的中和說的分析有助於理解陽明的中和說。

伊川對中和問題的討論主要集中在他和蘇季明、呂大臨的對話中，因篇幅較長，故以其與蘇季明之對話為主，間以答呂大臨之語和其他相關論說，依次疏解於下，以明伊川論中和之大意：

> 蘇季明問：「中之道與喜怒哀樂未發謂之中，同否？」曰：「非
> 也。喜怒哀樂未發是言在中之義，只一個中字，但用不同。」〔註16〕

伊川在這裡區分了「中之道」和「在中」。「喜怒哀樂未發」有兩種理解方式，其一就是喜怒哀樂未萌發的渾然狀態，與「喜怒哀樂已發」構成時間上的先後關係；其二就是使得喜怒哀樂得以可能的「性」，也就是說，人之所以在某處表現為喜，某處表現為怒，除了所遇之事不同外，皆有其內在的「性」作為根據，這在上文已經有過說明。那麼，這裡的「在中」如何理解？如果單看此句，則有把「在中」理解為時間上先於「已發」的「未發」的可能性，但正如論者指出的，如果通覽伊川的相關論說，就會發現，「『在中』是在實然的心上論形而上之體，故云『在』，以指明其現實性；『性中』則單是對形而上者的特性的描述，與形而下者無關。『喜怒哀樂不發』並不是指『事物未接，思慮未萌』的渾然知覺狀態，而是指當下的未發之『體』，也即已發之心的形而上的依據」〔註17〕。「中之道」也就是「性中」，「在中」就是於喜怒哀樂中指點其形而上之性，即從情之顯現中追溯其得以可能的形而上之性。倘若從天地之性（理）和氣質之性的關係來理解，「中之道」即天地之性（理），「在中」

〔註16〕《二程集》遺書卷第十八伊川先生語四，第 200 頁。
〔註17〕彭榮：《伊川、朱子已發未發辨異》，《上饒師範學院學報》2016 年 2 月（第 36 卷第 1 期）。

即氣質之性，雖然都是「中」，但其用不同。離了氣質別無所謂天地之性，但天地之性終究是形而上者，此間有差，「中之道」與「在中」的區別就是為了嚴辨形而上者和形而下者。

> 或曰：「喜怒哀樂未發之前求中，可否？」曰：「不可。既思於喜怒哀樂未發之前求之，又卻是思也。既思即是已發。思與喜怒哀樂一般。才發便謂之和，不可謂之中也。」〔註18〕

這一個問答就否認了把喜怒哀樂未發理解為事物未至時候的渾然狀態，即時間先後的解釋模式。在伊川看來，在時間上，沒有一個「喜怒哀樂未發之前」的階段，因為這種階段是無法被給予的，只要有思維活動，就已經是「已發」，去思維一個沒有思維的階段是自相矛盾的，因為任何被思維對象的給予都已經處於思維之中了。當然，伊川也討論了事物未至時候喜怒哀樂未發時候的渾然狀態，這時候的工夫就是「敬」，即「涵養須用敬」，後來也朱子發揮伊川的這個說法。伊川否認了「求中」的工夫，轉而承認了「存養」，與此相關的就是區分了「喜怒哀樂未發之時」和「喜怒哀樂未發之前」：

> 又問：「呂學士言：當求於喜怒哀樂未發之前。信斯言也，恐無著摸，如之何而可？」曰：「看此語如何地下。若言存養於喜怒哀樂未發之時，則可；若言求中於喜怒哀樂未發之前，則不可。」又問：「學者於喜怒哀樂發時固當勉強裁抑，於未發之前當如何用功？」曰：「於喜怒哀樂未發之前，更怎生求？只平日涵養便是。涵養久，則喜怒哀樂發自中節。」〔註19〕

呂大臨說到：「中者，無過不及之謂也。何所準則而知過不及乎？求之此心而已。此心之動，出入無時，何從而守之乎？求之於喜怒哀樂未發之際而已。當是時也，此心即赤子之心，即天地之心，即孔子之絕四，即孟子所謂物皆然、心為甚，即易所謂寂然不動，感而遂通天下之故。此心所發，純是義理，與天下之所同然，安得不和？大臨前日敢指赤子之心為中者，其說如此」〔註20〕。呂大臨的意思比較清楚，就是將喜怒哀樂未發和已發視為時間上的前後階段，已發之後受外物影響而有私意，未發之前純真無偽，尤其是赤子之心，「中」和「大本」就是指這個時候的心理狀態。其實伊川和呂大臨已經意識

〔註18〕《二程集》遺書卷第十八伊川先生語四，第200頁。
〔註19〕《二程集》遺書卷第十八伊川先生語四，第200～201頁。
〔註20〕《二程集》文集卷第九伊川先生文五與呂大臨論中書，第608頁。

到他們對「未發」的理解不同，呂大臨說到，「大臨以赤子之心為未發，先生以赤子之心為已發」，「大臨初謂赤子之心，止取純一無偽，與聖人同。恐孟子之義亦然，更不曲折。一一較其同異，故指以為言，固未嘗以已發不同處為大本也。先生謂凡言心者，皆指已發而言。然則未發之前，謂之無心可乎？竊謂未發之前，心體昭昭具在，已發乃心之用也」〔註21〕。「赤子之心」是已發還是未發構成了二者爭論的焦點，呂大臨的赤子之心也就是孟子的「惻隱之心」，此心「純一無偽，與聖人同」，正如在第一章分析的，這個心就是直接的價值感受以及「能感受」，孟子以心言性，呂大臨這裡也同樣如此，並沒有在這個直接的能感和所感之上尋求一個形而上者，跟隨著這個直接的價值感受而展開的具體的意識活動是「已發」，而使得此「已發」得以可能的根本的「能」才是「未發」，這個根本的「能」就是「赤子之心」，這個「能」與具體的意識活動雖然可以同時出現（前者藉由後者呈現自身），但從時間順序來看，它總是先行於具體的意識活動，譬如我在遇見孺子入井之前，此能感之心就未嘗不在，因此呂大臨說「未發之前，心體昭昭具在，已發乃心之用也」，體用關係同時也是時間的先後關係。其實伊川也認識到了這點，但他區別了「心」中的「體」和「用」。伊川說，「所論意，雖以已發者為未發；反求諸言，卻是認已發者為說。詞之未瑩，乃是擇之未精爾。凡言心者，指已發而言，此固未當。心一也，有指體而言者（寂然不動），有指用而言者（感而遂通天下之故）。惟觀其所見如何耳。大抵論愈精微，言愈易差。所謂傳言者失指，及反覆觀之，雖曰有差，亦不失大意」〔註22〕。在伊川看來，呂大臨的議論都是在「已發」上，這是概念選擇上的不精確。當然，伊川也承認，心不能只從已發上講，心自身也分體用，從體用上講的「未發」和「已發」就不再是時間上的先後關係，而是同時的，寂然不動之體使得感而遂通之用得以可能，「已發」是「感而遂通」，而「中」只是對「性」的一種描述，同時也是對「道」的描述，「性道可以合一而言，中不可並性而一。中也者，狀性與道之言也。猶稱天圓地方，而不可謂方圓即天地。方圓不可謂之天地，則萬物非出於方圓矣。中不可謂之性，則道非出於中矣」〔註23〕，「性」與「道」在這裡就是「理」。但蘇季明一直追問「喜怒哀樂未發」，伊川也指點

〔註21〕 《二程集》文集卷第九伊川先生文五與呂大臨論中書，第608～609頁。
〔註22〕 《二程集》文集卷第九伊川先生文五與呂大臨論中書，第609頁。
〔註23〕 《二程集》粹言卷第一論道篇，第1183頁。

出了「未發」時的工夫：

> 或曰：「有未發之中，有既發之中。」曰：「非也。既發時，便是和矣。發而中節，固是得中，時中之類。只為將中和來分說，便是和也。」季明問：「先生說喜怒哀樂未發謂之中是在中之義，不識何意？」曰：「只喜怒哀樂不發，便是中也。」曰：「中莫無形體，只是個言道之題目否？」曰：「非也。中有甚形體？然既謂之中，也須有個形象。」曰：「當中之時，耳無聞，目無見否？」曰：「雖耳無聞，目無見，然見聞之理在始得。」曰：「中是有時而中否？」曰：「何時而不中？以事言之，則有時而中。以道言之，何時而不中？」曰：「固是所為皆中，然而觀於四者未發之時，靜時自有一般氣象，及至接事時又自別，何也？」曰：「善觀者不如此，卻於喜怒哀樂已發之際觀之。賢且說靜時如何？」曰：「謂之無物則不可，然自有知覺處。」曰：「既有知覺，卻是動也，怎生言靜？人說復其見天地之心，皆以謂至靜能見天地之心，非也。復之卦下面一畫，便是動也，安得謂之靜？自古儒者皆言靜見天地之心，唯某言動而見天地之心。」或曰：「莫是於動上求靜否？」曰：「固是，然最難。釋氏多言定，聖人便言止。且如物之好，須道是好；物之惡，須道是惡。物自好惡，關我這裡甚事？若說道我只是定，更無所為，然物之好惡，亦自在裡。故聖人只言止。所謂止，如人君止於仁，人臣止於敬之類是也。易之艮言止之義曰：艮其止，止其所也。言隨其所止而止之，人多不能止。蓋人萬物皆備，遇事時各因其心之所重者，更互而出，才見得這事重，便有這事出。若能物各付物，便自不出來也。」或曰：「先生於喜怒哀樂未發之前下動字，下靜字？」曰：「謂之靜則可，然靜中須有物始得，這裡便是難處。學者莫若且先理會得敬，能敬則自知此矣。」〔註24〕

伊川對「喜怒哀樂未發之時」的提法總是抱有警惕，但還是給出了修養的工夫。在這裡，「喜怒哀樂未發之時」就是心之體寂然不動之時，也就是具體而顯著的思維活動沒有萌發之時，這時候的工夫就是「敬而無失」，「敬而無失，所以中也。凡事事物物皆有自然之中，若俟人為布置，則不中矣」。未發時「敬」的工夫就是「靜中須有物始得」，「耳無聞，目無見，然見聞之理

〔註24〕《二程集》遺書卷第十八伊川先生語四，第201～202頁。

在始得」，所得者就是「理」，即所謂「在中」，然而正如伊川一再指出的，「既有知覺，卻是動也，怎生言靜」，也就是說，伊川對「求喜怒哀樂未發」的工夫一直抱有警惕之心，儘管他似乎針對「未發之時」也提出了「敬」和「涵養」的工夫。此外，伊川在一些回答上並不如後來朱子講的那麼清晰和更加體系化，使得人們通過語錄去理解伊川的意思時候會具有一些困難，尤其是在與他人的對話中的隨機而發容易造成理解上的矛盾。倘若這裡區別兩個概念，可能會更好地理解伊川的思想，即區別「不發」和「未發」。伊川在講到「喜怒哀樂未發」的時候其實講的是「不發」，這「不發」也就是「寂然不動」之「心體」，「心體」是「理」落在人上之的「氣質之性」，也就是「在中」，這個「性」不能顯現自身，因為一有思慮活動便是「已發」，即是「和」而非「中」，「只喜怒哀樂不發，便是中也」，這個「中」是「以道言之」，即在心之性。然而，人心始終是活動的，儘管具體的喜怒哀樂沒有顯現出來，但是細微的思慮和意識是持續不斷的，這就是伊川說的「既有知覺，卻是動也，怎生言靜」，但畢竟有一個不顯著的「未發之時」在，這個「未發」實際上也是「已發」，只不過是「思慮未萌（顯）」，伊川在弟子不斷地追問之下，也同意在這個階段有工夫可做，即「敬而無失」，這時候也有「中」可以言說，即「當中之時「「以事言之」。後者是從時間上言說，而前者是超越時間的形而上者，這也是伊川思想的特點所在。楊儒賓也分析了伊川的「中和」說：其一，必須體會未發前的境界「有物始得」，此處「物」指的是「理」；其二，學者於喜怒哀樂未發前，只適宜用涵養的工夫，此工夫是「敬」工夫的一部分，因為敬貫動靜；其三，反對以心觀心，因為「既有知覺，即是動也」；其四，「心」有指體而言，「寂然不動是也」；有指用而言，「感而遂通天下之故是也」。「觀喜怒哀樂未發前氣象」的工夫與體會「心之體用」有關。而伊川的「心體」也就是「本心」概念，與「理」「性」同屬一層，也是工夫的終點，但他講的主敬的日常工夫對此心體是使不上力的，與明道「識仁」說不同。〔註25〕當然，「求喜怒哀樂未發之前」的工夫是二程門下龜山一支的主要工夫，而這種工夫與伊川的主要思想傾向並不契合，他在答弟子之問的時候終究會產生語言和理解上的偏差，使得後來者不能準確把握，而他針對在時間中的「未發」的「敬」之工夫和嚴辨形而上下的立場經過朱子的發

〔註25〕楊儒賓：《論「觀喜怒哀樂未發前氣象」》，《中國文哲研究通訊》第十五卷第三期，第52～55頁。

揮而建立起了更加細緻和準確的工夫論和理論體系。同時，朱子在中和新舊說的轉變過程中，針對「求喜怒哀樂未發之前氣象」的批駁也可以看出二者的差異所在，吸收了伊川思想的中和新說所建立的體系也能彰顯朱子思想的精神所在，而這中間的種種差異也能凸顯出陽明在解決中和問題時候所秉持的思想姿態，這一切都與對「未發」和「性」的不同理解有關，這種理解的差異可以歸結為性的顯現方式的不同，尤其是朱子和陽明之間的深刻差異更能體現這點。

　　朱子的中和說是宋代理學的關鍵性內容，而朱子以其極具分析性的話語對已發未發、心性和中和問題的描述使得在伊川和道南一脈那裡稍顯模糊的中和說顯得更加清晰。朱子對中和問題的闡釋有所謂新說和舊說之別，前人對此問題的分析已經比較細緻，因而本書所要做的就是在此基礎上討論「性」「情」「心」等的顯現問題。朱子中和舊說的關鍵文本如下：

　　　人自有生，即有知識。事物交來，應接不暇，念念遷革，以至於死，其間初無頃刻停息，舉世皆然也。然聖賢之言，則有所謂未發之中，寂然不動者，豈以日用流行者為已發，而指夫暫而休息不與事接之際為未發時耶？

　　　嘗試以此求之，則泯然無覺之中，邪暗鬱塞，似非虛明應物之體，而幾微之際一有覺焉，則又便為已發，而非寂然之謂。蓋愈求而愈不可見，於是退而驗之於日用之間，則凡感之而通，觸之而覺，蓋有渾然全體應物而不窮者。是乃天命流行、生生不已之機，雖一日之間萬起萬滅，而其寂然之本體則未嘗不寂然也。所謂未發，如是而已，夫豈別有一物，限於一時，拘於一處，而可以謂之中哉？

　　　然則天理本真，隨處發見，不少停息者，其體用固如是，而豈物慾之私所能壅遏而梏亡之哉？故雖汨於物慾流蕩之中，而其良心萌蘗，亦未嘗不因事而發見，學者於是致察而操存之，則庶乎可以貫乎大本達道之全體而復其初矣。不能致察，使梏之反覆，至於夜氣不足以存，而陷於禽獸，則誰之罪哉？

　　　周子曰：「五行一陰陽也，陰陽一太極也，太極本無極也。」其論至誠，則曰：「靜無而動有。」程子曰：「未發之前更如何求，只平日涵養便是。」又曰：「善觀者，卻於已發之際觀之」。二先生之

　　說如此，亦足以驗大本之無所不在，良心之未嘗不發矣。〔註26〕
第一段引文直接說出了朱子早年對已發和未發的理解，順帶一提的是，朱子
中和新說的立論根基恰恰是對這段文字的推翻，準確地說，是對「以日用流
行者為已發，而指夫暫而休息不與事接之際為未發時」的推翻。在舊說中，
朱子認為，人從出生到死亡，無時無刻不在與外物的接觸和感應之中。這也
正是海德格爾指出的，此在的存在的整體結構就是操心，即此在之存在先行
於自身而寓於世內照面的存在者，並沒有一個完全隔絕「外物」的純粹「內
在」狀態。在這種「念念遷革」的生存論狀況中，尋求一個「寂然」之時，似
乎是不可達到的。倘若找到了這種沒有念頭存在的時刻，也可能只是人之昏
厥狀態，這種「無覺」也稱不上是「虛明應物之體」。那麼，「寂然之體」就只
能在「念念遷革」中去尋求，而非在此之外「別有一物」。「念念遷革」講的無
非就是人之意識和感受（即「覺」）的從不間斷，而有所覺即有能覺，這一「能」
超出具體的覺而使之可能，並在具體的覺中呈現自身，此「能」即是「渾然全
體應物而不窮者」，這一根本的「能」在「萬起萬滅」的思慮和念頭中維持著
自身的同一性，「未嘗不寂然」。這個根本的「能」就是「性」，而「覺」即「心」，
未發之性與已發之心是體用關係，性體而心用。這一觀點的形成是受湖湘學
者影響而形成的，與性體心用相對應的工夫就是「先察識而後涵養」。「察識」
的可能性就在於「良心萌蘗，亦未嘗不因事而發見」，也就是本性見之於心而
為本心，即「良心」（這裡的「性」之「見」是間接的而非直接的）。在這裡，
朱子承認了良心發見的必然性，「未嘗不」表明了這點。當朱子肯定本心一定
會在事中發現的時候，那麼工夫的要點就在於把握住這個「本心」，即「察
識」，然後通過對此一時之「本心」的操存涵養而使得自己每時每刻都能夠使
得「本心」發露，即「大本」之「性體」能夠時刻顯現為「達道」之「心用」，
即「貫乎大本達道之全體而復其初矣」。這裡工夫的前提在於良心能夠必然地
發現，這才使得「察識」的工夫得以可能，而後來朱子另立新說時對這裡的
前提也同樣提出了批評。
　　這裡的問題是，「良心」與後來陽明的「良知」有什麼區別，這聯繫到陽
明作《朱子晚年定論》的根源，以及朱子後來為什麼放棄了舊說而轉向了以

〔註26〕〔宋〕朱熹撰，朱傑人、嚴佐之、劉永翔主編：《朱子全書》（修訂本第21冊）
　　　　晦庵先生朱文公文集卷三十與張欽夫，上海：上海古籍出版社、合肥：安徽
　　　　教育出版社，第1315～1316頁。

心、性、情的三分框架為根基的中和新說。朱子在《中和舊說序》中引延平之話講，「『人自嬰兒以至老死，雖語默動靜之不同，然其大體莫非已發，特其未嘗發者為未嘗發爾』自此不復有疑，以為《中庸》之旨果不外乎此矣」〔註27〕，「未嘗發」即性體，「已發」即良心。在朱子這裡，儘管也講體用，但是「用」絕非「體」，良心只能夠在「用」上去理解，這也是朱子與湖湘學者對「心」之理解的不同。在朱子，心只能夠從形而下者的氣質上去理解，「良心」不能夠作為「性」本身，換句話說，良心自身的顯現並不就是性的顯現，性是良心的顯現所指向的自身不顯現者，作為「未發者」的「性」藉由「心」之顯現而呈現（非顯現）自身，「蓋通天下只是一個天機活物，流行發用，無間容息，據其已發者而指其未發者，則已發者人心，而未發者皆其性也」〔註28〕，這種觀點一致持續到中和新說而成為朱子學的特質所在。「性」自身不能夠顯現的觀點意味著，在朱子那裡，缺乏對「性」的直接把握，而是間接性的指點。這點在朱子的思想脈絡中是一致的，朱子注《孟子》「惻隱之心」的時候就明確地說，「惻隱、羞惡、辭讓、是非，情也。仁、義、禮、智，性也。心，統性情者也。端，緒也。因其情之發，而性之本然可得而見，猶有物在中而緒見於外也」〔註29〕。「性之本然可得而見」並不是「性」自身的顯現，而是「因其情之發」，即通過情之顯現而指明自身，「猶有物在中而緒見於外」，「性」作為「在中」者自身並不「見於外」，因此也可以通過窮理而把握。同樣是主張「先察識而後涵養」的湖湘學派，其所察識者既是「本心」，也是「性」，「先察識」必須與五峰所講的「以心成性」聯繫起來才能夠成立，這也是明道「識仁說」的意思，即直接地把握「性體」。陽明《朱子晚年定論》所選《答何叔景》兩書皆選自朱子中和舊說時期，其有論曰：「因其良心發現之微，猛省提撕，使心不昧，則是做工夫底本領」〔註30〕。這裡的話語的確與陽明非常相近，但是其內涵絕不相同。首先，「良心發現」與「良知」不同，前者只是心而非性，而陽明的「良知」即心即性。換句話說，朱子的「性」憑藉著「良

〔註27〕《朱子全書》（修訂本第24冊）晦庵先生朱文公文集卷七十五中和舊說序，第3634頁。

〔註28〕《朱子全書》（修訂本第21冊）晦庵先生朱文公文集卷三十二答張欽夫，第1393～1394頁。

〔註29〕〔宋〕朱熹撰：《四書章句集注》孟子集注卷三公孫丑章句上，北京：中華書局，1983年，第238頁。

〔註30〕《王陽明全集》卷三語錄三附錄，第115頁。

心」的顯現而呈現自身，其自身並不就是此一顯現，它並不只存在於「良心」的顯現當中，而是有著自身的形而上學設定，這就是朱子嚴辨性情的立場；陽明的「性」就是「良知」的當場呈現本身，它只存在於顯現在每一具體事件的「良知」之中，在這裡，陽明的立場與孟子、明道和五峰一致，以心言性，即對「性」有著直接的把握而非間接的指點，「間接」與「直接」的區別就在於「性」是否直接的顯現，而非顯現之根據。其次，「使心不昧」並不是陽明的致良知之教，而僅僅只是通過對「良心」的察識，消極地袪除私欲的干擾和保持心的警覺狀態，使得「性理」能夠充分地體現在日常的思慮活動當中，即察識之後的涵養。在中和新說中，朱子以「敬」的工夫來保證心的「不昧」，此「心」並不是以心言性之「本心」，對朱子來說，這個「工夫底本領」並不是如明道「識仁說」指出的「識得此理，以誠敬存之而已，不須防檢，不須窮索」，也更不是陽明的「即本體以為工夫」，而僅僅是一個掃清私心雜念的入手工夫，這也是朱子強調「下學而上達」的學問和工夫路徑有關，也就是說，「性」的顯現與否與工夫論的路徑是緊密聯繫在一起的，「明德」須以涵養窮理工夫為前提。當然，陽明與朱子的區別會在下節展開細緻的分析，而《朱子晚年定論》所收的朱子強調「良心」和「體察」之類的話語需要在不同的意義上去理解，相近話語的背後是思想體系和工夫理路的深刻差異，李穆堂所編《朱子晚年全論》收錄的朱子晚年書信中強調「心」的工夫也是同樣的道理，此「心」與象山陽明「心學」之「心」並不相同。

在這種對「性」和「心」的理解所建立的中和舊說當然會不自覺的滑向中和新說，其關鍵點就在於對「良心發現」本身的力量不夠信任，這種不信任既與朱子本身的學思品格相關，也與人的現實的道德意識有關。在所謂的「人生有自四書」第四書中，朱子已經有所反省：

> 大抵目前所見，累書所陳者，只是籠統地見個大本達道底影像，便執認以為是了，卻於致中和一句，全不曾思入。所以累蒙教，告以求仁之為急，而自覺殊無立腳下工夫處。蓋只見得個直截根源，傾湫倒海底氣象，日間但覺為大化所驅，如在洪濤巨浪之中，不容少頃停泊。蓋其所見一向如是，以故應事接物處，但覺粗厲勇果增倍於前，而寬裕雍容之氣，略無毫發。雖竊病之，而不知其所自來也。而今之後，乃知浩浩大化之中，一家自有一個安宅，正是自家安身立命、主宰知覺處，所以立大本、行達道之樞要。所謂體用一

源、顯微無間者乃在於此。而前此方往方來之說，正是手忙足亂，

無著身處。道邇求遠，乃至於是，亦可笑矣！〔註31〕

這段文字的核心意涵在於尋求一個工夫下手處。「大化所驅」即「天下只是一個天機活物，流行發用，無間容息」之意，也就是人心之念念相續不曾間斷。在朱子的中和舊說第一書中，在此「大化所驅」的不停歇的思慮意識之中必然有良心因事而發現，這是他的工夫下手處。但是，良心並不是性，不具備在陽明那裡的決定性力量可以使人躍出日常之私心雜念而保障每時每刻都是本心之流行，因此需要有「涵養」的工夫。然而，在「大化所驅」之中，「涵養」的工夫是比較難以達到的，朱子在上段引文中就指出了這點，即很容易被不停息的思慮活動所驅使，「不容少頃停泊」，所導致的結果就是「粗厲勇果增倍於前，而寬裕雍容之氣，略無毫發」，而朱子的解決辦法就是尋求一個「安宅」以及「主宰知覺處」，這種尋求最終促成了中和新說的「未發涵養」工夫。朱子中和新說的關鍵文本如下：

> 《中庸》未發、已發之義，前此認得此心流行之體，又因程子「凡言心者，皆指已發而言」，遂目心為已發、性為未發。然觀程子之書，多所不合。因復思之，乃知前日之說，非惟心性之名命之不當，而日用工夫全無本領，蓋所失者，不但文義之間而已。

> 按《文集》、《遺書》諸說，似皆以思慮未萌、事物未至之時，為喜怒哀樂之未發。當此之時，即是此心「寂然不動」之體，而天命之性，當體具焉；以其無過不失，不偏不倚，故謂之中。及其「感而遂通天下之故」，則喜怒哀樂之性發焉，而心之用可見；以其無不中節，無所乖戾，故謂之和。此則人心之正，而情性之德然也。然未發之前不可尋覓，已覺之後不容安排，但平日莊敬涵養之功至，而無人慾之私以亂之，則其未發也，鏡明水止，而其發也，無不中節矣。此是日用本領工夫。至於隨事省察，即物推明，亦必以是為本。而於已發之際觀之，則其具於未發之前者，固可默識。故程子之答蘇季明，反覆論辯，極於詳密，而卒之不過以敬為言。又曰：「敬而無失，即所謂中。」又曰：「人道莫如敬，未有致知而不在敬者。」又曰：「涵養須是敬，進學則在致知。」蓋為此也。

> 向來講論思索，直以心為已發，而日用工夫，亦止以察識端倪

〔註31〕《朱子全書》晦暗先生朱文公文集卷三十二答張欽夫，第1392頁。

為最初下手處，以故闕卻平日涵養一段工夫，使人胸中擾擾，無深
潛純一之味，而其發之言語事為之處，亦常急迫浮露，無復雍容深
厚之風。蓋所見一差，其害乃至於此，不可以不審也。程子所謂「凡
言心者，皆指已發而言」，此乃指赤子之心而言，而謂「凡言心者」，
則其為說之誤，故又自以為未當，而復正之。固不可以執其已改之
言，而盡疑諸說之誤；又不可遂以為未當，而不究其所指之殊也。
不審諸君子以為如何？〔註32〕

在第一段文字中，朱子指出了中和新說的關鍵點就在於「已發」「未發」的命
名不當以及相關聯的日用工夫的缺失。需要注意的是，在這段文字相近的另
一個文本《未發已發說》中，朱子有著非常關鍵的一句話：「乃知前日之說雖
於心性之實未始有差，而未發、已發命名未當」〔註33〕。「心性之實」意指在
中和舊說中，「心」為已發（自身顯現者）而「性」為未發（自身不顯現者）
的基本格局並沒有被推翻，正如陳來教授指出的，在朱子那裡，有著兩種「已
發」和「未發」，一是指心的未發已發，一是指性情的未發已發。心之未發指
思慮未萌時候的心，心之已發指思慮已萌時候的心，心的未發已發是區別心
理活動及其狀態的兩個階段，是同一層次的概念；一是指性情的未發已發，
這是不同層次的體用關係，未發時心不等於性，已發時心不等於情。〔註34〕
也就是說，不論是未發時候思慮未萌還是已發時候七情迭出，都屬於能夠自
身顯現者，而性則是不能夠自身顯現者，這與舊說保持了一致，即「人只要
生存，心的作用就不會停止，而性作為內心本質始終是通過他者表現，自身
是隱而不發的」〔註35〕。在承認這個前提之下，提出「思慮未萌」作為未發
就是為了提出新的工夫，即「敬」。但是在第二段文字中，「思慮未萌」作為一
個心理活動的階段則不是那麼容易把握，而且也不是與「已發」構成簡單的
前後相繼的過程，儘管這種狀態是在心上說已發未發的最簡單樣式。朱子在
新說中仍舊使用了「寂然不動之心體」和「感而遂通之心用」的說法，表明儘

〔註32〕《朱子全書》（修訂本第 23 冊）晦庵先生朱文公文集卷六十四與湖南諸公論
中和第一書，第 3130～3131 頁。

〔註33〕《朱子全書》（修訂本第 23 冊）晦庵先生朱文公文集卷六十七已發未發說，
第 3266 頁。

〔註34〕陳來：《朱子哲學研究》，北京：生活・讀書・新知三聯書店，2010 年，第 209
頁。

〔註35〕陳來：《朱子哲學研究》，第 203 頁。

管心之已發未發作為兩個階段，仍舊是一種體用關係。倘若在心上說的已發和未發只是時間上的先後關係的話，那麼，體用關係則很難成立。在這裡的突破口在於，當心之未發區別於性的時候，意味著這個未發是能夠自身顯現的，因此需要追問的是，未發之心體是如何顯現的，也即它是如何被把握住而有工夫可做的。在這段文字中提及的有，「於已發之際觀之，則其具於未發之前者，固可默識」，也就是說，在喜怒哀樂之情發作的時候，我們可以直接領悟到在此情發作之前的心理狀態，但是這種領悟不是如情感一樣突出而顯明，所以說「默識」。在其他地方，朱子也對此做過分殊：「蓋心之有知與耳之有聞、目之有見為一等時節，雖未發而未嘗無；心之有思乃與耳之有聽、目之有視為一等時節，一有此則不得為未發」〔註36〕。「未發而未嘗無」表明，心體之未發仍舊是自身顯現著的，這裡需要關注的是，「心知」「耳聞」「目見」和「心之思」「耳之聽」「目之視」的區別在哪裏。朱子說，「未發之前，須常惺惺地醒，不是瞑然不省」，心知、耳聞、目見就是這種「醒」，「知」即「知覺」，心的存在方式就是知覺，而「耳」和「目」的存在方式就是「聞」和「見」，否則就是一團血肉的死物，但是以心來說，作為存在方式的知覺和某一具體時間段中的未發狀態是什麼關係，以及與喜怒哀樂之已發有什麼關係，這又牽扯到朱子的體用論。

朱子對體用有過一個說明，有助於我們在他對各種事物的體用關係的說明中把握其核心：「體、用也定。見在底便是體，後來生底便是用。此身是體，動作處便是用。天是體，『萬物資始』處便是用。地是體，『萬物資生』處便是用。就陽言，則陽是體，陰是用；就陰言，則陰是體，陽是用」，「體是這個道理，用是他用處。如耳聽目視，自然如此，是理也；開眼看物，著耳聽聲，便是用。江西人說個虛空底體，涉事物便喚做用」〔註37〕。這裡的「後來生」不能簡單地理解為時間上的先後，而是說後者建立在前者的基礎之上才是可能的，前者為後者奠基，當然，時間上的先後也是這種奠基關係的表現形式之一。「見在」意味著是當下給予的、直接顯現著的，與「後來」相比則是在先的。「只就那骨處便是體。如水之或流，或止，或激成波浪，是用；即這水骨可流，可止，可激成波浪處，便是體。如這身是體；目視，耳聽，手足運動

〔註36〕《朱子全書》（修訂本第 22 冊）晦庵先生朱文公文集卷四十八答呂子約，第 2221 頁。

〔註37〕《朱子語類》卷第六，第 101 頁。

處，便是用。如這手是體；指之運動提掇處便是用」〔註38〕，「假如耳便是體，聽便是用；目是體，見是用」〔註39〕。這裡需要注意的是「流」「止」和「可流」「可止」的區別，前者是用，後者是體，「流」「止」就是「他用處」，「可流」「可止」就是「這個道理」，前者是「涉事物」，後者是「虛空底」。如此，知覺是「涉事物」，作為根本的能知覺的心是「虛空底」，前者是用，後者是體。此外，心同時跟「身」「目」一樣是實然的存在，即「氣之靈」〔註40〕，此「氣之靈」是「體」，而知覺以及能知覺是「用」。這是一個方面。從知覺本身來說也有體用，此即「寂然不動」和「感而遂通」，也對應著「未發之中」和「已發之和」。寂然不動之時，天命之性當體具焉，而此時心是有知覺的，但是並沒有遇到具體的事物時候產生的顯著的喜怒哀樂等情感和思慮活動，故為未發；感而遂通之時，七情迭出而各有攸當，此時有著具體的喜怒哀樂，故為已發。當已發之時，心之細微的知覺轉化為顯著的思慮情感，這是一種時間上的先後關係，但是後者仍然要以前者為可能性的奠基，否則喜怒哀樂無從產生，故也是為體用關係。

因此，從心上來說體用，理論上當分兩層：其一是心是體，知覺是其用（如耳與聞、目與見之類）；其二是心之寂然不動之體（未發）和感而遂通之用（已發）。但是，這裡有兩個問題在朱子那裡似乎沒有得到充分的討論。其一，心不同於身體、耳目的是，它並不指向如實然存在的眼睛、耳朵等血肉器官（如胸腔內的心臟），也不指向現代哲學中將思維還原為大腦的物質機能的自然主義和還原主義（即指向腦器官），但是也不是類似於黑格爾的純粹精神，而是有著實然的存在（當然，這種說法背後的存在─不存在、物質─精神的二元對立需要警惕），即「氣」，因此可以說氣為之體而知覺其用，但在大多數情況下，心在朱子那裡，只是一個虛靈知覺，並沒有在此處追究一個體用，而是在知覺本身上說體用。其二，若只在知覺上講心，那麼，使得已發和未發得以可能的那個「能知覺」與「思慮未萌、事物未至」時候的狀態沒有得到更加清晰的區別，這種區別就是中和舊說與新說「未發」所指的不同。在舊說中，「能知覺」就是「渾然全體應物而不窮者」，也就是「性」，但是在

〔註38〕《朱子語類》卷第六，第 101 頁。
〔註39〕《朱子語類》卷第一，第 3 頁。
〔註40〕「所覺者，心之理也；能覺者，氣之靈也」；「心者，氣之精爽」；「靈處是心，不是性」，見《朱子語類》卷第五，第 85 頁。

朱子的理論中，「性」是不顯現自身的，並且缺乏自身的動能（「理」作為形而上者的當然之則是不能動的，只有作為在心中之理的性才能憑藉心之動而呈現自身），因此與「能知覺」有著矛盾。在新說中，這個「能知覺」與「寂然不動」也沒有區別開來，大體說來，「能知覺」使得未發和已發得以可能並且在其中顯現自身，而「寂然不動」（未發）只是喜怒哀樂未發時候的不顯著的思慮活動，這裡也構成了體用關係，但需要指出的是，「能知覺」並不是離開未發—已發之外的，而是伴隨著此心之流行而顯現自身。朱子大略提到過這個意思，「體是這個道理，用是他用處。如耳聽目視，自然如此，是理也；開眼看物，著耳聽聲，便是用」，自然如此的耳聽目視，也就是耳能聽、目能視，這就是體，而具體的開眼看物、著耳聽省的活動，便是用。這個意思聯繫到「心」的話，心之自然能知覺就是體，而具體的知覺（包括未發已發）就是用。因此，如果對朱子的中和說做一補充的話，那麼，這裡「心」會有三種分別：「能知覺」，「未發」，「已發」。首先，心是根本的「能知覺」，即「虛靈明覺」；其次，這一「能知覺」在「事物未至」的時候顯現為細微的知覺，此時的工夫是敬，也是涵養；再次，當「事物已至」，這一「能知覺」顯現為顯著的情感和思慮，這時候的工夫是省察。這與舊說的區別在於，把未發已發的臨界點移到了顯著的情感的產生，使得未發工夫得以可能，就不會被「大化所驅」。那麼回到上文提到的「心知」「耳聞」「目見」和「心之思」「耳之聽」「目之視」的區別，「知」「聞」「見」首先是作為「心」「耳」「目」的存在方式，其次是作為顯著的情感思慮活動之前的細微活動而與「思」「聽」「視」等顯著的區別開來，這也是「一等時節」的含義所在。朱子並沒有明確區別「能知覺」和「事物未至」時候的心理狀態，而本書提出來這個「能知覺」作為關鍵性的概念則是為了與陽明學構成一個對比，以顯示二者在「未發」處的關鍵不同。而這個「未發」，則構成了人的超越具體意識活動的整體性的同一性存在，也就是「人格」概念，陽明學也就在這裡顯現出了自身與朱子學的不同以及與舍勒分析的現象學的人格給予的相近處。

三、陽明論未發已發

　　其實，在上文對情性、未發已發的討論之後，王陽明的中和說就會顯得比較清楚了。陽明論情和性：

　　　　夫喜怒哀樂，情也。既曰不可謂未發矣。喜怒哀樂之未發，則

是指其本體而言性也。斯言自子思，非程子而始有。執事既不以為然，則當自子思中庸始矣。喜怒哀樂之與思，與知覺，皆心之所發。心統性情。性，心體也；情，心用也。〔註41〕

陽明以情為已發，而性為未發，這與朱子中和舊說類似，但是他們對性的理解完全不同，這在上一章已經有了詳細的說明。與朱子中和舊說相同的還有，陽明這裡以喜怒哀樂、思、知覺等都為已發，也就是說，心作為虛靈明覺，只要有現實的意識活動，都是已發，即心用。然後，陽明又使用了朱子的一個概念「心統性情」，並且以性為心體，情為心用。在第一章中已經指出，「性」也就是良知、心體，即那個能夠有直接的價值感受的根本性的「能」，即「未發之中」，「人心本體，原是明瑩無滯的，原是個未發之中」〔註42〕。這種「能」與具體的價值感受以及意識活動構成了體用關係，因此陽明講的體用關係和心、性、情之間的關係與朱子比較起來大為不同，不論是其中和舊說還是新說。在上述引文之後，陽明對良知的體用論有過比較詳細的論說：

夫體用一源也，知體之所以為用，則知用之所以為體者矣。雖然，體微而難知也，用顯而易見也。執事之云不亦宜乎？夫謂「自朝至暮，未嘗有寂然不動之時」者，是見其用而不得其所謂體也。君子之於學也，因用以求其體。凡程子所謂「既思」，即是已發；既有知覺，即是動者。皆為求中於喜怒哀樂未發之時者言也，非謂其無未發者也。朱子於未發之說，其始亦嘗疑之，今其集中所與南軒論難辯析者，蓋往複數十而後決，其說則今之中庸注疏是也。其於此亦非苟矣。獨其所謂「自戒懼而約之，以至於至靜之中；自謹獨而精之，以至於應物之處」者，亦若過於剖析。而後之讀者遂以分為兩節，而疑其別有寂然不動、靜而存養之時，不知常存戒慎恐懼之心，則其工夫未始有一息之間，非必自其不睹不聞而存養也。吾兄且於動處加工，勿使間斷。動無不和，即靜無不中。而所謂寂然不動之體，當自知之矣。未至而揣度之，終不免於對塔說相輪耳。〔註43〕

虛靈不昧之心就是體，而此虛靈不昧之活動就是用。舉例說來，人之當下一

〔註41〕《王陽明全集》卷四文錄一答汪石潭內翰，第 165 頁。
〔註42〕《王陽明全集》卷三語錄三，第 133 頁。
〔註43〕《王陽明全集》卷四文錄一答汪石潭內翰，第 165 頁。

念惻隱之心，就是用，而此心之能夠惻隱就是體，這也是上一章反覆論說的根本性的「能」，也就是性體、心體、良知本體，「能戒慎恐懼者，是良知也」〔註44〕。而此「能惻隱」之「能」在具體的境遇下的價值感受和意識活動就是用，這就是體用一源、即體即用。當此具體的意識活動發作的過程中，這一根本性的「能」並未離去，而是在此具體的意識活動中顯現著自身。人們對具體的意識活動有著顯而易見的把握，但對於這一根本性的「能」卻缺乏直接的領會，所以說「體微而難知也，用顯而易見也」。陽明指點學者的辦法就是「因用以求其體」，就是在具體的意識活動中直接領悟使得此意識活動得以可能的並且伴隨著此意識活動一同被給予的良知心體。同時，陽明對朱子的中和說也提出了批評。在朱子的中和新說中，未發和已發構成了人心的意識活動的兩個階段，因此針對未發時候也有一個存養的工夫，這是中和新說的關鍵之處，當然這個工夫的目的是為了保證意識活動的無私欲，但是在陽明看來，「亦若過於剖析」，將工夫分作了「至靜之中」和「應物之處」，而認為在喜怒哀樂之外別有一個「寂然不動」之時，工夫遂成兩節。在陽明看來，「工夫未始有一息之間」，這也是陽明以及其後學以到蕺山的一致看法，後來蕺山講「本體只是這些子、工夫只是這些子」，就是受陽明學的影響而來的。而陽明那裡的工夫，就是在具體的意識活動即惻隱之心等處用功，從當下的價值感受和意識活動中領悟和把握良知本體，這種工夫首先就是使得此價值感受得到充分的實現以及意識活動不夾雜絲毫私欲，這就是「動」處用功，當此時的工夫得到應有的效果之後，意味著作為根本的「能」的良知心體也就得到了充分的實現，即「動無不和，即靜無不中」，而心體也就於當下一念中顯現自身，「寂然不動之體，當自知之矣」。這種工夫要求對具體的意識活動有著深切的體察而不是在概念名相上分別講求，即要求在當下一念的惻隱之心中同時把握到使得此惻隱之心得以可能的「未發」之良知本體，沒有實際工夫（此工夫使得良知體用能夠自身顯現）而只是口說紛紜，也只是「對塔說相輪」，不得其門而入。

　　體用一源的深層意涵在於，「未發」本身的生成離不開「已發」的意識活動，或者說，具體意識活動的善惡狀況直接影響到了良知本體的充分顯現與否。我們在這裡區別兩個概念，「未發」和「未發之中」，這兩者都是根本性的「能」，只不過後者是作為「純然天理」的能，理學家工夫的目的就是使得「未

〔註44〕《王陽明全集》卷二語錄二答陸元靜書，第72頁。

發」成為「未發之中」，不論是直接從未發上識取還是從已發之和處轉進。在朱子那裡，「未發」作為根本性的「能」以及微小的意識活動，其存養工夫就在於使得此「未發」能夠祛除私欲而「天命之性當體具焉」，即性理能夠在微小的意識活動中顯現自身，也就是成為「未發之中」，而前提就在於此根本的「能」沒有受到私欲的侵染。但是在朱子的理論中，「性」自身只是表現為一種「應當」，這種「應當」需要通過格物致知的工夫來獲得，存養的工夫也是存養此理，省察的工夫是檢視意念是否符合這一「應當」，而不是依靠這個根本的「能」通過直接的價值感受而實現道德行為，因此也不是在具體的道德行為中直接把握使得此道德行為得以可能的根本性的「能」，如果懸置一種宇宙論─形而上學的話，牟宗三先生提出的「逆覺體證」的確是區別朱子和陽明工夫論的關鍵所在。也就是說，在陽明那裡，「未發」是伴隨著「已發」而給出的。在前面提到過，「未發」作為一種根本性的「能」，意味著人格存在的整體和意識流的自身同一，而這種「未發」只能夠在「已發」的進行中伴隨著給出自身，並且意味著一系列已發活動的統一。這種統一意味著「未發」必須經由「已發」而實現自身的變更，因為在已發活動中的現時意識所伴隨的「未發」必然受到此現時意識的影響，而「未發」作為一系列現時意識的自身同一而將前一個現時意識的善惡「傳遞」到下一個現時意識之中，因為「未發」作為自身同一而有厚度地生活在每一個現時意識之中並超越此現時意識而連接著所有的意識活動，前面的意識活動形成的「積澱」通過作為人格的「未發」而深刻影響著後面的意識活動。因此，在陽明看來，「未發」的狀況需要從「已發」中去尋求：

> 雖未相著，然平日好色、好利、好名之心，原未嘗無，既未嘗無，即謂之有，既謂之有，則亦不可謂無偏倚。譬之病瘧之人，雖有時不發，而病根原不曾除，則亦不得謂之無病之人矣。須是平日好色、好利、好名等項，一應私心，掃除蕩滌，無復纖毫留滯，而此心全體廓然，純是天理，方可謂之喜怒哀樂未發之中，方是天下之大本。〔註45〕

在已發的各種意識活動中祛除了「一應私心」，使得「此心全體廓然，純是天理」，即每一個意識活動都是順著直接的價值感受而來並得到充實，如此，通過「已發之和」才能實現「未發之中」，此即「不可謂未發之中，常人具有。

〔註45〕《王陽明全集》卷一語錄一，第27頁。

蓋體用一源，有是體即有是用，有未發之中，即有發而皆中節之和。今人未能有發而皆中節之和，須知是他未發之中，亦未能全得」〔註46〕，人的現時的意識活動中有著惡的私欲，就說明人之根本的「能」中就有著向惡的趨向，反過來也是同樣的，現時的意識活動生成著作為整體性人格的「未發」，而作為整體性人格的「未發」也在現時的意識活動中顯現著惡。在這裡，惡在現時的意識活動和根本的「能」之間相互傳遞著，陽明後學的主要傾向就在於如何一勞永逸地在根本的「能」中消融此「惡」，此所謂即本體以為工夫或者「第一義工夫」的著力點所在。將已發的意識活動和作為此活動得以可能的良知心體緊密的聯繫起來，二者在同一個意識行為中共同的被給予，這是陽明學不同與朱子學的根本特點，所謂即本體即工夫就在這一點上得到理解。因此，在陽明的話語中，「已發」和「未發」並不能夠分離：

> 「未發之中」即良知也，無前後內外而渾然一體者也。有事無事，可以言動靜，而良知無分於有事無事也。寂然感通，可以言靜，而良知無分於寂然感通也。動靜者，所遇之時，心之本體固無分於動靜也。理無動者也，動即為欲。循理，則雖酬酢萬變而未嘗動也；從欲，則雖槁心一念而未嘗靜也。動中有靜，靜中有動，又何疑乎？有事而感通，固可以言動，然而寂然者未嘗有增也。無事而寂然，固可以言靜，然感通者未嘗有減也。動而無動，靜定。非欲厭動而為靜也，惟欲動者各安而無靜，又何疑乎？無前後內外而渾然一體，則至誠有息之疑，不待解矣。未發在已發之中，而已發之中未嘗別有未發者在；已發在未發之中，而未發之中未嘗別有已發者存；是未嘗無動靜，而不可以動靜分者也。〔註47〕

「有事」和「無事」的區分類似於朱子對未發和已發作為不同的意識活動階段的區別，在陽明看來，這種區別只是良知心體所遇之時的區別，即良知之體的不同之用，只要現時的意識活動沒有私欲的夾雜，那麼良知之體也就沒有區別。在良知之體遇事而發的時候，雖然有不同的顯著的意識活動，但是作為使此意識活動充滿善的價值的根本的「能」（心體）卻仍然保持著自身的同一，這就是「有事而感通，固可以言動，然而寂然者未嘗有增也」；在良知之體沒有遇事而發的時候，譬如靜坐、停息一類，雖然沒有顯著的意識活動，

〔註46〕《王陽明全集》卷一語錄一，第20頁。
〔註47〕《王陽明全集》卷二語錄二答陸原靜書，第72頁。

但是這個根本的「能」隨時應物而起顯現為具體的意識活動的能力卻絲毫沒有被削弱，這就是「無事而寂然，固可以言靜，然感通者未嘗有減也」。良知之體在所有或靜或動的具體的意識活動中顯現並生成著自身，「無前後內外而渾然一體」，「未發」之體和「已發」之中是同時顯現而一體並存的關係，此所謂「未發在已發之中，而已發之中未嘗別有未發者在；已發在未發之中，而未發之中未嘗別有已發者存」，在未發之外尋求已發和在已發之外尋求未發，都是不適當的。因此，陽明並不樂意經常提及已發、未發之類的概念，而是喜歡用圓融的講法磨平不同的概念帶來的理解和工夫上可能的混亂，試圖用一種工夫挽救「支離」的弊病，這與朱子喜歡明辨概念的傾向是不同的。因而倘若真見的良知，也就無所謂已發未發了：

> 或問「未發已發」。先生曰：「只緣後儒將未發已發分說了，只得劈頭說個無未發已發，使人自思得之。若說有個已發未發，聽者依舊落在後儒見解。若真見得無未發已發，說個有未發已發，原不妨，原有個未發已發在。」問曰：「未發未嘗不和，已發未嘗不中。譬如鐘聲，未扣不可謂無，既扣不可謂有，畢竟有個扣與不扣，何如？」先生曰：「未扣時原是驚天動地，既扣時也只是寂天寞地。」〔註48〕

「一理為主」即順此良知心體所有的直接的價值感受而有種種意識活動，此時便無所謂已發未發，也所謂動靜語默，「驚天動地」原本就是「寂天寞地」，只是良知一體流行而已。當然，陽明這裡回答學生的「未發已發」之問，也有將其當作有事無事的動靜之別來理解的意思，這可能是跟學生發問的背景有關。倘若於朱子的中和新說比較，陽明思想的關鍵就在於兩點，其一，突出了心體的根本性的「能」，「能戒慎恐懼的」等等話語表明陽明充分認識到了這點，而朱子那裡確實語焉未詳，這跟朱子並不強調心體從直接的價值感而來的本身的道德動能有關，這在第一章論述「敬」的時候提到過；其二，陽明把「性」收攝到根本的「能」上來講，即心即性即情，性的自身顯現就是良知之體的自身顯現，也就是現時的意識和情感活動，而朱子那裡的「性」並不能夠自身顯現，而是呈現為情，同時表現為一種「應當」之「所以然」。這二者合起來的關鍵就在作為根本的「能」的良知之體的提出，而良知心體同時意味著人格的自身同一，有學者從道德動能和道德行動者的角度也指出了這

〔註48〕《王陽明全集》卷三語錄三，第130頁。

點，「就王陽明而言，良知即是真己、即是道德自我、人的道德行動能力。此具統合作用的動能，同時為視聽言動與讀書等感官與身體活動，以及事親與仁民愛物等道德行為之可能條件。良知同時能明辨善惡，對吾人之妄念、私欲具有省察之作用。當良知知善知惡並好善惡惡之際，即是道德自我之自覺。這是一種反身的自覺，而非向外的感覺或知覺。自我同一性的表現，必須從突顯人主動的實踐面著手，使視聽言動皆以良知為主而不逾矩」〔註49〕，這種統合作用也可以被理解為伴隨著具體的意識活動而給出的人格的自身理解，特別是「反身的自覺」作為一種非對象性的伴隨意識（第一章第二節有詳細論述），人格的同一性也就在這種活動的同時意識到中顯現著自身，即「良知是一種呈現」（熊十力語），而不是心靈哲學中的一種「預設」或「假定」。

　　儘管陽明十分強調未發和已發的不可分割，但是陽明弟子聶雙江和羅念庵早年以「歸寂」為學問宗旨，對未發和已發有了新的看法，當然這種看法是奠基在陽明對良知和已發未發的重新詮釋之上的。而堅守陽明晚年化境之學的龍溪與雙江和念庵關於已發未發的辯駁也能夠顯示出陽明學的特色所在，念庵晚年提出「收攝保聚」而靠攏龍溪之學同樣可以顯示出這點。

第二節　萬物一體：人格的存在樣式

一、道德意識與天人合一

　　「天人合一」或者「萬物一體」是儒家對人的存在方式和地位的共識，而道德意識則是儒家個人倫理修養的關注焦點，這意味著道德意識必須關聯著萬物一體而得到理解，萬物一體也必須在道德意識中成為自身，但是這究竟如何可能？這一問題的提出與張世英教授在其《哲學導論》〔註50〕中對道德意識和天人合一的闡發有關，我們從張世英教授的論析出發來討論這一問題。

　　張世英教授從西方哲學「人—世界」結構和「主體—客體」的兩種人與世界的關係出發，將人類個體精神發展的過程分為三個階段，原始的天人合一、主體和客體二分、高級的天人合一。在原始的天人合一階段中，人雖然

〔註49〕張子立：《「同一性」、「道德動能」與「良知」：中西倫理學對話之一例》，《哲學與文化》2016年8月。

〔註50〕張世英：《哲學導論》，北京：北京大學出版社，2008年第2版。

處在與世界打交道的活動中，但只是一些本能的活動，其自身並不能夠意識到這一活動本身，即缺乏自身意識以及自我意識。在主體—客體的階段，張世英教授劃分出了意識、認識和實踐的三個小階段。意識，就是能夠意識到自我之外有某物與我對立，能夠區別自我與對象，因而有了自我意識，即在意識到對象的同時意識到了自我。其實這種區別在第一章談論「覺」的時候已經提出，當然「覺」作為自身意識與自我意識還是有所差別的，自身意識是對此活動的隨附性意識，並不將此活動作為主—客分離的對象來打量，而自我意識則是在對象化某物的條件下對自身的對象化認識，自我作為一個對象被給予。這種對象化活動意味著人脫離了「動物」而獲得了自身的地位，舍勒對此有過分析。在《人在宇宙中的位置》中，舍勒提出人與動物的本質區別就在於，人能夠把周圍世界置於遠離自己的地方並名詞化為世界，將受情緒和衝動限制的抵抗中心轉化成對象，而且可以意識到自身，即佔有自身和支配自身，把自己的生理的和心理的狀態與任何單個的心理體驗重新作為對象來對待，以至於出現在心理物理狀態的變化中保持持續性的意志，這都是精神的能力，即人區別於動物的根本性的本質所在。〔註51〕在「認識」階段，張世英教授劃分了「直觀」和「思維」，這裡的「直觀」是沒有理性內容的單純知覺意義上的直觀，與現象學的「本質直觀」等不同，「思維」是對世界「某一片段」的概念分析和考察。而「實踐」意味著由目的、有意識的行動，包括自然科學的、經濟的、政治的和道德的實踐。這裡的關鍵是把道德實踐理解為主體—客體的關係，張世英教授論說到：「中國的儒家傳統把道德實踐歸屬於天人合一，其實是沒有根據。道德的實踐不是天人合一，仍屬於主體—客體的關係」，「我們的生活開始於原始的天人合一狀態，在那裡，即無自我意識，也就談不上自由不自由，或者說，無自由意識，因而也談不上具有自我決定特徵的道德善惡之意識。中國儒家傳統的天人合一說認為天本有道德意義，天人合一，則人生而具有道德意識，只是後來由於私字之蔽，天人才分而為二，道德修養就是教人去私以回復到天人合一，成為有道德的聖人。實際上，天本無道德意義，所謂天人合一可以使人成為聖人之說，純係儒家的虛構」，「黑格爾說，道德意志使人成為主體，它首先區分主體與客體，甚至使兩者各自獨立，然後再企圖把兩者統一起來，所以道德的觀點總

〔註51〕舍勒：《人在宇宙中的地位》，收於《哲學人類學》，劉小楓主編，魏育青、羅悌倫等譯，北京：北京師範大學出版社，2017 年，第 137～138 頁。

是應然的、有限的，道德意識不可能使主體與客體兩者真正統一起來。黑格爾的看法明確告訴我們，道德屬於主體─客體關係的範疇，黑格爾的看法是正確的」，「道德實踐不能不講功利，出於一片善心而不通過思維考慮到實際利害，那不能算是真正的道德實踐，而只要講功利、講利害，就必然具有主體─客體關係的特點」〔註52〕。而張世英教授提出的高級的天人合一階段就是一種審美意識，這種審美意識具有直接性、不是知識、不是功利性、不是道德意識，是對這些的克服和超越，具體到道德來說，這種審美意識的天人合一不是道德規範，但不是否定道德，不是可以用道德標準來衡量的，它超出道德而又自然地合乎道德，其關鍵在於情感的真摯。倘若我們堅持在儒家那裡，道德意識與天人合一必須結合到一起來理解的話，那麼可以從張世英教授的分析入手，即從他對儒學和天人合一的理解、分析和批判入手，檢討其論說成立的前提是否成立，由此重新理解儒家的道德意識與天人合一的關係。

　　道德意識首先是關於道德如何被給予的問題。在張世英教授看來，儒家的道德（律）無非是統治者的「獨白」，「把封建道德律看成是無需經過主體間的任何交談、對話即可確定的，這些道德律完全是『天』或聖人之『心』的獨白的產物，而究其根源，則不過是封建統治者『天子』的獨白的產物」〔註53〕。能夠看出，張世英教授對儒學的理解仍然處在五四新文化運動以來的對儒學的刻板理解之中，從「封建」概念的使用和把儒學理解為「服務於封建統治者的」，顯示了張世英教授對儒學的隔膜，也就對儒學以道德論天人合一感到難以接受了。

　　張世英教授指出中國哲學史長期以「天人合一」的思想為主導，而王陽明的思想是典型代表，但與西方類似「天人合一」如海德格爾「此在─世界」的思想不同的是：王陽明的人心有道德意識，「而且是封建的倫理道德意識」，而海德格爾的「此在」並不具有道德意義；王陽明的人心是理，屬於理性，只不過專指道德理性，海德格爾的此在是超理性的東西；王陽明的人心是「人同此心」之心，「心同此理」之理，其中沒有個人的自由選擇，海德格爾的「此在」則是個體性，「此在」是個人根據自己的本己存在而自由存在的可能性，是自由選擇。這三點是與本節論述相關的。關於第一點，良知是一種道德意

〔註52〕張世英：《哲學導論》，第22、23頁。
〔註53〕張世英：《哲學導論》，第258頁。

識，但「封建的倫理意識」所指向的是對某種具體的某一時代的道德要求的意識到。這裡使用「封建」以及與之相關聯的概念等籠統地指稱秦代至清代的歷史和社會狀況本身就是荒謬的（西周「封邦建國」的「封建制」暫且不論），而這種指向背後隱藏著一種線性的進步歷史觀和現代人的道德傲慢。當然需要承認的是，每個時代有著不同的道德狀況和要求，現代人的某些具體的道德要求似乎是比古代更加「善」，但是這並不意味著我們可以輕蔑地談論古代的道德，因為在某些地方我們可能並不如古代人的道德意識，道德也並不是如技術一般的可以談論「進步」的東西，更何況我們現代人認為的某些「更好」的道德是真正出於道德還是私欲恐怕還是個問題。而這裡「封建的倫理意識」更多地指向的是新文化運動以來「提倡新道德、反對舊道德」所指向的「君臣父子」的「舊道德」，當然做出一番辯護並不是本書的任務，這種看法更多的是出自意識形態的偏見和現代人的傲慢。此外，與「道德進步」相關聯則是道德相對主義和道德虛無主義，這三者共享了同樣的邏輯，因而當現代人輕蔑地談起古代道德的時候，同樣意味著道德相對主義和虛無主義的出場，儘管某些學者會認為良好的道德相對主義會導致寬容的美德，但是需要警惕的是，這種美德是建立在不平穩的沙灘上的。因此，當同意王陽明的人心（良知）是一種道德意識的同時，對「封建的倫理道德意識」這一概念所表達的那種貶義則是需要懸隔的，而「人心」所表示的道德意識的樣態在第一章已經有了詳細的分析，這與具體的道德要求也可以暫時分離開來，儘管二者有著內在的聯繫。至於海德格爾的此在分析有沒有一種倫理學則是海德格爾研究的爭論點，倘若我們承認海德格爾那裡沒有一般意義上的倫理學（如康德、摩爾等人的那樣），那麼也不能夠否認海德格爾是在存在論上對一般倫理學何以可能進行了追問，在向死存在中的良知呼聲是更加本源的「道一德」，本真存在和非本真存在的區別已經暗含了這點。關於第二點，心即理之理並不是理性之理，而是人心自然的條理，良知更不是道德理性。道德理性意味著一種推理和邏輯判斷，「道德理性是指道德主體分析道德情境，進行道德推理，確立自己的行為準則的理性能力，道德理性能力的成果最終積澱為道德規範和道德原則」〔註 54〕，而無論是作為隨附性的意識還是直接的道德感的良知，都不是一種推理的結果，將「理」指認為「理性」，將「良知」指認為「道德理性」是對儒家心學一脈理解和詮釋的誤置。關於第三點，「人

〔註 54〕楊宗元：《論道德理性的基本內涵》，《中國人民大學學報》2007 年 01 期。

同此心、心同此理」指的是人心都有天然的道德感，不論是對陌生人的「乍見孺子入井」還是對父母兄弟的「孝悌」，而不是「沒有個人的自由選擇」背後意指的那種強制化的道德法條，這種理解純屬臆想。而海德格爾的此在在個別化（脫離常人狀態）中承擔起自身的本己存在的可能性也並不是「個人的自由選擇」的自由意志，這裡做簡單的對立對比是不妥帖的。因此，張世英教授對儒家道德意識的闡發是存在問題的，但是他對「天人合一」的論說卻可以使我們獲得一種啟發。

張世英教授指出，天人合一的追問方式在於人是怎樣與世界融合為一的，這是一種內在的體悟的活動，要求人把世界當作一種本來與人自己融合為一的整體來體悟。這種體悟在於萬物相通的「橫向超越」，即從在場的事物向不在場的事物的超越，從當前出場的東西超越到其背後未出場的天地萬物息息相通的整體中去。張世英教授認為王陽明講的「萬物一體」就是這種橫向超越，天地萬物貫穿「一體之仁」，人與人相通、與不同鳥獸、與無知覺之草木瓦石相通，但又認為把道德意義的「仁」賦予「天」是一種不合實際的強加，因為張世英教授對「天」的理解只是「世界萬物或自然之義」。「萬物一體」同時也是一種境界，境界是一個人的「靈明」所照亮了的、他所生活於其中的、有意義的世界，這種境界是其他不同類境界之間能夠相互溝通的本體論的依據，即不同的族群和階層既有差異，也能夠建立同類感和共通感，這就是他們之間能夠溝通的根據。而這種天人合一就是一種審美意識，即人與世界的交融，這種意識或者境界是直覺的、創造的、愉悅的以及不計較利害的，更重要的是，審美意義上的自由要高於道德意義上的自由，因為道德總是受制約的、受限制的，而一個有審美意識的人，但是出自情感的真摯卻成為自然合乎道德的。針對審美意識和道德意識的關係，張世英教授指出要把道德意識的同類感建立在萬物一體的本體論基礎之上，要求達到超道德意識的審美意識的領域。首先，盧梭和孟子、王陽明都把道德意識建立在人天生的同類感的基礎之上，也就是說人類的原始的同類感是道德意識的基礎，但還就不是道德意識。只有當人有了主體和客體之分，有了自我意識，因而也有了認識和道德實踐，進而辨別什麼是善、什麼是惡，「道德意識一方面為了滿足功利追求而把外物當作自己需加以利用的對象和工具，一方面為了替他人謀幸福，又不能把他人當作服務於自己的手段。換言之，道德意識在人與物的關係方面，要求人佔有物，在人與人的關係方面則要求為他人服務，這兩方面

的結合也就是道德與功力的結合」，「顯然，道德意識仍未脫離主客關係的階段，仍有主客的對立。這不僅是說道德意識包含有功利追求，即關心存在物，攝取存在物，而且更重要的是說，道德意識總是表現為『應該如何如何』（『應然』）的意志要求，表現為主觀性內心的東西。道德意識並未真正達到人與天地萬物一體的境界」〔註55〕。這可以算作張世英教授對道德意識的全面的看法。那麼超越道德意識的審美意識是怎樣的呢？與道德意識相對照，審美意識則是不計較利害（不關心和攝取存在物），沒有明確的目的來限制自己，其為他人某幸福的行為不僅僅是出於道德的應該，而是受到他所處的這種崇高境界的自然的、直接的驅動。這裡的關鍵在於，張世英教授明確地指出，審美意識作為超主客關係的萬物一體的境界，也就包含著道德意識，這是因為人之所以能夠對人有同類感，能為他人謀幸福，就在於人與物處在精神性的統一體之中（「萬物一體」），而一種崇高的審美意識出自物我一體的信念而更能夠促進道德意識的提高。倘若不論這其中對儒學的誤解，而從純粹學理上論述道德意識難以成為天人合一的原因的話，其核心論點在於，道德是一種區別人和己的「應該」，是要求有功利性的思考，因此是主體—客體關係的。倘若使得道德意識與天人合一相互成立的話，就需要對此問題作出回答。這種回答可以從道德意識本身和天人合一的特質兩方面來回應，當然這兩者是聯繫在一起的。

首先，需要追問的是道德的「應當」來源是什麼，其次，道德是不是僅僅只是奠基在「應當」之上的為他人謀利益的行為。其實，張世英教授已經指明了，最初的同類感、共同感是源始的道德意識。這種道德意識，如在惻隱之心的顯現中，表明自身為一種直接的價值感以及由此而來的行為驅動力，王慶節教授稱之為「道德感動」，「我將道德感動作為我們的道德意識，以及研究人的道德本性的一個起點和人的道德意識的見證、明證」，「這種感動的存在，就是價值本身存在的見證」〔註56〕。而「應當」作為一種道德判斷，必須建立在道德感動的基礎之上。這裡分兩個方面。首先，「道德感動本身就已經蘊含著一種判斷在內，道德感動就是一種道德判斷」，「（道德感動）是道德德性的一種見證，而且它還是引發新的道德行為的一種力量，它往往誘導、

〔註55〕張世英：《哲學導論》，第 222 頁。

〔註56〕王慶節：《道德感動與儒家示範倫理學》，北京：北京大學出版社，2016 年，第 24、25 頁。

激勵、推動、促進後續的道德行為產生」〔註57〕，這在第一章對良知的道德
意識分析中已經有過詳細的說明，這裡的判斷（應當）就不是對象化的判斷。
對象化的道德判斷首先需要尋求一個普遍的道德規範，這種規範的制定過程
要麼依據理性的思辨（康德義務論），要麼依據利益的博弈（功利主義），往
往容易喪失從人心中自然生長的「條理」（在道德感動中顯現自身），從而使
得道德規範成為異己的力量，成為冰冷的法條，在這種規範中，自然是找不
到「天人合一」的。因此，其次，真正的「應當」是順著道德感動而來的道德
判斷和行為，哪怕是在需要思索和探究的複雜道德境況中，這種感動也一直
是充實著的，倘若脫離這種道德感動而轉化成單純的對象化的思辨，那麼道
德就會異化為強制性的法條。〔註58〕這也就是孟子所說的「行仁義」而非「由
仁義行」，儒家強調教化的重要性就在於依靠喚起人內心的這種道德感動而成
就善行，而不是依靠懲罰性和強制性刑律來規範人的行為，這二者的區別在
《論語》中已經說明了，「道之以政，齊之以刑，民免而無恥；道之以德，齊
之以禮，有恥且格」（《為政》）。退一步講，即使通過對象化（主體─客體）的
探究獲得了道德規範，這種規範的施行也必須建立在道德感動的基礎之上，
或者說，這種規範必須喚起人心本有的道德感動才能夠成為道德的，否則就
是外在的異己法條，它可能通過強制性的力量或者利益優化分配的方式維持
了群體的秩序，但這種方式也不是道德的，儘管在某些理論那裡取得了「道
德」的名義。此外，道德也並不僅僅是為他人謀利益的行為，或者說，不能化
約為一種求利的行動，儘管是他人的利益。《論語》載：「子游問孝。子曰：今
之孝者，是謂能養。至於犬馬，皆能有養，不敬，何以別乎？」（《為政》）把
「養」比作為父母求利益的話，「敬」就意味著這種道德感動，而這決定了這
種行為是不是真正的道德行為（孝），也即求利的活動必須是出自道德感動的。
這種道德感動正是通往萬物一體的契機，我們可以從張世英教授對審美意識
的說明中找出一條出路。

　　審美作為一種高級的天人合一（萬物一體）的境界，就在於「在場與不
在場、顯現與隱蔽構成一個萬物一體之整體」，「審美意識中的不在場者在在
場者中的顯現實際上就是通過想像力把在場與不在場結合為一體，人能在審
美意識中體悟到與萬物一體，這就是一種崇高的境界」，「對萬物一體的體悟

〔註57〕王慶節：《道德感動與儒家示範倫理學》，第27頁。
〔註58〕這種「應當」與舍勒的「觀念的應當」有一致處。

是與宏偉氣魄意義下的崇高聯繫在一起的」〔註59〕。也就是說，審美意識中的萬物一體意味著對在場對象的把握和領悟是與對世界整體的直接領悟同時具有的，萬物之整體在我領悟當下的存在者的同時一道被給予，即對當下存在者的把握不是將其脫離自身得以顯現的世界而加以對象化之研究，而是存在者—世界的一同領悟，這個存在者連同其「背後」的世界一同顯現自身。我們當然可以在海德格爾所講的「此在在世界之中存在」和「上手事物—現成事物」區分中理解「萬物一體」，此外，馮友蘭先生在《新原人》中對「天地境界」的闡發也可以與此相通。「人對宇宙有進一步底覺解時，他又知他不但是社會的分子，而又是宇宙的分子」，「人有進一步底覺解時，他又知他的生活，以及實際事物的變化，又是道體中所有底程序」，「道體即是所謂大用流行，亦稱大化流行」，「人能從此新的觀點以看事物，則一切事物對於他皆有一種新底意義。此種新意義，使人有一種新境界，此種新境界，即我們所謂天地境界」，「知天底人，覺解他不僅是社會的一分子，而且是宇宙的一分子」，「只有知天底人，對於他與宇宙的關係，及其對於宇宙底責任，有充分底覺解」，「在天地境界中底人，並不需要做些與眾不同底事。他可以只做照他在社會中所有底倫職所應做底事」，「這些事還是這些事，不過因為他對宇宙人生，有深底覺解，所以這些事對他都有一種意義，為對於在別底境界中底人所無者」。〔註60〕馮先生的話已經很清晰的說明了天地境界的含義。所謂「覺解」，即「瞭解」和「自覺」之合稱。「瞭解」就是對一個事物的意義的瞭解，瞭解其為怎樣一回事、有什麼目的之類，「人做某事，瞭解某事是怎樣一回事，此是瞭解，此是解；他與做某事時，自覺其是做某事，此是自覺，此是覺」〔註61〕，覺解就是人對自己所做的事情，對自己的人生，有自覺其是怎樣一回事，自覺其意義，而這種自覺又是不同的，所以有了不同的覺解，不同的境界，境界即人對自己的人生之程度不同的意義之瞭解，而覺解之可能，就在於「心」。對於「心」或者「覺」，在第一章已經有過分析。因此，對做同一件事情，不同人就有不同的覺解，因而就有不同的事情，天地境界與其他境界做的即使是「同一件事情」，但其根本上不是同一件事情。那麼，在馮友蘭先生那裡，天地境界不同與道德境界在何處呢？「不但是社

〔註59〕張世英：《哲學導論》，第 176 頁。

〔註60〕馮友蘭：《貞元六書》下，北京：中華書局，2014 年，第 677～698 頁。

〔註61〕馮友蘭：《貞元六書》下，第 570 頁。

會底是人的性，人並且能覺解是社會底是人的性。他有此等覺解而即本之盡力以做其在社會中應做底事。此等行為即是道德底行為，有此等行為者的境界即是道德境界。」〔註62〕能夠認識到人必須在社會中才能夠成其自身並且認識到自己在社會中所應盡的責任和應做的事情，然後去承擔起在社會中的責任和去做應做的事情，這就是道德境界。那麼，認識到這些事情不僅僅是社會中應盡的，而且是人在宇宙中應做的，不僅僅是對社會承擔起了責任，而且是對宇宙承擔起了責任，就是天地境界。在天地境界中的人，他在做這些事情的時候，與道德境界中的人相比，內在意識的運作過程也是不同的。「在道德境界中底人，於不計較對於其自己底利害，以有道德行為時，他須做一種特別有意底選擇，須有一種努力」，「但在天地境界中底人，行道德底事，則無需乎此」，「不是由一種特別有意底選擇，所以行之亦不待努力」。〔註63〕這樣一種境界也就是「不思而得、不勉而中」，道德境界中的有意選擇就是「道心為主，而人心每聽命焉」。這種「有意」和「無意」在第一章論述陽明無善無惡心體的時候有過詳細的說明。與張世英教授的論說聯繫起來，這種有意選擇就是一種主體—客體的選擇，距離萬物一體的境界就差了一步。

其實，當朱子在《近思錄》中以「地位高者事」而拒絕將明道的「識仁篇」收入進去的時候，就已經暗含了這種區別，「道心為主，而人心每聽命焉」畢竟是初學者的下學工夫，而陽明也有「初時須著意為善去惡」的說法，後來陽明後學關於誠意和正心工夫的區別也與此相關。也就是說，可以承認道德境界或者說主體—客體是道德意識的表現方式之一，但那種「不思而得」的聖人境界是道德意識的最佳表現。在最初的道德感動中，我們有著源發的行為驅動力，其中並不需要思考和選擇，而是直接的不容已的思維—行動本身，這也就是陽明講的知行合一。而在這種道德感動中所顯現的人和物是與作為其相互指引著的世界—萬物整體一同顯現的，人在這種感動中與他人相通，從而與萬物相通，即「感通」。在這裡，道德的「應當」就不是選擇思考後的「應當」，而是在源初感動中的行動之不容已，道德不再是限制人，而是成就人，此即伊川所說「人只有個天理，卻不能存得，更做甚人也」〔註64〕。

〔註62〕馮友蘭：《貞元六書》下，第656頁。

〔註63〕馮友蘭：《貞元六書》下，第695～696頁。

〔註64〕《二程集》遺書卷第十八，第214頁。

因而，道德意識作為天人合一是可能的，而在儒家看來，審美意識必須承擔起世界的道德責任才能夠是崇高的。因而這種「審美」並不是文學家、藝術家的美學意識，而是參贊化育的「莊美」。〔註65〕

二、大人者，以天地萬物為一體

在西方哲學中，有很多關於「一體感」和「同情」的討論，而王陽明這裡的「萬物一體」需要在什麼意義上得以理解，是一個值得深究的問題。我們將從舍勒對「同情」和「一體感」的分析中看來，王陽明的「萬物一體」絕對不是西方倫理思想中的「同情倫理學」，也不是一種「一體感」，至少不是他分析的那種。在一般的同情倫理學中，學者願意認為，他人的體驗似乎能夠直接為我們所理解，於是我們也參與這些體驗，但這種同感卻總是施行於已經理解、已經領會的另一些人的體驗的。也就是說，同情倫理學成立的條件在於，首先，他人已經有了某種體驗或者情感，其次，我能夠參與到這些體驗中去並有著同樣的體驗，再次，在這些同感的體驗中對其價值有著體驗和領會。〔註66〕然而，這並不能夠說明全部倫理的起源。

首先，一種道德或者倫理的衝動並不以別人已經有的體驗或者情感有關。在第一章對惻隱之心的分析中就已經看到，對孺子入井而瀕臨死亡的體驗是我獨有的，並不以孺子本身對自己處境的體驗為前提，換句話說，孺子本身可能並不意識到自己「將入於井」，因此這裡就不涉及到一種同情感。因此耿寧將這種狀態描述為「為他感」，而也有學者在「為他感」的基礎上補充為「為他整體感」，即「主體以對象自身的方式來體驗對象的整體以及體驗這種體驗本身的價值」〔註67〕，從而為惻隱之心作更加細緻的疏解和辯護，而這種對對象的整體的處境感也不是單純的同感，這些討論都說明了一個問題，即道德感的起源並不是直接的複製型的同情感。

其次，哪怕是一種同感的體驗，也不必然地產生出對價值的感受而有道德感。舍勒就指出，「純然的同感本身對於它的體驗之價值完全是盲目的」，「只有對於本身含有道德價值的歡樂之同樂，只有對於為其賴以形成的價值

〔註65〕牟宗三：《道德的理想主義》，長春：吉林出版集團，2010年，第46頁。

〔註66〕舍勒：《同情現象的差異》，收於劉小楓主編，朱雁冰、林克等譯《同情感與他者》，北京：北京師範大學出版社，2017年，第5頁。

〔註67〕羅高強：《再論如何理解「惻隱之心」的問題──兼論耿寧的解釋困境》，《孔子研究》2016年第2期。

內涵所要求的歡樂之同樂，才可能是具有道德價值的」〔註68〕。同情並不必然地導致道德感，因為同情並不意味著對價值本身的體驗。而陳立勝教授區別了「同情」和「同感」，他說，「在同情之中有一種贊成的態度，它是對他人處境的積極與支持性的回應。一般而言，同感涉及對他人情感、情緒狀態的參與、理解與把握。這種參與、理解與把握通常是不由自主的、自發的、無意的。而一旦涉及到關愛，人們就會把這種同感的情感稱為同情。質言之，在同情中一定要有對他人福祉的關心這一向度」〔註69〕，對他人福祉的關心就已經有了對價值的把握。

因此，萬物一體本身並不是一種「同情倫理學」，或者說，「同情倫理學」本身並不成立。而西方哲學中的「一體感」也面臨著困難。在舍勒看來，一體感是一種模棱兩可的情況，在這裡不僅他人的、有限的感覺過程被不自覺地當做自己的感覺過程，而且他人的自我恰恰與自己的自我被認同為一體，如同哈特曼和柏格森等認為，對另一個人的愛就是通過一體感將另一個人的自我納入本己自我之中。而這種一體感與「同感」絕不相同，因為「同感」的前提在於，每個人都單獨具有他自己的身體知覺和本質上屬於個體性的精神位格中心。

在舍勒看來，一體感只有在放棄他的身軀與精神個性的情況下才能夠達到，在現代社會中，只有世界大戰中的「生活共同體」能夠領悟到這種一體感，譬如嚴肅的軍隊中。〔註70〕那麼，這種一體感當然不是陽明在「萬物一體」論中所講述的。陽明說到：

> 夫聖人之心，以天地萬物為一體，其視天下之人，無外內遠近，凡有血氣，皆其昆弟赤子之親，莫不欲安全而教養之，以遂其萬物一體之念。〔註71〕

> 大人者，以天地萬物為一體者也，其視天下猶一家，中國猶一人焉。〔註72〕

〔註68〕舍勒：《同情現象的差異》，收於劉小楓主編，朱雁冰、林克等譯《同情感與他者》，第2～3頁。

〔註69〕陳立勝：《惻隱之心：「同感」、「同情」與「在世基調」》，《哲學研究》2011年第12期。

〔註70〕舍勒：《同情現象的差異》，收於劉小楓主編，朱雁冰、林克等譯《同情感與他者》，第48頁。

〔註71〕《王陽明全集》卷二語錄二答顧東橋書，第61頁。

〔註72〕《王陽明全集》卷二十六續編一大學問，第1066頁。

> 明明德者，立其天地萬物一體之體也，親民者，達其天地萬物
> 一體之用也。故明明德必在於親民，而親民乃所以明其明德也。是
> 故親吾之父以及人之父，以及天下人之父，而後吾之仁實與吾之父、
> 人之父，與天下人之父而為一體矣。實與之為一體，而後孝之明德
> 始明矣。〔註73〕

王陽明對「一體」的論述核心在於「一家」，而非「同一」。倘若我們把這裡的
「體」當作身體之「體」，那麼這背後是兩種不同的身體觀的差異。大概說來，
在西方中，身體作為軀體，首先構成了與精神的二元對立，其次，身體與精
神統合起來作為一種「個體」出現的，內外有這嚴格的界限，「隱德來希」概
念和現代生理科學顯明地表現出這點，由此才有對「外」獲取信息（知識、情
感）和「同感」、「一體感」如何產生的問題，這種意義上的「同感」和「一體
感」已經成為完全對他人情感的複製式的擁有和對他人自我的完全侵佔（或
者反過來），而對一種超出自身而參與他人，並在這種參與中與他人保持差異，
在這種差異中重新生成自身的「一體」有著深刻的隔膜。

　　而在儒學中，「一體」既不是「同一」式的相同，而是一種「一氣流行」，
對自身的理解是逸出自身的，同時有著家庭—族親—天下—萬物的共同而差
異化的顯現。那種「同一」的「一體」和複製式的「同情」其實是個體主義視
角的翻版。陳立勝教授就指出，這種「同情」的理解向度背後有著個體主義
的視角，背後已經預設了人我、人物的區別，而儒家「惻隱之心」的背後是
「萬物一體之仁」，他說，「在傳統儒者那裡，有一種基本的世界觀使得這種
人我、人物要嚴加分別的意識成為不可能。因為在宇宙大化一氣貫通的天道
生生觀的世界圖景之中，人我、人物的界限並不是絕然不可超越的；實際上，
正是在惻隱之心之中，天地萬物一氣貫通的生命真相才得以開顯。可以說，
一氣貫通的存在論在根本上抑制了儒者對惻隱之心所涉及的同感、同情的心
理學、現象學機制產生興趣。要理解惻隱之心之實事，必得將惻隱之心放置
於儒家存在論的背景之中；惻隱之心不僅僅是惻隱之心」〔註74〕，如果放在
孟子的語境中，也就意指著，惻隱之心必須與「萬物皆備於我」一同得到理
解，而在陽明《大學問》的語境中，「惻隱之心」是與「大人者，以天地萬物

〔註73〕《王陽明全集》卷二十六續編一大學問，第 1066 頁。
〔註74〕陳立勝：《惻隱之心：「同感」、「同情」與「在世基調」》，《哲學研究》2011 年
　　　　第 12 期。

為一體」一道出場的。

　　陳立勝教授以海德格爾的「現身情態」（「在世基調」）為入手，指出「惻隱之心實是基於儒者渾然中處於天地之間，仰觀俯察、取物取身、天人交感這一源始情調，其此身在與他人、天地萬物共同捲入一生存的場景之中，舉手投足、揚眉注目、所感所觸，必興發人我、人物一體相通之感受」〔註75〕，由此才能夠產生惻隱之心等道德感。針對「人物一體相通之感受」，陽明說到，「目無體，以萬物之色為體；耳無體，以萬物之聲為體；鼻無體，以萬物之臭為體；口無體，以萬物之味為體。心無體，以天地萬物感應之是非為體」〔註76〕，而其弟子龍溪就更加明確地以此論說「萬物一體」：

> 夫一體之謂仁、萬物皆備於我，非意之也。吾之目遇色，自能辨青黃，是萬物之色備於目也；吾之耳遇聲，自能辨清濁，是萬物之聲備於耳也；吾心之良知，遇父母自能知孝，遇兄自能知弟，遇君上自能知敬，遇孺子入井自能知怵惕，遇堂下之牛自能知觳觫，推之為五常，擴之為百行，萬物之變，不可勝窮，無不有以應之，是萬物之變備於吾之良知也。夫目之能備五色，耳之能備五聲，良知之能備萬物之變，以其虛也。致虛則自無物慾之間，吾之良知自與萬物相為流通而無所凝滯。故曰：「反身而誠，樂莫大焉。」強恕而行者，不能無物慾之間，強以推之，知周乎萬物以達一體之良，故曰「求仁莫近焉」。是其學雖有仁恕之分、安勉之異，其求復吾後虛體以應萬物之變，則一而已。此千聖之學脈也。〔註77〕

所謂「萬物一體」，就是指萬物之色、萬物之聲和萬物之自然條理能夠自然地顯現，而這種顯現本身就構成了我自身的色、聲和自然之條理。「萬物皆備於我」並不是我的存在和自我代替了他者的存在和自我，而是他者的存在之顯現與我的存在之顯現一道出場，並且，他者的顯現本身就構成了我的顯現，海德格爾的「此在之存在就是共在」也指出了這點。而他者的存在之顯現能夠一道出場，關鍵就在於我的存在本身就是逸出自身的存在，此一逸出能夠超越每一個具體的存在者而顯現出整體性的存在者整體，這就是「虛」，這也

〔註75〕陳立勝：《惻隱之心：「同感」、「同情」與「在世基調」》，《哲學研究》2011 年
　　　　第 12 期。除了這篇論文外，陳立勝教授的《王陽明「萬物一體」論——從「身
　　　　—體」的立場看》（華東師範大學出版社 2008 年）也是重要的著作。
〔註76〕《王陽明全集》卷三語錄三，第 123 頁。
〔註77〕《王畿集》卷二宛陵會語，第 44 頁。

就是海德格爾一直強調的此在的存在是一種「綻出」，即出離自身。更重要的是，每一存在者的顯現都有著自身的條理，故能辨聲辨色，也能「遇父母自能知孝，遇兄自能知弟，遇君上自能知敬，遇孺子入井自能知怵惕」，這就是「萬物一體」的真實意涵，從而拒絕了個體主義視角及其翻版的「同感」和「一體感」。也就是說，同情的現象學機制試圖找出不同的個體間是如何達成情感和處境的共同擁有（主要是胡塞爾的現象學），而儒家萬物一體的存在論則已經鮮明地指出了，我的存在是與他人—萬物的共在，我對他人處境的感知以及由此而來的價值感是直接的，這種感知同時也是對自身存在的感知，當這種感知被固定在自身之內的時候，私欲也就產生了，「特其間於有我之私，隔於物慾之蔽。大者以小，通者以塞，人各有心，至有視其父子兄弟如仇讎者」〔註78〕，那種一氣同流的共在之感就被掩蓋了。所謂「無我」者，就是去恢復那種自身與萬物的共在感，「聖人有憂之，是以推其天地萬物一體之仁，以教天下，使之皆有以克其私，去其蔽，以復其心體之同然」〔註79〕。

這種共在感就是一種深切而本源的自身意識，這種自身意識同時是一種觀念的應然，呼喚著自身對自身之行事中的人格生成。〔註80〕我在意識到自身乃是萬物一體之共在的時候，這種意識到本身就呼喚著一種行動，人格存在本身就意味著人格生成，這種存在本身呼喚起的行動是根源性的，正如陽明在「拔本塞源論」所說的，「所幸天理之在人心，終有所不可泯，而良知之明，萬古一日，則其聞吾拔本塞源之論，必有惻然而悲，戚然而痛，憤然而起，沛然若決江河，而有所不可禦者矣。非夫豪傑之士無所待而興者，吾誰與望乎」〔註81〕。

〔註78〕《王陽明全集》卷二語錄二答顧東橋書，第61頁。
〔註79〕《王陽明全集》卷二語錄二答顧東橋書，第61頁。
〔註80〕繼承奧古斯丁、帕斯卡爾「心學」傳統的舍勒對人格存在中「愛的秩序」分析也揭露出了「心有其理」的人格生成之路徑，即人格存在本身就是面向「愛的秩序」的人格生成。但是，舍勒那裡「心有其理」仍舊是在精神性的人格上講的，現象學分析從一開始就拒絕了從實然存在層面的討論。而奠基在神愛的精神性的自身之愛，哪怕將自身看做整個宇宙的環節，也與「萬物一體」擦肩而過而朝向了絕對的上帝。這恐怕是對實然存在的理解差異而導致的，即儒家心學背後「一氣流行」的氣化論和基督教思想中「物質」觀念的差異，後者演化為近代科學中的「物質」概念，從而使當代中國人喪失了對「氣」的體貼和理解。「氣論」是完整理解儒家心學的重要一面。
〔註81〕《王陽明全集》卷二語錄二答顧東橋書，第64頁。

第三節　立志與悟道：人格自身生成的契機

一、立志與人格變更

在倫理學中，「志向」是非常關鍵的一個概念，而在陽明學中，「立志」也是所有致良知工夫的起點和決定性的開端。倘若從陽明的一生經歷來看，其少年時候就已經有了志向的確立，而後在與朋友、學生的交往中，「立志」也是繞不開的一個話題。陽明在十一歲時候就已經有了「讀書做聖賢」的志向：

> 一日，與同學生走長安街，遇一相士。異之曰：「吾為爾相，後須憶吾言：須拂領，其時入聖境；須至上丹臺，其時結聖胎；須至下丹田，其時聖果圓。」先生感其言，自後每對書輒靜坐凝思。嘗問塾師曰：「何為第一等事？」塾師曰：「惟讀書登第耳。」先生疑曰：「登第恐未為第一等事，或讀書學聖賢耳。」龍山公聞之笑曰：「汝欲做聖賢耶？」〔註82〕

那麼，「立志」在人格生成中的作用是什麼？我們先要從舍勒對「志向」的分析開始〔註83〕，然後才能夠理解「欲做聖賢」的意義所在。

舍勒通過一個例子的描述說明，「志向完全是一個可經驗的事實；它其次是一個比單純的追求方式與形式更多的事實，因為在它之中有一個朝向某些正價值的或負價值的方向已經清楚地被給予，而後唯有在這個方向的界限以內才能夠進行真正的意圖構成」〔註84〕。舍勒舉的例子比較粗略，我們可以擴充地說明一下。當一個人走向我們，並且要求或者希望我們幫他偷東西的時候，我們首先體驗到的是他的這種追求行為，這種行為直接指向的是一種負價值的方向，並且對這種負價值的直接把握可以擴展到這個人的整體存在（人格）本身，這種負價值的方向就是一個人格的「志向」，我們對這個人的要求的贊同或者拒絕同時是對我們自身人格志向與此志向的區別（一致還是不一致）。因此，志向超出了單純的意圖，但是也是可以直接經驗到的事實。此外，對志向的把握要超出了單純的追求方向，比如對這個人的「惡」的志

〔註82〕《王陽明全集》卷三十三年譜一成化十八年壬寅，第 1346 頁。
〔註83〕這一分析主要集中於《倫理學中的形式主義與質料的價值倫理學》的第一部分第三篇「質料倫理學與成效倫理學」。
〔註84〕《倫理學中的形式主義與質料的價值倫理學》，第 183 頁。

向的把握已經超出了「偷東西」的單純追求方向的把握，儘管二者是同時給予的，而在這個志向的界限內才能夠進行具體的意向行為，比如偷東西是在「做惡」的志向內才真正構成自身的。對志向的把握是直接的，而不是在一系列的經驗中類比或者歸納出的，志向區別和不依賴於在其質性範圍內可變更的具體的意圖。

志向是善惡，即倫常價值的最原初載體，而倫常價值同時也就是人格價值，因而被志向所貫穿的意願行為和行動的其他階段也就獲得了一個倫常價值，也即志向的倫常價值對於行動的倫常價值來說是奠基性的，沒有好的志向也就沒有好的行動。志向作為對各個更高或者更低的價值及其質料的意願指向性，在自身中包含著一個不依賴與成效和意願行為其他階段的價值質料。因此，志向展示著一個對可能的意圖、打算和行動之構成而言的質料先天的活動空間，這個空間一直達及直接支配行動的活動意向。所以說志向可以在行動中真正得到顯現，在它之中直觀地被給予，同時不必隨之而結束。與志向相區別的意圖指的是做某件特定事情的意願，而志向在具體的意圖構成過程中起的作用就是「倫常思考」，即對可能的意圖及其價值進行一種內感受的透徹審核和檢驗，志向的本質也就在於在意圖的變換中保持著持續。志向的變更是原發的並且是獨立於所有意圖構成的，一個志向變化能夠為整個生活給出一個新的方向，志向所展示的是獨立於行動序列的真實的明察，而不是從此行動序列中歸納出的確定性，譬如我們可以從某一個行為中展現出的新的志向而對其以往的行動獲取一個全新的理解。

真正的志向必然地規定著一個與志向相符合的意願行動，因此志向才能夠在一個行動中證實自身。這種證實不是對志向的認識根據，而是行動本身被體驗為在一個特殊的和實踐的充實體驗中證實著的志向。唯有在證實中，一個明見的志向才會對我們來說是內心確然的，倘若我們志向未經證實則意味著這個志向是一種臆想。舍勒用一個癱瘓者的例子描述了這點，並指出了「意欲」和「意欲做」的區別。當一個癱瘓者看到有人落水的時候，他僅僅有著救助這個將要溺亡者的意願，在這種情況中顯現出來的志向與一個同樣有著救助意願並且成功救出這個將要溺亡者的健康人的志向是同一的，具有相同的倫常價值。但是，這兩種情況並不具有相同的意願行為和倫常事實，因為癱瘓者並不能夠達到「行動意欲」的事實，儘管他具有強烈的「願望」，但是他仍然不能夠「意欲」這個行動，癱瘓者可能首先體驗到的是他的癱瘓，

即一種實際的「不可能」，這種體驗表明了這種志向的「放棄」。當然，這並不是說，倫常價值要以成效為依據，而是單純的願望和實際的倫常行為之間有所區別。在這裡可以區分行動與行動的因果結果，在行動中被體驗到的只是對行動的實現，而後者並不在行動中被體驗到，行動連同它被體驗到的施行是倫常價值的載體，而行動的因果結果並不屬於倫常價值的載體，因為它不是作為「意欲做」的內容被給予的，也沒有隱藏在行動的現象內涵中。「意欲」是就行為而言的原初的、中心的、追求著的行為體驗，「意欲做」起初只是這種意欲的一個特殊情況，它恰恰就是一個做的意欲，只要沒有出現一個「意欲做」，那麼實在就不會去附和這個被意欲之物，而「願望」是一個更原初的、在「能夠做」上失敗了的意願對象，它是在將「意欲」與「意欲做」經驗地聯結在一起後造成的阻礙之後才得以成立的。舍勒同時頗有深意地指出，人類的整個歷史在實踐層面表明，原初的意願目標是如何逐漸地在一個像「門檻」般起作用的「可做之事」領域上得到相互區分，而目標內容是如何變得越來越謙遜。比如，原始人希望通過單純的意欲來達成控制天氣或者殺死敵人，而逐漸地經歷了「能夠做」的失敗之後，原初的意願目標逐漸成為真正「能夠做」的意欲，從巫術到實用技術的演進似乎可以說明這點，因而經驗是以否定的和選擇的方式對那個在某些價值質性的質料中已經確定的原初意願內容的活動空間起作用，即教人「放棄」而不是「創造」。

　　當一個原初意願目標表明自己是可做的並且通過一個做和行動而被實現時，意欲的原發意向也始終指向一個實事狀況或一個價值狀況的實現，其次才會有一個「意欲做」的意向與這個實現相聯結。當然，意欲做和對實事狀況的意欲並不是手段和目的的關係，而是以直觀的方式前者奠基於後者之上。「行動」，就是在做之中對這個實事狀況之實現的體驗，這個體驗的缺乏，或者說「意欲做」的意向無法與對實事狀況的意欲相聯結，就導致了「不能夠做」的體驗，而能夠本身作為一種種類的追求意識現象地被給予。從現象上將一個內容的意欲付諸行動的東西不是一個狀態感受，而是在感受中被給予的價值對象，因為任何一種追求都直接地奠基在一種價值感受（偏好）之中，只有在「價值事物」和「價值狀況」的統一中，對象才能夠成為「實踐的對象」。而原發的意欲做的源泉是在純粹意欲面前被體驗到的實踐客體的或「實事」的抗阻，即規定著意欲做的內容的東西，是依賴於這兩個因素：其一是被意欲的價值狀況（實事狀況），其二是抗阻著的客體的特殊本性。「抗阻」

是在一個意欲中被給予的，是被意欲的價值狀況和「實際」的實事狀況的「距離」，即在於一種與意欲「正相反對」的傾向。

那麼回到陽明的立志說，舍勒對志向的現象學分析已經足夠說明「立志」在倫理生活中的關鍵性地位，這也是儒學在人格修養中強調「立志」的原因所在，從孔子「十有五而志於學」到陽明一貫如此。倘若簡要地分析一下的話，首先，在陽明那裡，「立志」是一個可以直接把握到的事實，「持志如心痛，一心在痛上，豈有工夫說閒話，管閒事」〔註85〕，「心痛」意味著「立志」是一個真實顯現著的事實，這一事實在日用言語間顯現自身，「只念念要存天理，即是立志」〔註86〕，「立志」不是在念念工夫之外的孤懸的自身被給予。當然，「立志」更多的是一種自身理解，如施邦曜所說，「立志者自知之，非可以言語解」〔註87〕。其次，正如舍勒指出的，志向為具體的意圖、打算展示、構成了一個質料價值的空間，檢視著具體的意圖並為整個生活開啟了一個新的方向，只有在志向「內」，意圖等才會有著符合自身的理解。學以為聖人之志，就在於開啟了一個新的生活方向。陽明對立志有一個精彩的說明：「我此論學，是無中生有的工夫，諸公須要信得，乃只是立志。學者一念為善之志，如樹之種，但勿助勿忘，只管培植將去，自然日夜滋長，生氣日完，枝葉日茂。樹初生時，便抽繁枝，亦須刊落，然後根幹能大。初學時亦然，故立志貴專一」〔註88〕。「無中生有」意味著對人生有了整體性意識的同時，承擔起對整體人生的責任，「立志」就是使得芸芸眾生中的個人轉變為一個能夠創造價值世界——成聖——的偉大的個人，在為自己的人生定立一個方向的同時也關乎個人如何行動和世界如何生成，承擔起自己和世界的整體性道德責任，〔註89〕「立志」所開啟的承擔是一種原發的改變，「無中生有」即表明了此點，而這種承擔要求日用見的念念良知，具體的意圖和打算都在此「立志」開啟的成聖之途中得到自身的定位，其間的各種意念都必須經受良知的檢驗而「念念存天理」，而良知在具體意圖中的真實顯現也證實了「成聖」志向的確然性。「立志貴專一」也意味著志向在日用意圖中的自身持續，陽明給其弟

〔註85〕《王陽明全集》卷一語錄一，第 15 頁。

〔註86〕《王陽明全集》卷一語錄一，第 13 頁。

〔註87〕《陽明先生集要》理學編卷二語錄施邦曜眉批，第 133 頁。

〔註88〕《王陽明全集》卷一語錄一，第 37 頁。

〔註89〕張志強：《「良知」的發現是具有文明史意義的事件——「晚明」時代、中國的「近代」與陽明學的文化理想》，《文化縱橫》2017 年 8 月號。

守文的書信中就表示，「夫立志亦不易矣。孔子，聖人也，猶曰：吾十有五而志於學，三十而立。立者，立志也。雖至於不逾矩，亦志之不逾矩也，志豈可易而視哉」，「蓋無一息而非立志責志之時，無一事而非立志責志之地」，「蓋終身問學之功，只是立得志而已」〔註90〕，日用間有各種各樣的具體的意圖，而成聖的志向在一系列的意圖變更中保持著持恒，這就是陽明強調的立志的重要性。

而「立志」就意味著「意欲做聖賢」，舍勒關於「意願」和「意欲做」的區別也引發了一個關鍵性問題：「聖人可學而至」「人人皆可成聖」。其實，「聖人可學而至」並不是一個自明的前提，在歷史中並非如此。我們當然可以在《孟子》和《荀子》中找到「人人皆可為堯舜」的話，暫且不論《荀子》中聖人（先王）制禮作樂已經在聖凡之間拉開了距離，自漢代以後，今文經學中的聖人已經與凡人之間存在著巨大的鴻溝，「人人皆可成聖」在「為漢立法」的聖人觀的基礎之上顯得不可能。倘若以「內聖外王」論之，聖人要求的「外王」事功便阻擋著「人人皆可成聖」的可能性，只有將聖人限制在心性的內聖範圍內，「人人皆可成聖」才是一個實際的可能性。這一突破在佛教傳入後的南朝時期就已經有所顯現，謝靈運《與諸道人辨宗論》中有言：「釋氏之論，聖道雖遠，積學能至，累盡鑒生，方應漸悟。孔氏之論，聖道既妙，雖顏殆庶，體無鑒周，理歸一極。有新論道士，以為寂鑒微妙，不容階級，積學無限，何為自絕？今去釋氏之漸悟，而取其能至，去孔氏之殆庶，而取其一極。一極異漸悟，能至非殆庶。」〔註91〕在謝靈運看來，佛教的「能至」，即人人皆能成佛（聖）和儒家的「殆庶」，即顏子也難以成為聖人之間存在著差異，他希望通過佛教的「能至」替代儒家的「殆庶」，用儒家的「一極」替代佛教的「漸悟」，從而提出「頓悟成佛」說，由此可以看出，在當時人的眼中，儒家仍舊是聖凡有別的，而佛教的「能至」也只是在心性論的「成佛」中才得以成立的。這其實已經預設了後來宋明理學「人人皆可成聖」的理路，即將聖人的資格限制在心性論中，這一點在陽明學中發揮的最為突出。我們可以比較下朱子和陽明的聖人觀，朱子說，「君子者，才德出眾之名。德者，體也；才者，用也。君子之人，亦具聖人之體用；但其體不如聖人之大，而其用不如

〔註90〕《王陽明全集》卷七文錄四示弟立志說，第289～291頁。

〔註91〕石峻等編：《中國佛教思想資料選編》（第1冊）謝靈運與諸道人辨宗論，北京：中華書局，2014年，第220頁。

聖人之妙耳」〔註92〕,「聖人與庸凡之分,只是個熟與不熟(理)」〔註93〕,
儘管聖人與庸凡具有相同之體用,但仍舊有個「裁成相輔」的外王事業之別,
而陽明就更近一步,「聖人之所以為聖,只是其心純乎天理,而無人慾之雜。
猶精金之所以為精,但以其成色足而無銅鉛之雜也。人到純乎天理方是聖,
金到足色方是精。然聖人之才力,亦有大小不同,猶金之分兩有輕重。堯、舜
猶萬鎰,文王、孔子猶九千鎰,禹、湯、武王猶七八千鎰,伯夷、伊尹猶四五
千鎰。才力不同,而純乎天理則同,皆可謂之聖人;猶分兩雖不同,而足色則
同,皆可謂之精金」〔註94〕,「故雖凡人而肯為學,使此心純乎天理,則亦可
為聖人」〔註95〕,即完全從心性之圓滿立論,外王事業只是「才力」之不同,
無損聖人之為聖人。這意味著,「意欲做聖人」的志向顯現為「能夠做」,即指
向「成聖」的價值狀況和實事狀況能夠有一個真實的「意欲做」與之相關聯,
而非僅僅是體驗到自身「不能夠」的願望。當然,這一聖人觀的歷史變化也
似乎印證了舍勒指出的「意願」和「意欲做」這一區分的歷史性。而在這一
「意欲做」中體驗到的「抗阻」就是自身現時的「非聖」,克服這一「抗阻」
的過程就是致良知工夫的自身展開。

二、悟與成聖之機

在陽明的生命歷程中,龍場悟道可以算作一個關鍵性的事件,它正式開
啟了陽明「學以成聖」的旅途。《年譜》記載:

三年戊辰,先生三十七歲,在貴陽。春,至龍場。先生始悟格
物致知。

龍場在貴州西北萬山叢棘中,蛇虺魍魎,蠱毒瘴癘,與居夷人
口舌難語,可通語者,皆中土亡命。舊無居,始教之範土架木以居。
時瑾憾未已,自計得失榮辱皆能超脫,惟生死一念尚覺未化,乃為
石墩自誓曰:「吾惟俟命而已!」日夜端居澄默,以求靜一;久之,
胸中灑灑。而從者皆病,自析薪取水作糜飼之;又恐其懷抑鬱,則
與歌詩;又不悅,複調越曲,雜以詼笑,始能忘其為疾病夷狄患難
也。因念:「聖人處此,更有何道?」忽中夜大悟格物致知之旨,窹

〔註92〕《朱子語類》卷第二十四,第 578 頁。
〔註93〕《朱子語類》卷第十八,第 413 頁。
〔註94〕《王陽明全集》卷一語錄一,第 31 頁。
〔註95〕《王陽明全集》卷一語錄一,第 32 頁。

寐中若有人語之者，不覺呼躍，從者皆驚。始知聖人之道，吾性自
足，向之求理於事物者誤也。乃以默記《五經》之言證之，莫不吻
合，因著《五經臆說》。〔註96〕

「聖人之道，吾性自足，向之求理於事物者誤也」可以算作陽明學的根本精
神所在，所謂「悟道」，也就是明白了這個道理，也就開啟了人格轉變和人格
生成的契機。也就是說，「悟」是作為一種「時機」出現的，自身價值感受中
直接把握了人格的應然的存在樣態，它開啟了人格志向改變和具體意圖變更
的歷程。陽明的龍場悟道關鍵點就在於「始知聖人之道，吾性自足，向之求
理於事物者誤也」，這意味著對過去的告別和新生命的開啟。從這一角度來說，
「悟」跟舍勒對「懺悔」現象的分析有相似處。舍勒指出，在懺悔中，總有一
個理想性的超越人格秩序被給予，由此有著一種「審判」的功能，對我們過
去的生命進行審判，從而開啟新的生命方向。「每一人格行為之進行的當下總
是有厚度的。對於個體生命來說，個體人格不僅支配著自身的未來，其過去
的生命體驗事實就其意義和價值而言都可以改變」，「懺悔首先意味著對個體
過去生命體驗的反省自身，由此賦予此過去一新的意義和價值而將之納入到
個體生命的總體意義之中」。而「存在懺悔」能夠根除「罪過」的持續發生，
生命新的「無罪」之開端成為可能。「真正的懺悔行動促成一直向善的決心，
更促成一種真正的志向改變」，「在懺悔行動中，一種更高的觀念性或理想性
生存方式顯現在眼前，因此懺悔提高了道德存在的層次，通過懺悔，個體自
我達到其可能達到的理性形態，並在向上攀升的過程中俯視已遭摒棄的過去
的自我」〔註97〕，它導致了個人人格的整體轉化，在懺悔中，「心之秩序」、
觀念的「愛的秩序」才有可能得以生成。「悟」作為向著新的生命方向開啟自
身和對過去的告別，與懺悔現象是比較接近的。龍場悟道首先在於對以前信
服的朱子學的告別和溺於佛老、辭章之學的告別，同時也是對「心即理」所
昭示的新的生命學問的開啟，促成了整體人格的轉化和志向生成。而後來陽
明講的「悟本體」，就是在理想的生存方式和「愛的秩序」的顯現中進行領悟
和把握，在這種顯現中朝向聖人之心而去存在。

　　陽明弟子王龍溪對「悟」的發揮是最為精要的，牽涉到了兩個方面，其

〔註96〕《王陽明全集》卷三十三年譜一正德三年戊辰，第1354頁。
〔註97〕張任之：《質料先天與人格生成——對舍勒現象學的質料價值倫理學的重
　　　　構》，第379～382頁。

一是悟與修的關係，其二是得悟的方法和環境問題。龍溪在《留都會紀》與耿定向有對話：

> 楚侗耿子曰：「吾人講學，雖所見不同，約而言之，不出兩端：論本體者有二，論工夫者有二。有云學須當下認識本體，有云百倍尋求研究始能認識本體。工夫亦然：有當下工夫直達、不犯纖毫力者，有百倍工夫研究始能達者。」先生曰：「此可兩言而決：頓與漸而已。本體有頓悟，有漸悟；工夫有頓修，有漸修。萬握絲頭，一齊斬斷，此頓法也。芽苗增長，馴至秀實，此漸法也。或悟中有修，或修中有悟，或頓中有漸，或漸中有頓，存乎根器之有利鈍。及其成功一也。吾人之學，悟須實悟，修須真修。凡見解上揣摩，知識上湊泊，皆是從門而入，非實悟也。凡氣魄上承當，格套上模擬，皆是泥像，非真修也。實悟者，識自本心，如啞子得夢，意中了了，無舉似處。真修者，體自本性，如病人求醫，念中切切，無等待處。悟而不修，玩弄精魂；修而不悟，增益虛妄。二者名號種種，究而言之，致良知三字盡之。良知是本體，於此能日著日察，即是悟；致知是工夫，於此能勿忘勿助，即是修。但恐吾人聽得良知慣熟，說得致知容易，把作尋常話頭抹過耳。〔註98〕

龍溪提出，本體之悟和工夫之修都有頓漸兩種路徑，當然這裡牽扯到的本體和工夫之辨是第三章的著力點，這裡暫且不論。如果從對過去的告別來看，頓悟就是直截地斬斷過去之舊的意義，從而喚起一個新的整體生命，而漸悟就是逐漸地轉換這一整體生命。但是不論如何，「悟須實悟」，即必須真實地對理想的生存方式有著體貼和領悟，而不是「見解上揣摩，知識上湊泊」，通過這種理想的生存方式之顯現而瞬間喚起新的整體生命者為頓悟，而在這種顯現中逐漸地對過去生命進行磨斷和逐漸生起新的生命志向就是漸悟。「悟」為自己打開的新的生命方向，只有如此，進一步的修行才是真正的修行，否則仍舊墮落在舊的生命中不能超拔，所以說「修而不悟，增益虛妄」。而倘若只是在此顯現中定立了新的志向，而沒有實際的修行工夫去在每個行為中落實此一朝向，即沒有真正得進行新的人格生成的行為，那就是「悟而不修，玩弄精魂」。在龍溪看來，致良知就是統合了「悟」和「修」的本體工夫。

龍溪也區別了「解悟」「證悟」和「徹悟」：

〔註98〕《王畿集》卷四留都會紀，第89頁。

　　　君子之學，貴於得悟，悟門不開，無以徵學。入悟有三：有從
　　言而入者，有從靜坐而入者，有從人情事變練習而入者。得於言者，
　　謂之解悟，觸發印正，未離言詮，譬之門外之寶，非己家珍；得於
　　靜坐者，謂之證悟，收攝保聚，猶有待於境，譬之濁水初澄，濁根
　　尚在，才遇風波，易於淆動；得於練習者，謂之徹悟，摩礱鍛鍊，
　　左右逢源，譬之湛體冷然，本來晶瑩，愈震盪愈凝寂，不可得而澄
　　淆也。根有大小，故蔽有淺深，而學有難易，及其成功一也。〔註99〕

所謂「悟門不開，無以徵學」就指的是定立新的生命方向是一切修行的開端。
而「悟」的方式有三種，即解悟、證悟、徹悟。解悟就是通過文字而在概念上
瞭解了某一種新的存在狀態，但是這種理想的存在方式並沒有真正地向自身
顯現，這種「悟」實際上不能夠稱作「悟」本身，因為這是與自家生命完全無
關的，成為一種純粹的智力遊戲，而對文字背後的生命經驗沒有真正契入，
這種經驗昭示的存在狀態自然如「門外之寶，非己家珍」。「證悟」可以說是
真正進入到了「悟」中，即對這一理想的存在狀態有所領悟和把握，但是這
種理想的存在狀態只能夠在某種環境中顯現自身，當脫離此一環境的時候，
對這一存在狀態的領悟和把握就可能會丟失，即「濁根尚在，才遇風波，易
於淆動」，這是因為全體生命並未契入這一全新的存在方式中去，在某種處境
中仍有可能跌落到舊的生命中去。而「徹悟」就意味著此一生命已經全體躍
入新的生命方向中去而成就了整體的人格生成，在任何處境中，此新的存在
方式都能顯現自身，因為其已經是當下生命的現時存在本身。

〔註99〕《王畿集》卷十七悟說，第494頁。

第三章　道德意識與人格生成

第一節　本體與工夫：源初的道德意識與人格生成

一、誠意與正心

　　已經有學者指出，陽明後學的主要傾向在於尋求一種「究竟工夫」或者「第一義工夫」〔註1〕。彭國翔教授就說到，「從朱子到陽明再到龍溪，工夫論呈現出一個由外向內不斷深化的過程，從最外部客觀對象，回歸於最內在的良知心體。事實上，陽明之後在工夫論上追求最終的決定機制，在不同的陽明學者中表現為一種共同的趨向」〔註2〕，「龍溪緊隨陽明之後提出其先天工夫，關鍵即在於他看到良知心體作為終極實在，不僅是道德行為發生後的最終裁判原則，更是道德行為之所以發生的最初發動與主宰機制。只有始終立足於良知心體，具體行為的每一次發生，均直接以良知這一定盤針為根據，修養工夫才會最為徹底，道德實踐也才會最為純粹」，「陽明之後理學工夫論發展所表現出的那種普遍趨向，恰恰與龍溪不謀而合，即要求將工夫的用力點落實於道德實踐的終極根據上去，而不論對這一終極根據的概念規定是如

〔註1〕「第一義工夫」見林月惠：《良知學的轉折：聶雙江與羅念庵思想之研究》附錄二《本體與工夫合一──陽明學的展開與轉折》，臺北：臺灣大學出版中心，2005年。

〔註2〕彭國翔：《良知學的展開：王龍溪與中晚明的陽明學（增訂版）》，北京：生活・讀書・新知三聯書店，2015年12月，第345～346頁。

何的因人而異」﹝註3﹞。如果說，回歸良知心體以求道德實踐的根本解決，是陽明後學的主要傾向的話，那麼，這種根本解決是何以可能的？工夫論「由外向內不斷深化的過程」體現為怎樣的工夫，即從朱子到陽明、從陽明到龍溪，工夫的深化表現為什麼？這些關係到如何理解「工夫的用力點落實於道德實踐的終極根據」，也就關係到對「良知心體」的理解。本章將在前兩章對良知的道德意識分析和道德人格分析的基礎上，對這些問題作出回答，而不停留在形而上的超越層—感性的經驗層等等通行的詮釋框架內來審視陽明學，因為這些固有的前見會遮蔽對陽明後學極其豐富思想的理解，從而將其化約為一種簡單的形而上學。

其實，從朱子到陽明，再從陽明到龍溪，工夫深化的過程是對道德意識不斷精細化的過程。在第一章的分析中已經指出，朱子工夫論的道德意識其實就是反思—規範的道德意識，而陽明提出的良知則是隨附性的道德意識和源初的道德意識。從陽明自身的經歷來說，一方面，當他針對朱子學的「支離」而強調良知的時候，主要的著力點在於隨附性的道德意識，這是繼承孟子的義內說而來的，反對向外的格物窮理而闡發「心即理」之義，這是龍場悟道以後陽明一直所堅持的；另一方面，陽明晚年居越以後進入聖人之化境，本來作為反思—規範的道德意識和隨附性的道德意識得以可能的源初的道德意識（本體）徹底地朗現自身，隨附性的道德意識也喪失了顯現的條件（即源初的道德意識與隨後的現時意識有了爭執），而後有四句教首句「無善無惡心之體」的提出。陽明本身的經歷就展示著工夫的深化歷程，以至於最後提出「究竟工夫」「即本體以為工夫」。這一歷程在錢德洪、王龍溪和之後黃宗羲的論說中都有提及，並且對「學成」之後的階段劃分和境界描述也有各不同。綜合來看，正德三年戊辰（1508）之「龍場悟道」，正德十五年庚辰（1520）在虔開悟「致良知」宗旨可以算作兩個重要的時期，「龍場悟道可以說是王陽明確立其作為為己之學的心學精神方向的重要發端，而致良知宗旨的發明則標誌著王陽明心學的精神實質的真正確立」﹝註4﹞，王龍溪和黃宗羲都提到居越、晚年之後的「無是無非」，可以算作第三個階段的重要標誌。儘管陽明多次強調「致良知」的重要意義，但這與龍場悟道確立的「心即理」「心外無理」

﹝註3﹞彭國翔：《良知學的展開：王龍溪與中晚明的陽明學（增訂版）》，第 352 頁。
﹝註4﹞任文利：《王陽明思想演化的兩個關鍵》，《北京青年政治學院學報》2003 年第
　　　4 期。

所秉持的道德意識是一致的，這也是陽明所說的，「吾良知二字，自龍場以後，便已不出此意，只是點此二字不出。與學者言，費卻不小辭說。今幸見出此意，一語之下，洞見全體，直是痛快」〔註5〕之意，也就是良知當下知是知非而不假外物之義，即隨附性的道德意識。而陽明晚年的化境則是「無是無非」，龍溪對陽明龍場悟道之後的變化的說明也能看出這點：

> 及至居夷處困，動忍之餘，恍然神悟，不離倫物感應而是非自見。

> 自江右以後，則專提「致良知」三字，默不假坐，心不待澄，不習不慮，盎然出之，自有天則，乃是孔門易簡直截根原。

> 逮居越以後，所操益熟，所得益化，信而從者益眾。時時知是知非，時時無是無非，開口即得本心，更無假借湊泊，如赤日麗空而萬象畢照，如元氣運於四時而萬化自行，亦莫知其所以然也。蓋後儒之學泥於外，二氏之學泥於內。既悟之後則內外一矣，萬感萬應，皆從一生，兢業保任，不離於一。晚年造履益就融釋，即一為萬，即萬為一，無一無萬，而一亦忘矣。〔註6〕

「居夷處困」也就是在貴州龍場悟道，「不離倫物感應而是非自見」就是與現時的意識相伴隨的直接的道德意識，對原初意向的倫理價值的直接意識，龍溪很敏銳地把握住了龍場悟道的精髓，「不離倫物感應」區別開了朱子先格物窮理而後誠意正心的工夫論。「江右以後」、「專提致良知」也就是放棄了之前靜坐一類的教法，以免使學者喜靜厭動，並以良知為入手處重新闡發了已發未發等理學的基本概念，良知「盎然出之、自有天則」也就指出了良知作為原初的道德意識（道德感動）的本體地位，當然此時也強調誠意工夫（建立在隨附性的道德意識的基礎之上）。改於嘉靖二年癸未的《大學古本序》中提到：「是故至善也者，心之本體也。動而後有不善，而本體之知，未嘗不知也。意者，其動也；物者，其事也。格物者，致知之實也。物格則知致意誠，而有以復其本體，是之謂止至善」，「乃若致知，則存乎心悟，致知焉，盡矣」〔註7〕，

〔註5〕　《王陽明全集》卷四十一，第1747頁。

〔註6〕　《王畿集》卷二滁陽會語，第33～34頁。

〔註7〕　《王陽明全集》卷七文錄四大學古本序，第270～271頁。《全集》中這篇序注明時間為戊寅（正德十三年），據鄧國元考證係嘉靖二年癸未改作，參見《王陽明〈大學古本旁釋〉獻疑與辯證——以「初本」和「定本」為中心的考察》，載《中國哲學史》2014年01期。這篇序言及「致知」、「心悟」，當為提出致

此即以致良知為格物誠意工夫，但其核心意思與正德十三年戊寅所作並無根本差異。《年譜》以嘉靖元年壬午為居越之始，而以正德十六年辛巳在江西南昌始揭致良知之教〔註8〕，其間僅一年時間，可見「居越以後」是一個以致良知工夫不斷深化的過程，「所操益熟、所得益化」就顯示了這一歷程。「開口即得本心、更無假借湊泊」表明在陽明那裡，誠意工夫逐漸變得不再突出，即為善去惡的工夫被原初的道德感動以及隨後的行動替代，偏離心體最初一念的爭執意識並未產生，這也是孔子七十以後「從心所欲而不逾矩」的狀態。「赤日麗空而萬象畢照、元氣運於四時而萬化自行」表明了良知心體的自然流行而不會出現偏差，「莫知其所以然也」是針對朱子求萬事之形而上的所以然之理而來，說明陽明這裡並沒有形而上下的區別，心、氣、理其實只是一個本體流行。「既悟之後」的「不離於一」就是所有的意念都是從良知心體的直接感受中而來，「兢業保任」意味著此時還有著對本體的保任工夫，也就是即本體以為工夫，後來鄒東廓之戒懼、聶雙江之歸寂、季彭山之龍惕、羅念庵之收攝保聚都可以算作對「本體」之「一」的「兢業保任」，「萬感萬應、皆從一生」也意味著用功以求復本體（誠意）的工夫被轉換為直接從本體而來的順應（正心）工夫，這是陽明後學的主要傾向。「晚年造履益就融釋」，「兢業保任」之工夫也就不再必要，「無一無萬、而一亦忘」即現時的諸多意念和根本的「能感」和源初一念不再有強行的區別，本體也好，工夫也好，都不再是應有所執著之名相而盡顯聖人之化境。龍溪之學就是對此狀態的闡發，他有說到，「致良知工夫原為未悟者設，為有欲者設；虛寂原是良知之體，明覺原是良知之用，體用一原，原無先後之分」〔註9〕，「未悟者」、「有欲者」需要用「致良知」的誠意工夫來復其本體，而「原無先後之分」意味著對本體的「兢業保任」在龍溪看來也是不究竟的，當然這牽扯一念良知和良知本體的關係，即見在良知、現成良知的問題，也和龍溪的不同工夫層次有關。這種工夫的區別在龍溪看來就是「誠意」和「正心」的區別：

良知教之後所作，若據《陽明先生集要》所載《年譜》，陽明於正德十三年提出致良知教，那麼這篇序或許可能為戊寅所作。這裡牽扯陽明提出致良知教的具體時間，筆者並未深入考證，只選前人觀點以備用。

〔註8〕關於陽明開始提出致良知之教的時間眾說紛紜。《全集》所載《年譜》為正德十六年，《陽明先生集要》所載《年譜》為正德十三年。而《傳習錄》所載陳九川於陽明「虔州將歸」時有「良知何事係多聞」一句，屬正德十五年，上文言「正德十五年」只是隨後引文作者之意。

〔註9〕《王畿集》卷二滁陽會語，第35頁。

正心，先天之學也；誠意，後天之學也。良知者，不學不慮，存體應用，周萬物而不過其則，所謂「先天而天弗違，後天而奉天時」也。人心之體，本無不善，動於意始有不善，一切世情見解嗜欲，皆從意生。人之根器不同，工夫難易亦因以異。從先天立根，則動無不善，見解嗜欲自無所容，而致知之功易。從後天立根，則不免有世情之雜，生滅牽擾，未易消融，而致知之功難。勢使然也。顏子不遠復，才動即覺，才覺即化，便是先天之學。其餘頻失頻復，失則咎，復則無咎，便是後天之學。難易之機，不可以不辨也。〔註10〕

《傳習錄》也有記載：

守衡問：「《大學》工夫只是誠意，誠意工夫只是格物。修齊治平，只誠意盡矣。又有『正心之功，有所忿懥好樂，則不得其正』，何也？」先生曰：「此要自思得之，知此則知未發之中矣。」守衡再三請。曰：「為學工夫有淺深。初時若不著實用意去好善惡惡，如何能為善去惡？這著實用意便是誠意。然不知心之本體原無一物，一向著意去好善惡惡，便又多了這分意思，便不是廓然大公。《書》所謂無有作好作惡，方是本體。所以說『有所忿懥好樂，則不得其正』。正心只是誠意工夫裏面體當自家心體，常要鑒空衡平，這便是未發之中。」〔註11〕

陽明在這裡已經暗含了對誠意和正心工夫的區別，但這與龍溪那裡的區別相近。在第一章中已經指出，陽明誠意工夫就是依靠隨附性的道德意識而對自身當下意識的倫理價值有直接的認識，並伴隨著為善去惡的道德實踐，這是由「心即理」而來的工夫論。而《大學》言「正心」：「所謂修身在正其心者，身有所忿，則不得其正；有所恐懼，則不得其正；有所好樂，則不得其正；有所憂患，則不得其正」，因此守衡有此一問。也就是說，「誠意」工夫似乎並不能解決「有所忿懥好樂」的問題。而陽明的回答則是從「著意去好善惡惡」區別了誠意和正心工夫的不同。「著實用意」就在於，當我意識到我的當下一念是善的時候，就去施行，意識到是惡的時候，就改正它。因此，「著實用意」的背後是隨附性意識的極力凸顯，要求在每一個意念中同時地檢視善惡，只

〔註10〕《王畿集》卷十六陸五臺贈言，第445頁。
〔註11〕《王陽明全集》卷一語錄一，第39頁。

有如此,「為善去惡」才能夠得到比較徹底的施行。但是,這樣做的後果在於,「又多了這分意思,便不是廓然大公」。「多了這分意思」意味著在意識過程中存在著轉折和停滯,譬如我見一孺子將入井,當下升起一個欲救之的意念,只有經過我對此意念的同時覺知並判定為善之後,這一意念才會繼續為一個行動。這可能會導致知與行的割裂,即直接的道德感受和道德意念與此意念相聯結的行動中間的斷裂,也就是說,道德行動的來源不再是原初的道德感受,而是隨附性的意識對此道德感受的善惡判斷。陽明說到:

> 聖賢教人知行,正是要復那本體,不是著你只恁的便罷。故《大學》指個真知行與人看,說「如好好色,如惡惡臭」。見好色屬知,好好色屬行。只見那好色時已自好了,不是見了後又立個心去好。聞惡臭屬知,惡惡臭屬行。只聞那惡臭時已自惡了,不是聞了後別立個心去惡。〔註12〕

「見好色」與「好好色」是一個意識與行為的連續體,其中並沒有轉折和停滯,「見好色」自然而同時地引起了「好好色」,而不是「見好色」之後又升起一個對此「好色」的「好」,即不存在一個隨附性意識或者反思性意識對「好色」進行一種判斷,然後由此判斷引起下一個行為,即「不是見了後又立個心去好」,同樣,沒有一個對在「聞」中被給予「惡臭」的「惡」的判斷然後再引起另一個「惡」的行為,「聞」與「惡」是連續而同時的,「見」與「好」也是連續而同時的。「好好色,如惡惡臭」是人在日常經驗中對「知行合一」最深切的體驗,陽明以此為例子來說明道德實踐中的知行合一。可以說,「見了後又立個心去好」恰恰是誠意工夫的用力去,因為它要求在隨附性的道德意識中檢視源初意識的善惡,這種檢視就是「又立個心」。

但是,陽明在其他地方提到「誠意」的時候卻要求「不著一分意」:

> 曰:『「如好好色,如惡惡臭」,安得非意?」曰:「卻是誠意,不是私意。誠意只是循天理。雖是循天理,亦著不得一分意,故有所忿懥好樂,則不得其正,須是廓然大公,方是心之本體。知此即知未發之中。」〔註13〕

從「著實用意便是誠意」到「雖是循天理,亦著不得一分意」,可以看出陽明對「誠意」工夫的轉進,這種轉進與「有所忿懥好樂,則不得其正」的「正

〔註12〕《王陽明全集》卷一語錄一,第4頁。
〔註13〕《王陽明全集》卷一語錄一,第34頁。

心」工夫有關，也與「未發之中」「心之本體」有關。朱子對「有所忿懥好樂」有過解釋：

> 人心如一個鏡，先未有一個影像，有事物來，方始照見妍醜。若先有一個影像在裏，如何照得！人心本是湛然虛明，事物之來，隨感而應，自然見得高下輕重。事過便當依前恁地虛，方得。若事未來，先有一個忿懥、好樂、恐懼、憂患之心在這裡，及忿懥、好樂、恐懼、憂患之事到來，又以這心相與滾合，便失其正。事了，又只苦留在這裡，如何得正？〔註14〕

也就是說，「有所忿懥好樂」意味著「忿懥、好樂、恐懼、憂患」等情感的持續性存在，即「先有」、「滾合」、「留在」，這些情感充滿著人之存在，使得人直接的道德感受其影響而不能順其本然地產生，「若先有一個影像」，則面對事物時候的感受和意識就會順著此影像而行。譬如行夜路，若始終存一個恐懼之心，則遇見風吹樹搖之類也會產生害怕之情，「草木皆兵」亦屬此類，這就是心體不正，即不能如其本身地讓事物照面，「人心如一個鏡，先未有一個影像，有事物來，方始照見妍醜」。錢德洪就發揮師說到：

> 聖人於紛紜交錯之中，而指其不動之真體，良知是也。是知也，雖萬感紛紜而是非不昧，雖眾欲交錯而清明在躬，至變而無方，至神而無跡者，良知之體也。太虛之中，無物不有，而無一物之住，其有住則即為太虛之礙矣。人心感應，無時不有，而無一時之住，其有住則即為太虛之障矣。故忿懥、好樂、恐懼、憂患一著於有，心即不得其正矣。故正心之功不在他求，只在誠意之中，體當本體明徹，止於至善而已矣。〔註15〕

「無一物之住」就是朱子講的「心本是湛然虛明」，當事物如其本身來照面的時候，自然有「忿懥、好樂、恐懼、憂患」等情感，然而這些情感卻不能夠持續地存在，必須跟隨事物本身的到來而時機化的發生，這就是「正心之功」。所謂「正心之功不在他求，只在誠意之中，體當本體明徹」也就是陽明講的「心只是誠意工夫裏面體當自家心體，常要鑒空衡平，這便是未發之中」。從「誠意」到「體當心體」就是從隨附性的道德意識向源初的道德意識轉變的過程，這中間伴隨著「正心」工夫的進行。「誠意」工夫就是依靠隨附性的道

〔註14〕《朱子語類》卷第十六，第347頁。
〔註15〕《明儒學案》卷十一浙中王門學案一，第227頁。

德意識來為善去惡，而在「誠意工夫裏面體當自家心體」就是在隨附性的道德意識中領會使得此隨附性的道德意識得以可能的源初的道德意識，以及使得源初的道德意識得以可能的根本性的「能」。這一根本性的「能」也就是「空」「未發之中」，這在前文已經詳細申述。在對根本性的「能」的領悟中，伴隨著對干擾性的「忿懥、好樂、恐懼、憂患」等情感的排除，因為這些情感堵塞了根本性的「能」在和事物照面的時候所生成的源初的道德意識。更進一步的是，需要排除的不僅僅是「忿懥」等負面的情感，就連向善的意識也需要排除，只要這種意識不是時機性的生成而是持續性的存在。這也就是陽明說的「這一念不但是私念，便好的念頭，亦著不得些子。如眼中放些金玉屑，眼亦開不得了」〔註16〕，「好的念頭」也會使得根本性的「能」所生發的源初道德意識產生變異，即「眼亦開不得了」，譬如時時刻刻心中存個善念便容易固執某處「善行」而走向自己的反面，使得「行善」本身成為目的，成為一種異化了的執念而喪失了道德行為得以產生的根源——源初的道德感動和道德意識。這種區別可以用對象化的善和時機性的善來說明，前者在倫理學中表現為對某種普遍化的行為規則的尋求並要求所有人在所有情況下都要遵循這種規則，它使得善成為某種可以固定化把捉的對象而喪失了善本身。當然初學者卻不妨如此。「正心」工夫所要求的是源初道德意識的直接生成和導向道德實踐，這種要求同時意味著「誠意」工夫的消融。前文提到，誠意工夫中間有著道德意識的轉折，也有著隨附性意識的凸顯，這種轉折和凸顯就表現為「著實用意」，而這種「著實用意」容易導向「好的念頭」的持續性存在，即「一向著意去好善惡惡，便又多了這分意思」，便不是廓然大公的未發心體。陽明晚年一直強調「原無一物」的良知心體（根本性的「能」），就是要求源初的道德感動和道德意識的如其本身的顯現，要求善的時機化生成，從而在根本上拒絕朱子預先講求規矩格式之「理」的進路，善的時機化生成就是理的時機化生成，這種時機化生成也就是「心」根本的能力。因而「正心」一方面在於祛除持續性的意識和情感，一方面在於使道德實踐的依靠從隨附性的道德意識轉向源初的道德意識，這兩方面都是為了保證根本性的「能」的毫無阻礙和轉折的時機化運行和直接導向道德實踐。陽明對「誠意」和「正心」還有過說明：

> 工夫難處，全在格物致知上。此即誠意之事。意既誠，大段心

〔註16〕《王陽明全集》卷三語錄三，第140頁。

> 亦自正，身亦自修。但正心、修身工夫，亦各有用力處，修身是已
> 發邊，正心是未發邊。心正則中，身修則和。〔註17〕

> 　大學之要，誠意而已矣。誠意之功，格物而已矣。誠意之極，
> 止至善而已矣。止至善之則，致知而已矣。正心，復其體也；修身，
> 著其用也。〔註18〕

陽明並不是把誠意和正心工夫分割開來，「意既誠，大段心亦自正，身亦自修」點明了二者的緊密聯繫。誠意依靠的是隨附性的道德意識，但只要誠意工夫著實用功，那麼儘管有著轉折和停滯，源初的道德意識仍舊是獲得了充實。他們的區別在於「修身是已發邊，正心是未發邊」，「正心，復其體也；修身，著其用也」，「已發」工夫要求對現時意念的省察，「未發」工夫要求對根本性的「能」的領悟和體貼，「著其用」就是使得意念所發皆是順此源初的道德意識而來（大多數情況下是依靠隨附性的道德意識），「復其體」就是保證心體的虛靈明覺，使根本性的「能」沒有阻礙和干擾地順暢運作。

　　那麼，回到龍溪提出的「正心」和「誠意」工夫的區別。所謂先天之學，就是從根本的「能」而來的源初的道德意識的順暢而行，「見解嗜欲自無所容」，因為此時沒有情感和私欲阻礙這一流行，因「源初」而有「先天」。所謂後天之學，就是在有私意發作的情況下，依靠隨附性的道德意識而為善去惡，「不免有世情之雜」，此時源初的道德意識受到私欲的阻礙並沒有獲得充實，因「隨附性」而有「後天」。後者因有對治性強的工夫，因而「難」，前者只是順良知一念而性，所以「易」。當然，在二者之間還存在著一個細微的工夫境界，這同樣是「先天之學」的顏子之學，即「不遠復，才動即覺，才覺即化」。這將在後文再次提到龍溪的「一念之微」時說明。陽明晚年和龍溪提出「誠意」和「正心」工夫的區別所指向的是不同的人格生成的樣式，這在天泉證道中表現的最為突出。

二、天泉證道與嚴灘問答

　　陽明晚年的這種境界的闡發與龍溪相關，也正是龍溪說出了陽明晚年的這種「無萬無一」的狀態：

> 自天泉證道之說，傳於海內，學始歸一。於是聞者知公（龍溪）

〔註17〕《王陽明全集》卷一語錄一，第29頁。
〔註18〕《王陽明全集》卷七文錄四大學古本序，第270頁。

> 所謂「權法」，真得文成之秘，而其教學始不滯於有，不淪於無矣。
> 既而有叩玄理於文成者，文成以「有心無心，實相幻相」詔之。公
> 從旁語曰：「心非有非無，相非實非幻。才著有無實幻，便落斷常二
> 見。譬之弄丸，不著一處，不離一處，是謂玄機。」文成亟俞之。
> 文成至洪都，鄒司成東廓暨水洲、南野諸君，率同志百餘人出謁。
> 文成曰：「吾有向上一機，久未敢發，近被王汝中拈出，亦是天機該
> 發洩時。吾方有兵事，無暇為諸君言，但質之汝中，當有證也。」
> 其為師門所重如此。〔註19〕

天泉證道是陽明學史的關鍵性事件，同時也是當時的思想史事件。而「權法」
是龍溪對陽明四句教之評析，以為其不是教人定本而有「向上一機」。「有心
無心」之論則是天泉證道之後的嚴灘問答。可以說，從天泉證道到嚴灘問答，
再到陽明向諸弟子提出「向上一機」，既顯示了陽明思想的關鍵一面，也蘊含
了陽明後學分化的契機。天泉證道在《傳習錄》《年譜》和龍溪《天泉證道紀》
所載各有少許出處，故以《傳習錄》所載為主而旁及其餘，整理如下：

> 丁亥年九月，先生起復征思、田。將命行時，德洪與汝中論學。
> 汝中舉先生教言：「無善無惡是心之體，有善有惡是意之動，知善知
> 惡是良知，為善去惡是格物。」德洪曰：「此意如何？」
>
> 汝中曰：「此恐未是究竟話頭。若說心體是無善無惡，意亦是無
> 善無惡的意，知亦是無善無惡的知，物是無善無惡的物矣。若說意
> 有善惡，畢竟心體還有善惡在。」
>
> (《年譜》：「心體既是無善無惡，意亦是無善無惡，知亦是無善
> 無惡，物亦是無善無惡。若說意有善有惡，畢竟心亦未是無善無
> 惡。」)
>
> 德洪曰：「心體是天命之性，原是無善無惡的。但人有習心，意
> 念上見有善惡在。格、致、誠、正、修，此正是復那性體工夫。若
> 原無善惡。工夫亦不消說矣。」
>
> (《年譜》：「心體原來無善無惡，今習染既久，覺心體上見有善
> 惡在，為善去惡，正是復那本體工夫。若見得本體如此，只說無工
> 夫可用，恐只是見耳。」)
>
> (《天泉證道紀》：緒山錢子謂：「此是師門教人定本，一毫不可

更易。」

先生謂：「夫子立教隨時，謂之權法，未可執定。體用顯微只是一機，心意知物只是一事。若悟得心是無善無惡之心，意即是無善無惡之意，知即是無善無惡之知，物即是無善無惡之物。蓋無心之心則藏密，無意之意則應圓，無知之知則體寂，無物之物則用神。天命之性，粹然至善，神感神應，其機自不容已，無善可名。惡固本無，善亦不可得而有也。是謂無善無惡。若有善有惡，則意動於物，非自然之流行，著於有矣。自性流行者，動而無動；著於有者，動而動也。意是心之所發，若是有善有惡之意，則知與物一齊皆有，心亦不可謂之無矣。」

緒山子謂：「若是，是壞師門教法，非善學也。」

先生謂：「學須自證自悟，不從人腳跟轉。若執著師門權法以為定本，未免滯於言詮，亦非善學也。」）

是夕侍坐天泉橋，各舉請正。

先生曰：「我今將行，正要你們來講破此意。二君之見正好相資為用，不可各執一邊。我這裡接人原有此二種。利根之人，直從本源上悟入。人心本體原是明瑩無滯的，原是個未發之中。利根之人一悟本體，即是工夫，人己內外，一齊俱透了。其次不免有習心在，本體受蔽，故且教在意念上實落為善去惡，工夫熟後，渣滓去得盡時，本體亦明盡了。汝中之見，是我這裡接利根人的；德洪之見，是我這裡為其次立法的。二君相取為用，則中人上下皆可引入於道。若各執一邊，眼前便有失人，便於道體各有未盡。」

既而曰：「已後與朋友講學，切不可失了我的宗旨：無善無惡是心之體，有善有惡是意之動，知善知惡的是良知，為善去惡是格物。只依我這話頭隨人指點，自沒病痛。此原是徹上徹下工夫。利根之人世亦難遇，本體工夫，一悟盡透。此顏子、明道所不敢承當，豈可輕易望人！人有習心，不教他在良知上實用為善去惡工夫，只去懸空想個本體，一切事為俱不著實，不過養成一個虛寂。此個病痛不是小小，不可不早說破。」

（《年譜》：「正要二君有此一問！我今將行，朋友中更無有論證及此者，二君之見正好相取，不可相病。汝中須用德洪工夫，德洪

須透汝中本體，德洪須透汝中本體。二君相取為益，吾學更無遺念矣。」

德洪請問。先生曰：「有只是你自有，良知本體原來無有，本體只是太虛。太虛之中，日月星辰，風雨露雷，陰霾饐氣，何物不有？而又何一物得為太虛之障？人心本體亦復如是。太虛無形，一過而化，亦何費纖毫氣力？德洪工夫須要如此，便是合得本體工夫。」

畿請問。先生曰：「汝中見得此意，只好默默自修，不可執以接人。上根之人，世亦難遇。一悟本體，即見工夫，物我內外，一齊盡透，此顏子、明道不敢承當，豈可輕易望人？二君已後與學者言，務要依我四句宗旨：無善無惡是心之體，有善有惡是意之動，知善知惡是良知，為善去惡是格物。以此自修，直躋聖位；以此接人，更無差失。」

畿曰：「本體透後，於此四句宗旨何如？」先生曰：「此是徹上徹下語，自初學以至聖人，只此工夫。初學用此，循循有入，雖至聖人，窮究無盡。堯、舜精一工夫，亦只如此。」

先生又重囑付曰：「二君以後再不可更此四句宗旨。此四句中人上下無不接著。我年來立教，亦更幾番，今始立此四句。人心自有知識以來，已為習俗所染，今不教他在良知上實用為善去惡工夫，只去懸空想個本體，一切事為，俱不著實。此病痛不是小小，不可不早說破。」）

（《天泉證道紀》夫子曰：「正要二子有此一問。吾教法原有此兩種：四無之說，為上根人立教；四有之說，為中根以下人立教。上根之人，悟得無善無惡心體，便從無處立根基，意與知物，皆從無生，一了百當，即本體便是工夫，易簡直截，更無剩欠，頓悟之學也。中根以下之人，未嘗悟得本體，未免在有善有惡上立根基，心與知物，皆從有生，須用為善去惡工夫，隨處對治，使之漸漸入悟，從有以歸於無，復還本體，及其成功一也。世間上根人不易得，只得就中根以下人立教，通此一路。汝中所見，是接上根人教法；德洪所見，是接中根以下人教法。汝中所見，我久欲發，恐人信不及，徒增躐等之病，故含蓄到今。此是傳心秘藏，顏子、明道所不敢言者。今既已說破，亦是天機該發洩時，豈容復秘？然此中不可

執著。若執四無之見，不通得眾人之意，只好接上根人，中根以下人無從接授。若執四有之見，認定意是有善有惡的，只好接中根以下人，上根人亦無從接授。但吾人凡心未了，雖已得悟，不妨隨時用漸修工夫。不如此，不足以超凡入聖，所謂上乘兼修中下也。汝中此意，正好保任，不宜輕以示人，概而言之，反成漏泄。德洪卻須進此一格，始為玄通。德洪資性沉毅，汝中資性明朗，故其所得，亦各因其所近。若能互相取益，使吾教法上下皆通，始為善學耳。」自此海內相傳天泉證悟之論，道脈始歸於一云。）

　　是日德洪、汝中俱有省。〔註20〕

　　觀三者所記，《傳習錄》最為簡要，《年譜》詳述了事件之經過而有詳細之問答，《天泉證道紀》多出前兩篇文字者為龍溪「四無說」和對上根人、中根以下人不同工夫的說明，而「天機該發洩時」一語與上文所引徐階等為龍溪所作之傳也可以相互印證。對「無善無惡心之體」的理解在第一章已經通過對道德意識的闡發有了詳細的說明，在這裡，「心體」「工夫」又關聯著人格生成和道德意識之間的關係。在天泉證道中，王龍溪和錢緒山分別表現出了源初的道德意識和隨附性的道德意識。《傳習錄》和《年譜》中記載了龍溪提出心、意、知、物的無善無惡，《天泉證道紀》對此展開為「心之心則藏密，無意之意則應圓，無知之知則體寂，無物之物則用神」，並且認為陽明的「四句教」是權法，存在著「一悟本體」而四者皆化的可能，這是理解龍溪「四無」說的關鍵。而錢德洪則堅持陽明的四句教，承認心體之無善無惡，但是在意念發作的時候會有善惡顯現，因此需要有為善去惡的工夫。陽明對這兩種看法的總的態度是《年譜》中的「汝中須用德洪工夫，德洪須透汝中本體」，即《傳習錄》中的「相資為用，不可各執一邊」，《天泉證道紀》中的「汝中此意，正好保任，不宜輕以示人，概而言之，反成漏泄。德洪卻須進此一格，始為玄通」。換句話說，陽明將龍溪的高明處歸於本體透徹，而將緒山的穩重處歸於工夫用力。本體與工夫在這裡構成了調和二者的橋樑，達到「道脈始歸於一云」的狀態。所謂本體，就是人格的存在樣態和根本的「能」，它隨著具體的意識和行為而顯現自身、生成自身。所謂工夫，就是依靠不同的道德意

〔註20〕《王陽明全集》卷三語錄，第133～134頁；《王陽明全集》卷三十五年譜三，第1442～1443頁；《王畿集》卷一天泉證道紀，第1～2頁。我用下劃線區別了不同的文本。

識而來的道德實踐。然而，儘管陽明試圖用本體和工夫的關係來調和龍溪和緒山，兩人的思想體系卻已經包含了各自的本體和工夫。

以緒山言之，他在天泉證道中對四句教的理解是比較忠實於陽明的思想的，在陽明臨行前所求刻的《大學問》也與他此時的思想相符合。緒山思想的關鍵就是《傳習錄》「人有習心，意念上見有善惡在」，以及進一步的《年譜》「今習染既久，覺心體上見有善惡在」。這兩種說法有著細微的區別，一個是在「意」上說有善惡，一個是在「心體」上說有善惡。若深究起來，在心體上說善惡已經偏離了陽明「無善無惡心之體」的教法，這也是為什麼陽明要求緒山「透汝中本體」和「進此一格，始為玄通」的原因。當然，在第一章引用過緒山對「無善無惡心之體」的說明，這已經是他在陽明歿後經過多年人情事變以及牢獄之災後的領悟了〔註21〕，也從側面印證了陽明在天泉證道對緒山思想的指正的有效性和「是日德洪、汝中俱有省」的說法，也意味著本體的生成是一個歷史性的事情。在這之前，緒山對意和心體上說善惡有著一致性。心體首先是一個根本的「能」，這種「能」有趨向於惡的可能，它在於事物的照面中所顯現的「意」就有顯現出惡的可能。也就是說，在意上說惡的原因在於心體上有惡，這也在於心體作為人格是為所有本質不同的行為奠基的，即意的惡是有其根源的。意中有惡的顯現是由於隨附性意識的作用，從而有著善惡的判斷，但其根源在作為根本的「能」的人格存在。這是從本體來講的。而意中的惡也會逐漸積澱為心體的惡，因為心體作為人格存在是不同種類的本質行為的具體的、自身本質的存在統一，它隨著具體的意識和行動而生成自身。人格是有厚度地存在於每一個具體的意識和行為之中，而每一個意識和行為都會對人格的存在產生影響，這也是工夫存在的可能性。緒山的「為善去惡，正是復那本體工夫」就是依靠每一個具體意念上的為善去惡的工夫從而對人格存在的整體產生影響，因為每一個意念的變化都會引起人格厚度的變化，可以說，本體就存在於每一個工夫之中，本體使得工夫可能，而工夫也會生成本體自身。

但是，緒山的問題在於，如何在每個為善去惡的工夫中生成無善無惡的人格本體，這同時牽涉從隨附性的道德意識向源初的道德意識轉變的問題，也即「初學者」向「純熟者」轉變的問題，陽明提到過這一轉變，「雖曰『何

〔註21〕吳震：《陽明後學研究》（增訂本），上海：上海人民出版社，2016年，第137頁。

思何慮」，非初學時事。初學必須思省察克治，即是思誠，只思一個天理，到得天理純全，便是『何思何慮』矣」〔註22〕。這也就是陽明針對緒山的見解說法，「故且教在意念上實落為善去惡，工夫熟後，渣滓去得盡時，本體亦明盡了」。「渣滓去得盡時」意味著惡的意念不再出現，這種不再出現標識著作為根本的「能」的惡的可能傾向的消除，以及作為整體性存在的人格自身厚度中的惡的消除，這時才能夠說「本體亦明盡了」。正如在前面一直提到的，惡的意念不再出現意味著源初的道德感和之後的現時意識的爭執不再出現，因此隨附性的意識也不在凸顯，而在隨附性意識中的善惡判斷也就不再出現，「在意念上實落為善去惡」的工夫到此處方可圓滿。也就是說，陽明希望緒山必須將工夫的目的放置在對「無善無惡心之體」的追求上，「有只是你自有，良知本體原來無有，本體只是太虛」，「德洪工夫須要如此，便是合得本體工夫」。良知本體順著源初的道德感動而有一系列之道德意識和行為，「一過而化，亦何費纖毫氣力」，「有」只是本體受私欲之蔽而有，若只是停留在單純的為善去惡的工夫中，不能使此工夫與無善無惡之本體相連，則不是「合得本體工夫」，那麼意念上的惡將不會廓清，滅於東而生於西，陽明後學對此問題有著直接的點明。

　　以龍溪言之，他對陽明晚年的化境有著極深的契悟，因而認為陽明的四句教只是權法，從而提出了「四無」之說，而其根本就在於「心體既是無善無惡」。當然，需要明確的是，從心體的無善無惡到意、知、物的無善無惡，並不是邏輯推論的結果，因此龍溪這裡並不是從邏輯上判定陽明的四句教存在著邏輯矛盾，反過來說，陽明四句教的「無善無惡」和「有善有惡」也並不是邏輯推論的結果。不論是陽明還是龍溪亦或是緒山，他們對四句教的理解都是從生存論經驗出發的，而不是概念之間的邏輯推論。在《天泉證道紀》中，龍溪說「若悟得心是無善無惡之心」，那麼知、意、物才是無善無惡，而這背後是「體用顯微只是一機，心意知物只是一事」，也就是說，「四無說」的成立首先在於對無善無惡的心體有所悟入，其次在於心意知物是同一個連續的意識和行為體，中間沒有轉折和停滯。耿寧對此有所說明，「在涉及王畿為何對四句教保持一定距離的問題時，這一點現在變得更清楚：他認為，作為全部生活向著一個神聖方向運動之出發點的倫理修習的阿基米德點，並不在於區分善惡意向的意識，不在於良心，而是在於一種與本己心的本己本質的合一，

一種他後來稱作悟的合一」〔註23〕。不在於區別善惡意向的意識就是不在於隨附性意識，而「悟得」就是直接契入源初的道德意識並順此而行，因而就沒有善惡判斷的出現。「藏密」「應圓」「體寂」和「用神」都指的是這種源初道德意識以及跟隨其後的道德行為的自然而行，而若有私欲之發，則隨附性的意識中才會出現善惡判斷，於是「若有善有惡，則意動於物，非自然之流行，著於有矣。自性流行者，動而無動；著於有者，動而動也」。「動而無動」就是「神」「寂」「圓」「密」，而「意是心之所發，若是有善有惡之意，則知與物一齊皆有，心亦不可謂之無矣」則明顯點破了緒山在「意」和「心」上同時說善惡的根源。與緒山在為善去惡處的用力並以此積澱為人格生成不同，龍溪的目標在於通過在「悟」中直接契入「萬物一體」並保持著源初道德意識的不斷生成，使得所有的意識和行為都置於「悟」所開顯的境界之中而不喪失自身，人格就在這樣的意識和行為中顯現自身並朝向「悟」所開啟狀態而生成自身，從而避免了在善惡交織的情況中的「後天」工夫。這是因為，緒山指出的在每一個意念的隨附性意識中進行善惡判斷並為善去惡並不是「簡易直截」的，依靠這樣的方法很難生成聖人的人格，這與王學追求「簡易」的宗旨有所遠離。

但是，正如陽明指出的，這種方法雖然「簡易」，但是卻不是人人可以使用的。「上根之人，世亦難遇。一悟本體，即見工夫，物我內外，一齊盡透，此顏子、明道不敢承當，豈可輕易望人？」通過對本體存在狀態的直接領悟而短時間內生成聖人之人格，這在世間絕大多數人那裡是絕無可能的。然而，龍溪在陽明門下的確是有過這種領悟的，「（嘉靖癸未）文成為治靜室，居之逾年，遂悟虛靈寂感，通一無二之旨」〔註24〕。因而陽明對龍溪說「汝中見得此意，只好默默自修，不可執以接人」。耿寧對這種即本體以為工夫有過說明，「按照這個思想，那些通過明見而與本原知識之本己本質（良知本體）或心的本己本質（心體）合為一體的人，就不需要再進行人為的努力，即不再需要與自己進行心理鬥爭。之所以如此，乃是因為在他之中沒有作為需要克服的障礙的惡，他在自身中不再會遭遇到任何惡的阻礙」〔註25〕，這也就是

〔註23〕〔瑞士〕耿寧：《人生第一等事——王陽明及其後學論致良知》（上），第583頁。

〔註24〕《王畿集》附錄四龍溪王先生傳（徐階），第823頁。

〔註25〕〔瑞士〕耿寧：《人生第一等事——王陽明及其後學論致良知》（上），第595頁。

「無工夫中真工夫」〔註26〕。當然，這並不是說在龍溪這裡不存在任何工夫，而是說沒有在善惡意念上的克治之功〔註27〕，因為龍溪的「無工夫」的目的在於從根本上取消惡的出現。這種取消就需要一種直接和瞬間的人格生成，而不是通過為善去惡的逐漸積澱。這種直接和瞬間的工夫要求在一個源初的道德意識和行為中把握住和保任使其得以可能的根本性的「能」（心體），並使得此「能」在任何情況下都能夠毫無障礙地生成具體的意識和行為，並且作為整體性的人格在接下來的每一個意識和行為中顯現自身。這就是從「一念良知」直接契入「良知本體」的工夫，「見在良知」所指向的也是如此。但是很少有人能夠保證可以保任住這一根本的「能」而不走失，所以陽明說「此（四句教）是徹上徹下語，自初學以至聖人，只此工夫」，「但吾人凡心未了，雖已得悟，不妨隨時用漸修工夫」，後來龍溪也說到：「理乘頓悟，事屬漸修；悟以啟修，修以徵悟。根有利鈍，故法有頓漸。要之，頓亦由漸而入，所謂上智兼修中下也。真修之人，乃有真悟，用功不密而遂云頓悟者，皆墮情識，非真修也」〔註28〕。「理」就是對良知心體的把握和保任，「事」就是在每一個具體的境況中充分發揮此良知心體而生成具體的意識和行為。這是龍溪對陽明教誨的認可和吸收。另一方面，龍溪也通過「一念之微」的工夫對緒山提倡的在隨附性意識中進行道德實踐的教法進行了吸收，這在下一節會提到。

天泉證道後又有嚴灘問答一事，《傳習錄》有載：

> 先生起行征思田，德洪與汝中追送嚴灘。汝中舉佛家實相幻相
> 之說。先生曰：「有心俱是實，無心俱是幻。無心俱是實，有心俱是
> 幻。」汝中曰：「有心俱是實，無心俱是幻，是本體上說工夫；無心
> 俱是實，有心俱是幻，是工夫上說本體。」先生然其言。洪於是時
> 尚未了達。數年用功，始信本體工夫合一。但先生是時因問偶談。
> 若吾儒指點人處，不必藉此立言耳。〔註29〕

龍溪所作《錢緒山行狀》亦有言：

〔註26〕《王畿集》卷六與存齋徐子問答，第146頁。
〔註27〕牟宗三認為正心工夫的「正」是無意義的，其實無工夫可言，無對治之處。這顯然是有問題的，有學者已經對此提出批評，指出正心工夫是有對治的，參見孟曉路《儒家之密教——龍溪學研究》，河北大學出版社2007年，第68頁。
〔註28〕《王畿集》卷十七漸庵說，第500～501頁。
〔註29〕《王陽明全集》卷三語錄三，第141頁。

夫子赴兩廣，予與君送至嚴灘。夫子復申前說，二人正好互相為用，弗失吾宗。因舉「有心是實相，無心是幻相；有心是幻相，無心是實相」為問，君擬議未及答，予曰：「前所舉是即本體證工夫，後所舉是用工夫合本體。有無之間，不可以致詰。」夫子莞爾笑曰：「可哉！此是究極之說，汝輩既已見得，正好更相切劘，默默保任，弗輕漏泄也。」二人唯唯而別。〔註30〕

顧憲成引高攀龍對實相幻相的說法：

王龍谿問佛氏實相幻相之說於陽明，陽明曰：「有心具是實，無心具是幻，無心具是實，有心具是幻。」龍溪曰：「有心具是實，無心具是幻，是本體上說工夫；無心具是實，有心具是幻，是工夫上說本體。」又陽明曰：「不睹不聞是本體，戒慎恐懼是工夫。」又曰：「戒慎恐懼是本體，不睹不聞是工夫。」予曰：「凡說本體，容易落在無一邊。陽明所云『無心具是幻』，景逸所云『不做工夫的本體』也。今曰『戒慎恐懼是本體』，即不睹不聞原非是無，所云『有心具是實』，此矣！凡說工夫，容易落在有一邊。陽明所云『有心具是幻』，景逸所云『不識本體的工夫』也。今曰『不睹不聞即工夫』，即戒慎恐懼原非是有，所云『無心具是實』，此矣！」〔註31〕

對嚴灘問答的詮釋歷代說法不同，倘若從《錢緒山行狀》和顧憲成、高攀龍的說法入手，輔之以天泉證道的「前說」，可獲得一個比較準確的理解。我們可以先看看前人是如何理解的。陳來指出，「有心俱是實，無心俱是幻」的「有心」是指承認善惡及其分別為實有，故依知善知惡之良知進行為善去惡，這就是「實」，而把善惡的分別當作虛幻的話就是「無心」，是「幻」，這是從「本體上說工夫」。而「無心俱是實，有心俱是幻」是從「無心而順有」的「無滯」意義上說的，「有心」是種種執著計較之心，所以是「幻」，這是「工夫上說本體」。〔註32〕而耿寧的理解與此不同。耿寧把「心」理解為「意圖」「意向」，「有心俱是實，無心俱是幻」是說，根據對完善的本原知識的本己本質（良知本體）的明見，所有的意圖（意向）也都是真實的、完善的，「無意圖」

〔註30〕《王畿集》卷二十刑部陝西司員外郎特詔進階朝列大夫致仕緒山錢君行狀，第586頁。
〔註31〕《明儒學案》卷五十八東林學案一，第1392頁。
〔註32〕陳來：《有無之境：王陽明哲學的精神》，第214頁。

是不真實的，因為本原知識的本己本質始終在意向中表露自己，因而通過這種明見也就給出了倫理實踐。與此相反，「無心俱是實，有心俱是幻」指的是，以分別自己的善惡意圖的道德意識為出發點，「無意圖」是真實的，因為這裡需要首先排除惡的意圖，而「有意圖」是不真實的（錯誤的），因為在此處境中主導的是惡的意圖。〔註33〕我們看到，耿寧和陳來的理解正好相反，儘管都提到了分別善惡和不執著於善惡。因此，有必要引入顧憲成和高攀龍的見解。

「凡說本體，容易落在無一邊」，指的是，倘若只依靠直接去領悟和保任良知心體而生成人格會容易只玩弄此「光景」而缺乏嚴格的踐履工夫，從而落入禪學「玄虛」一路，這在王門後學中是一個嚴重的現象。高景逸稱此為「不做工夫的本體」而與龍溪「即本體以為工夫」、「無工夫中真工夫」區別開來，因為「即本體」也需要工夫，只不過是頓悟工夫，而「不做工夫的本體」則是沒有真正契入本體。景逸引陽明「戒慎恐懼是本體」一語來指出，作為根本的「能」的良知心體必須時刻保持「戒慎乎其所不睹，恐懼乎其所不聞」的狀態，「不睹不聞原非是無」，即根本的「能」在沒有遇到具體的事物而生成意識和行為的時候也要保持著「常惺惺」的狀態，要在本體上做保任的工夫，此即「有心具是實，無心具是幻，是本體上說工夫」，「有心」即「戒慎恐懼」。這種保任工夫是在超越在隨附性意識中進行的善惡判斷和道德實踐的，因此這裡的「工夫」是對本體保任的工夫，而不是後天誠意的工夫，否則本體工夫合一就難以言說了。「凡說工夫，容易落在有一邊」，指的是，首先，倘若只在善惡意念交織的地方用為善去惡的工夫，則難免造成惡意滅於此而生於彼的狀態，永無徹底根除之時，這就是不識本體的工夫。另外，對本體的領悟和把握工夫如果過分僵化，即「把捉此心」，從而可能喪失了心體虛靈寂感的能力。因此陽明提出「不睹不聞即工夫」，要求超越在具體的「睹」和「聞」的意識和行為中進行善惡判斷的工夫而契入「不睹不聞」之本體，這就是「戒慎恐懼原非是有」，即「戒慎恐懼」不能淪為「後天」的誠意工夫，陽明給緒山說的「進此一格，始為玄通」和「合得本體工夫」也是此意，故此時「無心具是實，有心具是幻，是工夫上說本體」。統而言之，「本體上說工夫」是給龍溪路線的勸告，悟得本體也需要保任工夫，此時須「有心」；「工夫

〔註33〕〔瑞士〕耿寧：《人生第一等事──王陽明及其後學論致良知》（上），第606頁。

上說本體」是給緒山路線的勸告，為善去惡的工夫中必須領悟良知心體並向著無善無惡的心體前行，此時須「無心」。故而陽明說「須信得本體原是『不睹不聞』的，亦原是『戒慎恐懼』的。『戒慎恐懼』不曾在『不睹不聞』上加得些子。見得真時，便謂『戒慎恐懼』是本體，『不睹不聞』是工夫，亦得」〔註34〕，不論有事無事，只是一個戒慎恐懼，也只是一個不睹不聞，這就是本體工夫合一之學。這裡已經超越了在後天誠意的境界談論工夫，而是即本體即工夫的「第一義工夫」了，因此嚴灘問答也比天泉證道轉進了一層。

因此，從涇陽和景逸的理解來看，陳來把「有心俱是實，有心俱是幻」的「有心」理解為善惡判斷的實有是有問題的，因為這裡恰恰講的是要保任無善無惡的心體，而與他相反的耿寧的理解也存在著問題。耿寧把「有心俱是實，無心俱是幻」理解為良知心體貫穿在每一個意識中並依此而進行道德實踐，從而是「有心」的，這是比較符合涇陽和景逸的理解，但是卻忽視了陽明此處是在強調是對本體進行保任工夫的重要性。把「無心俱是實，有心俱是幻」的「無心」理解為從缺乏良知心體而來的具體的意圖，即把「無」理解為不真實和錯誤，這與上文的分析是不符合的。嚴灘問答必須放置在本體工夫合一的問題意識內理解，應該說，顧涇陽和高景逸的理解是準確的。陽明並不是分別強調「為善去惡」工夫的實行和本體的「無滯」，而是從「為善去惡」的工夫指點無的本體，從無的本體指點戒慎恐懼的工夫，即從工夫指點本體和從本體指點工夫，從而實現一種「本體工夫」，使龍溪和緒山各自的本體與工夫打並歸一。現代學者的闡釋忽視了這點，容易走向割裂「本體工夫」的理解路徑。

第二節　良知異見：陽明學的分化與人格生成的諸種樣態

一、一念之微

在前文中已經比較詳細地說明了龍溪的主要思想，除了「四無」說所代表的先天正心之學外，龍溪還提出了「一念之微」作為工夫論的重要面向，而「一念之微」也被認為是顏子所代表的先天正心之學，但與「一悟本體即

〔註34〕《王陽明全集》卷三語錄三，第 120 頁。

工夫」仍舊存在著細微的差別。彭國翔提到，龍溪提倡心體立根的先天正心之學，並不意味著對誠意工夫的排斥。在龍溪晚年屢屢提到的「一念之微」這一概念的工夫蘊涵中，不僅先天正心之學和後天誠意之學獲得了緊密的統一，工夫著力點從「意」到「念」的轉化，也使得誠意工夫更為深邃綿密。〔註35〕從先天正心和後天誠意的結合處來理解「一念之微」的確看到了龍溪提出「一念之微」的目的所在，這也是對陽明在天泉證道中對龍溪教誨的吸收。龍溪對「一念之微」的發揮在晚年的書信中比較多見，而較為完整的則是《念堂說》，故本節以《念堂說》的疏解為核心。此外，龍溪對「幾」的說明也與對「一念之微」的發揮有關，因此有必要加以說明。《念堂說》篇幅不長，故全文錄於下：

　　莆侍御林君有志於聖學，謂千古入聖之機，存乎一念，以念名堂，蘄余一言，用致觀摩之益。

　　為之說曰：人惟一心，心惟一念。念者心之用也。念有二義：今心為念，是為見在心，所謂正念也；二心為念，是為將迎心，所謂邪念也。正與邪，本體之明，未嘗不知，所謂良知也。念之所感，謂之物，物非外也。心為見在之心，則念為見在之念，知為見在之知，而物為見在之物。致知格物者，克念之功。見在則無將迎而一矣，正心者正此也，修身者修此也。以言乎己，謂之明德，以言乎人，謂之親民，以言乎天地之間，則備矣。此之謂大人之學。聖人之所以為聖，狂之所以為狂，存乎罔與克之間而已。自堯舜以至於孔孟，相傳之學脈也。孟子曰：「必有事焉，而勿正，心勿忘勿助長也。」必有事者，念念致其良知也。勿忘者，勿忘此一念之謂也。勿助者，無所意必，以無念為念之謂也。程伯子得孟氏之傳，其曰「無內外，無將迎」，念之一也。故曰「必有事焉，與魚躍鳶飛同一活潑潑地，悟不得時，只成弄精魄」。其旨微矣。

　　念堂君志於聖學，毅然以天下為己任，其所經綸建白本諸一念之微，以直而動，不以一毫毀譽利害惕乎其中，可以為難矣。而且篤志虛受，不特此為自足，將益究所學，以窺鳶飛魚躍之機，其進未可窮也。君試反諸一念，其為活潑潑地已乎？其尚猶為弄精魄已乎？悟與否匪從外得，自考而自信焉可也。觀摩之益，其

〔註35〕彭國翔：《良知學的展開：王龍溪與中晚明的陽明學》，第120頁。

在茲與！〔註36〕

「念者心之用」是指，念是作為根本的「能」的良知心體在具體境遇中生成的具體意識。這種具體的意識會有兩種情況：見在心（正心）和將迎心（邪心），而造成這種區別的原因在於，前者是「今心」，後者是「二心」。那麼，如何從現象上描述這二者的差異？後文提到「見在則無將迎而一矣」，也就是說，「今心」也就是「一心」。龍溪對此有過描述，「今人乍見孺子入井，皆有怵惕惻隱之心，乃其最初無欲一念，所謂元也。轉念則為納交要譽、惡其聲而然，流於欲矣。元者始也，亨通、利遂、貞正，皆本於最初無欲一念，統天也」〔註37〕。在一個境遇中自然生成的源初的道德感動和道德意識就是「無欲一念」，它由直接的價值感而來，不摻雜任何私欲。私欲的起因在於「轉念」，即現時的念頭脫離了這個當下的價值感和道德意識而轉向了對其他事情的思慮，如邀譽求利之類，這個最初的念頭被打斷了，不再接續此最初無欲一念，因此有「二念」的出現，即「二心為念，是為將迎心，所謂邪念也」，「將迎」就意味著對當下現時道德感的中斷和背離。「正與邪，本體之明，未嘗不知，所謂良知也」，這樣從對「一念」的說明進入了工夫的討論，即對最初一念是否接續下去，良知有著清晰的認識。這似乎回到了依靠隨附性的道德意識進行道德實踐和人格生成的道路上去，可以說，龍溪正是在此處將誠意工夫收歸「一念之微」，從而將正心和誠意統一起來而讓踐履工夫不至於空疏。在前段引文的後面，龍溪繼續說到，「最初一念，即《易》之所謂復，『復，其見天地之心』，意、必、固、我有一焉，便與天地不相似。顏子不失此最初一念，不遠而復，才動即覺，才覺即化，故曰『顏子其庶幾乎』，學之的也」〔註38〕。「不遠復」出自復卦初九爻辭「不遠復，無祗悔，元吉」，《象》曰：「不遠之復，以修身也」，與上五爻的「休復」「頻復」「中行獨復」「敦復」和「迷復」形成對比。而《周易正義》解「復」：「復者，反本之謂也。天地以本為心者也，凡動息則靜，靜非對動者也，語息則默，默非對語者也」；解爻辭和象傳：「初九不遠復，無祗悔，元吉，最處復初始復者」，「不遠復者，最處復初，是始復者也。既在陽復，即能從而復之，是迷而不遠，即能復也。無祗悔元吉者，韓氏雲，祗，大也，即能速復，是無大悔，所以大吉」，「遠之復也，所以

〔註36〕《王畿集》卷十七念堂說，第 501～502 頁。
〔註37〕《王畿集》卷五南雍諸友雞鳴憑虛閣會語，第 112 頁。
〔註38〕《王畿集》卷五南雍諸友雞鳴憑虛閣會語，第 112 頁。

不遠速復者，以能修正其身，有過則改故也」。〔註39〕可以看出，「不遠復」也就是「速復」，意味著此時距離「本」不遠，所以「反本」也速。那麼，從工夫論來講的「最初一念」也就是「不遠而復」。

龍溪提出的「念」本身就意味著比「意」更細微更短暫的意識活動，指向的是一個意識剛剛萌動的瞬間，此時「意」尚未完整地形成，但是當此「念」有著脫離道德感動的傾向時，對此「念」就有了隨附性的意識並出現了善惡判斷，「正與邪，本體之明，未嘗不知，所謂良知也」，那麼接下來就需要「致知格物者，克念之功」。但是，這裡的「克念」卻與緒山強調的「為善去惡」的「誠意」工夫有所差別。龍溪以「庶幾」來指稱這種工夫：

> 良知者，無所思為，自然之明覺。即寂而感行焉，寂非內也；即感而寂存焉，感非外也。動而未形，有無之間，幾之微也。動而未形，發而未嘗發也。有無之間，不可以致詰。此幾無前後，無內外。聖人知幾，賢人庶幾，學者審幾。故曰幾者動之微、吉之先見者也。知幾故純吉而無凶；庶幾故恒吉而寡凶；審幾故趨吉而避凶。過之則為忘幾，不及則為失幾。忘與失，所趨雖異，其為不足以成務，均也。〔註40〕

「幾」作為「動而未形、有無之間」和「發而未嘗發」，也就是指良知心體在具體境遇中的當下最初細微一念，因此「幾」也就是「一念之微」，「研幾」之學「其要存乎一念獨知之地」。而良知心體並不是脫離具體事物的懸空本體，當其在最初一念中顯現自身時，「幾」就意味著體用一如。耿寧就指出，「幾」或者「機」同時意味著「體」和「用」並說明了它們的統一性〔註41〕，彭國翔也認為「幾」和「一念之微」都是良知心體發動的最初端倪，在體用一源的意義上也都可以說就是良知心體〔註42〕。而「知幾」「庶幾」和「審幾」就構成了三種不同的道德意識工夫。聖人的「知幾」就是「即本體以為工夫」，即始終立足於良知心體的端倪上；賢人的「庶幾」就是顏子「不遠復」之學，念頭稍有偏差便立刻有所察覺而返回到良知端倪本身；學者的「審幾」

〔註39〕〔清〕阮元校刻：《十三經注疏》周易正義卷第三，北京：中華書局，2009，第78頁。

〔註40〕《王畿集》卷六致知議略，第131頁。

〔註41〕〔瑞士〕耿寧：《人生第一等事——王陽明及其後學論致良知》（下），第649頁。

〔註42〕彭國翔：《良知學的展開：王龍溪與中晚明的陽明學》，第134頁。

指意識不斷和長久地偏離良知端倪，但此時也有著隨附性的意識對此念頭進行審查，從而為善去惡。〔註43〕如果說「知幾」代表了天泉證道時期龍溪的路線，「審幾」代表了天泉證道時期緒山的路線的話，「庶幾」就意味著二者的調和。其實，「庶幾」和「審幾」都依靠的是隨附性的道德意識，只不過，「庶幾」所意指的偏離源初道德感動的念頭非常細微而且並沒有形成完整的一個惡的意向，因此，這種轉化並不是靠對惡的遏制而達到的，因為這種遏制的前提是惡的充分顯現，而是靠在這種不凸顯的瞬間性的隨附性道德意識中去把握使得其可能的源初的道德意識，依靠此源初的道德意識來衝破這種稍有偏離的意念，這就是龍溪講的，「則謂良知在人，本無污壞，雖昏蔽之極，苟能一念自反，即得本心。譬之日月之明，偶為雲霧所翳，謂之晦耳，雲霧一開，明體即見，原未嘗有所傷也」〔註44〕，「當萬欲騰沸之中，若肯返諸一念良知，其真是真非，炯然未嘗不明。只此便是天命不容滅息所在，便是人心不容蔽昧所在。此是千古入賢入聖真正路頭」〔註45〕。這也就是耿寧說的，「本原知識」（良知）最初的一個意念始終是直接被意識到的，對「這一個意念」的注意與審慎應當深化對這個意念的直接意識，並且從它出發覺知到它的「根系和源頭」，即「相勝之機，存乎一念，覺與不覺耳。不覺則非昏即散，才覺即我大而物小，內重而外自輕」〔註46〕。「錢德洪是想以他所意欲的在道德意識基礎上的致良知方式直接對抗並消除惡的意向，而王畿則相在對意向進行道德區分之後，在他的後天之學中，通過對這一個意念或正念的關注、信任、審慎來獲得對其源頭的明見，並且聽憑這個純粹善的力量來主宰，這樣，對欲望之意念的克服就會變的容易」，「首先不去理睬欲望的意念、惡的意向」。〔註47〕

「一念自反」就是在覺察到這細微一念已經偏離源初的道德感動之時，對使此覺察得以可能的源初道德意識的復歸，即對此「不容蔽昧所在」的良知當下端倪的復歸，也就是依靠「日月之明」本身所漏出的光芒而驅散「雲

〔註43〕可參考彭國翔：《良知學的展開：王龍溪與中晚明的陽明學》，第 134 頁。
〔註44〕《王畿集》卷六致知議辯，第 134 頁。
〔註45〕《王畿集》卷九答茅治卿，第 230 頁。
〔註46〕〔瑞士〕耿寧：《人生第一等事——王陽明及其後學論致良知》（下），第 709～710 頁。引龍溪語見《王畿集》卷十一答李漸庵，第 271 頁。
〔註47〕〔瑞士〕耿寧：《人生第一等事——王陽明及其後學論致良知》（下），第 712 頁。

霧」。「一念之微」「一念自反」的工夫意味著對非常細微的意識本身的關注和糾正，也就是說，這種工夫是龍溪試圖在第三種道德意識中收攝第二種道德意識，「一念之微」的工夫是瞬間的意識轉化，向第二種道德意識轉化的瞬間也就是向第三種道德意識復歸的過程，即所謂「才覺即化」。而這種關注和糾正的前提是對此「幾」的領會，在這裡，對「幾」的領會不僅僅是從「一念之微」，即最初的細微意識出發，更重要的是，這裡的「幾」同時意味著「天機（幾）」。從人來說，「不學不慮，乃天所為，自然之良知。惟其自然之良，不待學慮，故愛親敬兄，觸機而發，神感神應」〔註48〕，從天地萬物來說，「仁者與物同體，炯然油然、生生不容已之機，所謂仁也」〔註49〕，而「致良知，是從生機入手，乃是見性之學，不落禪定，生機無間可息」〔註50〕。耿寧把「機」翻譯為德語的 Ur-Sprung，倪梁康回譯為中文「原起」，頗得「機」之真韻。〔註51〕愛親敬兄的觸機而發和天地萬物的生生之機，都意味著一種根本性的活力和秩序，對「幾」的把握就意味著將自身嵌入到這一存在者整體的原起的活力中去而進行人格生成，也就是說，「生生之機」作為對自身的理解和世界的理解，同時也就是人格生成或去—存在的目標。人與天地萬物在這個「機」是一同顯現的，人對這種的顯現的把握既是對世界的理解，也是一種自身理解和自身的人格生成，「仁是生理，息即其生化之元，理與氣未嘗離也，人之息與天地之息，原是一體相資而生」〔註52〕。這種對「幾」的把握和嵌入意味著對事物的直接性的反應，即要求一種源初的道德意識和行為。「王畿將這種永不停止的、無所執著的、根據被理解為天機的良知而始終創造性的行為刻畫為一種對各個感觸者的（對現時被感知的境況的）自然的、自發的、直接的回應，與它相對立的是一種安排，後者建基於預算、計劃之上。」〔註53〕源初的道德意識和行為的直接和持續進行就是人格朝向萬物一體生生之機的生成自身。這種生成是在每一個具體行為中的，這就是「必有事焉」。因此，在《念堂說》中，龍溪講孟子的「必有事焉」與「鳶飛魚躍」

〔註48〕《王畿集》卷六致知議辯，第137頁。
〔註49〕《王畿集》卷一復陽堂會語，第8頁。
〔註50〕《王畿集》卷三水西經舍會語，第62頁。
〔註51〕〔瑞士〕耿寧：《人生第一等事——王陽明及其後學論致良知》（下），第649頁。
〔註52〕《王畿集》卷六致知議辯，第141頁。
〔註53〕〔瑞士〕耿寧：《人生第一等事——王陽明及其後學論致良知》（下），第669頁。

並舉為「活潑潑地」，並且說「君試反諸一念，其為活潑潑地已乎」。「活潑潑地」意味著作為根本性的「能」的心體對具體行為的持續性生成，也就是說，在龍溪這裡，道德人格的生成總是在行為中的動態實行，而朝向「萬物—世界—生生之機」的去—存在並不意味著回返自身的照察和行為進行之前的工夫，而是依靠此朝向本身的力量。

二、歸寂收攝

　　陽明之後，王學分化為不同的路徑，其中江右王門聶雙江、羅念庵是比較重要的一支，他們主張「歸寂」或「收攝保聚」，從而與南野、東廓和龍溪等人展開了長久的辯論。應當承認，除了念庵晚年的思想外，「歸寂」說是偏離陽明學宗旨的，陽明嫡傳弟子對其學說的批評可為佐證。牟宗三先生也提到，「陽明弟子多矣，望風而從之學者亦多矣，然能稍切於師門之說而緊守不渝者唯錢緒山、王龍溪、鄒東廓、歐陽南野、陳明水五人而已」〔註54〕。但是，雙江與念庵提出的道路也標誌著陽明學的進一步展開，這種展開儘管是一種偏離，而正是這種偏離使我們更能深入地體察陽明學的特色和缺陷所在。此外，雙江和念庵的「歸寂」說在某種程度上接續了道南一脈「觀喜怒哀樂未發以前氣象」的路徑，吸收了朱子未發時「敬」的工夫，也對後來蕺山之學有所影響，從而超出了陽明學的範圍。關於雙江與念庵的研究成果已經非常豐富〔註55〕，這一小節主要選取他們的關鍵性概念進行解讀，以顯示陽明學的內在張力。

　　黃宗羲總結雙江之學的宗旨為「歸寂以通感，執體以應用」，其工夫為「心之主宰，雖不可以動靜言，而惟靜乃能存之」〔註56〕，確為的論。念庵在雙江所作《困辯錄》的後序中對雙江的學問宗旨做了總結，他說，「夫天

〔註54〕牟宗三：《從陸象山到劉蕺山》，長春：吉林出版集團有限責任公司，2010年，第255頁。當然，這一說法只限於陽明第一代弟子，其再傳弟子並未納入考察範圍。

〔註55〕近些年的有吳震《聶豹 羅洪先評傳》（南京大學出版社 2001 年），林月惠《良知學的轉折：聶雙江與羅念庵思想之研究》（臺灣大學出版中心 2005 年），張衛紅《羅念庵的生命歷程與思想世界》（生活·讀書·新知三聯書店 2009 年）以及耿寧《人生第一等事——王陽明及其後學論致良知》（商務印書館 2014 年）。當然，還有牟宗三先生典範式的研究《從陸象山到劉蕺山》（吉林出版集團有限責任公司 2010 年）所牽涉雙江和念庵之部分。

〔註56〕《明儒學案》卷十七江右王門學案二，第 370 頁。

地之化，有生有息，要之，於穆者其本也；良知之感，有動有靜，要之，致虛者其本也。本不虛則知不能良，知其發也，其未發則良也。事物者其應，理者其則也。應而不失其則，惟至虛者能之。故致虛者，乃所以致知也，知盡其天然之則，於事事物物而理窮，理窮則性盡命至，而奚有於內外？雖然，知所先後，而後近道，此學之序也」〔註57〕。雙江之學的目的在於保證心體之發能夠「良」，因此要保證心體之「虛」，也就是「致虛」，這是學問之「先」。強調心體所發之「良」就是對「義襲」的排斥。這種排斥不僅僅表現在對現成的固定的準則的排斥，如陽明批評朱子為「義襲」的那樣，更表現在對陽明那裡「知善知惡是良知」的隨附性道德意識的排斥，即「若於念慮事為之著，於所謂善惡者而致吾之知，縱使知為之，知去之，亦不知與義襲何異」〔註58〕。這是雙江給東廓的回信中所說的，而東廓所依據的就是陽明提出的隨附性的道德意識以及為善去惡的工夫，但是雙江對此並不認可，他所依據的是陽明提出的源初的道德意識，即「若以虛靈本體言之，純粹至善，原無惡對」〔註59〕。在雙江看來，「與義襲何異」也就是「助」的病，即孟子所說宋人「揠苗助長」之事。他說：「今之學者，其最高亦只是助。下助一等，則為襲。襲與助，皆失其本體而反害之者也。集猶斂集，退藏於密，以敦萬化之原，由是感而遂通，沛然莫之能禦，猶草木之有生意也」，「惰則苗不長，而生意猶存；若助，則機心生而道心亡矣」，「他（告子）看得本體上一塵加不得，即雖仁義，亦謂非性所有，故不得則勿求，以求之則為本體累也」，念庵注評曰「凡屬意用事，便不得不落在助上，若未曉集義之功，即不得不從意用事也」〔註60〕。也就是說，雙江的工夫所要達到目的在於取消心之所發的「意」上的工夫，因為這種工夫會導向「義襲」和「助長」，而「助長」意味著心體所發的源初的意識並沒有按照其原本的樣子持續下去，這也就是陽明誠意說的前提所在。取消「意」上的工夫意味著要求源初道德意識的直接流行而不夾雜後天工夫，這也就是陽明講的「無善無惡」和龍溪講的「無意之意」，他說「吾心自然之權度，一毫人力與不得。順其本體之自然者，應之便是，發而未發，過而不過，動而無動，節之謂也。故曰道心惟微也。

〔註57〕吳可為編校整理：《聶豹集》附錄困辯錄後序（羅洪先），南京：鳳凰出版社，2007年，第618頁。
〔註58〕《聶豹集》卷之八答東廓鄒司成四首三，第264頁。
〔註59〕《聶豹集》卷之八答東廓鄒司成四首三，第264頁。
〔註60〕《聶豹集》卷之十四困辯錄辯心，第566～567頁。

稍涉人為，聲臭畢露，其則爽矣」〔註61〕。但是，雙江拒絕了陽明的誠意工夫，反對「致和以致中」即從已經發出的意念處用功以復歸本體的路徑，從而拒絕了緒山的路線。同時，雙江也拒絕了龍溪「以良知致良知」即依靠在意識和行為的進行中顯現著自身的良知而行的進路，因為他認為，不經過對良知本體的存養之功，是難以使良知在意識和行為中穩定地顯現自身的，他對龍溪說，「尊兄高明過人，自來論學，只從混沌初生、無所污壞者而言，而以見在為具足，不犯做手為妙悟。以此自娛可也，恐非中人以下之所能及也」〔註62〕，「以見在為具足」指的是現時中偶然閃現的良知並不能夠代表在所有情況下都是如此，因此需要對良知本體做存養的工夫。天泉證道中的陽明和此時的雙江都認為龍溪之學中人以下難及，但陽明提出的是要經過為善去惡的誠意工夫，這中間的區別可以看出陽明後學的轉向。

對良知本體的存養工夫就是「致虛」、「主靜」，因而接續了道南一脈和朱子的未發主敬之學。雙江在《困辯錄》開篇「辯中」引朱子三段話之後說到，「龜山一派，每言靜中體認，又言平日涵養，只此四字，便見吾儒真下手處。考亭之悔，以誤認此心作已發，此尤明白直指，而近世忽略，不復究三先生語意，至誣考亭為俗學，可謂不知量也」〔註63〕。他將龜山的「主靜」和朱子在中和新說之後的「主敬」混為一談是不準確的，因為道南一脈的「靜中體驗喜怒哀樂未發之前氣象」是對心性本體的直接體認，而朱子的「主敬」是使意識活動常常保持警惕的狀態從而保證每一個意識活動符合「理」。雙江將二者合起來說到：「（周子言靜，程子言敬）均之為寡欲也。周曰無欲故靜，程曰主一之謂敬。一者，無欲也。然由敬而入者，有所持循，久則內外齊莊，自無不靜。若入頭便主靜，惟上根能之。」〔註64〕也就是說，「歸寂」的工夫也就是「主靜」、「無欲」的工夫，「人自嬰兒以至於老死，雖有動靜語默之不同，然其大體，莫非已發，氣主之也。而立人極者，常主夫靜，何也？蓋靜則無欲，而大本立，雖鬥紛錯雜，而不失其本然之則。發而不發，配義與道也。是故君子之學，要於意必固我既亡之後，而求之於喜怒哀樂未發之前，學斯至矣」〔註65〕。將「歸寂」解釋為「主靜無欲」就解決了這樣一個問題，即

〔註61〕 《聶豹集》卷之十四困辯錄辯中，第547頁。
〔註62〕 《王畿集》卷六致知議辯，第133頁。
〔註63〕 《聶豹集》卷之十四困辯錄辯中，第547頁。
〔註64〕 《聶豹集》卷之十四困辯錄辯中，第551頁。
〔註65〕 《聶豹集》卷之十四困辯錄辯中，第550頁。

「未發之中」如何顯現自身的問題。在龍溪那裡，作為理想的人格存在的「未發之中」可以在每一個意識和活動中顯現自身，特別是在顯著的意識和活動中，但是雙江卻對此表示懷疑。他認為這種顯現是需要經過無欲工夫保養之後的「效驗」，在每一個顯著的意識和行為中顯現自身的「未發之中」並不是必然的，必須經過「靜」中的工夫才能夠獲得。然而，「未發之中」作為根本的「能」，作為「體」，必然在「用」中顯現自身，這樣才有工夫可做。「蓋思者，心之運。既曰運，則動矣。然思敬、思誠，儼若思，思無邪之類，則動而無動而常主夫靜也。故凡用功，似屬於動，而用功的主腦，卻是靜根」〔註66〕，「不起不滅者，心之體；萬起萬滅者，心之用。然體常存乎起滅之中，非別有一物，限於一處也。雖非別有一物，限於一處，實則未嘗起滅也。悟之不離當處，迷之追尋無跡。起滅猶戶之闔闢，不起滅猶闔闢之樞。執中之學，執其樞而已矣」〔註67〕。「未發之中」的「心體」需要在現時意識的起滅中顯現自身，意識的起滅已經是「動」，然而通過「思敬」、「思誠」，可以抵達「靜根」而用「主靜」的工夫。具體說來，就是使現時的意識活動降到盡可能小，從而使在此意識活動中顯現自身的根本性的「能」盡可能明顯，即近乎直接的對此根本性的「能」有所領悟和把握，從而有所存養和保任，即「至靜之時，雖無所知所覺之事，而能知能覺者自在，是即純坤不為無陽之象」〔註68〕。在「隱微」的意識活動中，對充分顯現的作為「能知能覺」的根本的「能」所展現的「未發氣象」，即理想的人格存在有所領悟、把握，並在此「靜」中朝向人格的價值本質去生成自身，之後在顯著的意識和行為中自然有源初道德意識和行為的持續進行，這就是雙江講的「歸寂以通天下之感，致虛以立天下之有，主靜以該天下之動」〔註69〕。

　　念庵的學說與雙江接近，但又有差異。黃宗羲評價念庵之學「先生之學，始致力於踐履，中歸攝於寂靜，晚徹悟於仁體」，即「早年徑任見在良知，中年無欲主靜，晚年收攝保聚」。念庵轉向雙江歸寂之學的原因與雙江是一致的，他說：「良知者，至善之謂也。吾心之善，吾知之，吾心之惡，吾知之，不可謂非知也。善惡交雜，豈有為主於中者乎？中無所主，而謂知本常明，不可

〔註66〕《聶豹集》卷之十四困辯錄辯中，第549頁。
〔註67〕《聶豹集》卷之十四困辯錄辯中，第559～550頁。
〔註68〕《聶豹集》卷之十四困辯錄辯易，第558頁。
〔註69〕《聶豹集》卷之八答東廓鄒司成四首，第262頁。

也。知有未明，依此行之，而謂無乖戾於既發之後，能順應於事物之來，不可也。故非經枯槁寂寞之後，一切退聽，天理烱然，未易及此。雙江所言，真是霹靂手段，許多英雄瞞昧，被他一口道著，如康莊大道，更無可疑。」〔註70〕然而他在自己不間斷的工夫修證和與龍溪的交往中對雙江和自己中年之學有所反省，以楚山大悟仁體為契機，而後閉關涵養心體，境界穩固後參與宗族和鄉里事務，從而動靜一如。而晚年所發「收攝保聚」之學主要集中於《甲寅夏遊記》，故以此為例來分析念庵晚年之學。《甲寅夏遊記》在對龍溪敘述了自己以前主張「主靜以復之」的原因後說到「一二年來，與前又別」，其言如下：

> 當時之為收攝保聚偏矣，蓋識吾心之本然者，猶未盡也。以為寂在感先，感由寂發，夫謂「感由寂發」可也，然不免於執寂有處；謂「寂在感先」可也，然不免於指感有時。彼此既分動靜為二，此乃二氏之所深非，以為邊見而害道者，我固堅信而固執之，其流之弊，必至重於為我，疏於應物，而有不自覺者，豈《大學》「欲明明德於天下」之本旨哉！蓋久而復疑之。夫心，一而已。自其不出位而言，謂之寂，位有常尊，非守內之謂也；自其常通微而言，謂之感，發微而通，非逐外之謂也。寂非守內，故未可言處，以其能感故也，絕感之寂，寂非真寂矣；感非逐外，故未可言時，以其本寂故也，離寂之感，感非正感矣。此乃同出而異名，吾心之本然也。寂者一，感者不一，是故有動有靜，有作有止。人知動作之為感矣，不知靜與動、止與作之異者境也，而在吾心，未嘗隨境異也。隨境有異，是離寂之感矣。感而至於酬酢萬變，不可勝窮，而皆不外乎通微，是乃所謂幾也。故酬酢萬變而於寂者，未嘗有礙，非不礙也，吾有所主故也，苟無所主，則亦馳逐而不返矣；聲臭俱泯，而於感者，未嘗有息，非不息也，吾無所倚故也，苟有所倚，則亦膠固而不通矣。此所謂收攝保聚之功，君子知幾之學也。學者自信於此，灼然不移，即謂之守寂可也，謂之妙感亦可也；即謂之主靜可也，謂之慎動亦可也。此豈言說之可定哉！是何也？心也者，至神者也。以無物視之，固泯然矣；以有物視之，固烱然矣。欲盡斂之，則亦塊然不知、凝然不動，無一物之可入也；欲兩用之，則亦忽然在此、

〔註70〕《明儒學案》卷十八江右王門學案三，第387頁。

　　　　倏然在彼，能兼體而不遺也。使於真寂端倪果能察識，隨動隨靜，
　　　　無有出入，不與世界物事成對待，不倚自己知見作主宰，不著道理
　　　　名目生證解，不藉言語發揮添精神，即此漸能自信，果能自信，則
　　　　收攝保聚之功，自有準則。〔註71〕

念庵說自己中年歸寂之學是為「偏」，其原因在於沒有能夠認識「心之本然」，也就是沒有認識到「心」的動靜為一、寂感為一。其實，主靜說的「靜」、「寂」和念庵晚年認識到的「靜」、「寂」並不一致。前文提到，主靜歸寂說的「靜」是意識活動不顯著的思慮不萌的時候，這裡「靜」和「寂」並沒有明顯的區別。而在這裡，念庵在語脈中區別了「靜」和「寂」，前者仍舊保持了思慮不萌時候不顯著的心理活動的意思，而後者就指向了在不同的意識和行為中保持著自身同一的人格和根本性的「能」的「本體」概念。「寂在感先」、「感由寂發」就是說人格本身的價值生成方向決定了具體的意識活動，並且作為根本的「能」在具體的境遇中生成意識和活動，然而過分地強調這兩點會導致將「寂」理解為在不顯著意識活動中才能顯現自身，或者乾脆直接被理解為某種不顯著的意識活動本身，從而使「感」被劃分為顯著的意識和行為，這就導致了「執寂有處」和「指感有時」。在這種理解的基礎上的工夫只在「寂」處用的話，就可能導致本體在顯著的意識活動中不能夠徹底地顯現自身從而生發善行，即「疏於應物」，只在與事物無交的寂靜意識中孤懸地體悟本心，從而「重於為我」。「寂非守內」、「以其能感」，「感非逐外」、「以其本寂」，此為至言。「寂」是言其本體，始終維持著自身的同一，而「感」是本體所發之具體意識和行為，不同的環境中有著多樣性，所以說「寂者一，感者不一，是故有動有靜，有作有止。人知動作之為感矣，不知靜與動、止與作之異者境也，而在吾心，未嘗隨境異也」，「靜」與「動」只是不同的境遇中的不同意識活動，或顯或微，但都是屬於「感」，而作為本體的「心」之「寂」，並沒有變化。而收攝保聚的工夫，則在於「知幾」，「感而至於酬酢萬變，不可勝窮，而皆不外乎通微，是乃所謂幾也」，這與龍溪的「一念之微」的工夫接近，故不詳述。而察識「真寂端倪」之說與湖湘學者「先察識而後涵養」之說接近，即在具體的意識活動中把握住本體所發之一念，從而保任之，以此端倪一念為本，不落私欲不執意見，也就是「收攝保聚之功」，其中的關鍵是對此「一念」

〔註71〕徐儒宗編校整理：《羅洪先集》卷三甲寅夏遊記，南京：鳳凰出版社，2007年，第82～83頁。

的認可和信任，即「能自信」，這也就是龍溪說的「信得及良知」。在信得及良知之後，念庵仍舊強調依靠收攝保聚之功，「見得端倪，似此煞好進步，若以見在良知承受，即又不免被虛見作崇耳」，表明念庵對見在良知說仍舊抱有疑慮，當然這可能是對此概念的誤解所至，下節會專門說明。不論是中年轉向雙江歸寂之學，還是晚年向龍溪之學的靠攏，念庵都是從自己的實證實解而來，容不得半點口說虛騰，可謂真人。

三、悟性修命

牟宗三先生在其《從陸象山到劉蕺山》中提到，王學之歸於非王學自雙江念庵之誤解始。雙江念庵猶在良知內糾纏，而兩峰師泉以至於王塘南則歸於以道體性命為首出，以之範域良知，由此，遂顯向劉蕺山之「以心著性，歸顯於密」之路。這種離歸始機顯於兩峰「以虛為宗」而分主宰流行，顯著於劉師泉之「悟性修命」，大顯著於王塘南之「透性為宗、研幾為要」。〔註72〕對於牟先生之說背後的對宋明理學三系劃分的理論暫且不論，他把兩峰師泉和塘南之學視為脫離王學而趨向蕺山之學確為的見。當然把塘南之學視為趨向朱子學是否成立暫且不論，對蕺山之學和兩峰師泉之學的關係也非本書所能涵蓋，本節意在指出，這種脫離的原因在於分流行主宰為兩節，即分性命為兩節，不信見在良知，從而逾出陽明致良知之教，但又接續了陽明學所揭示出的東西。

兩峰繼承了陽明晚年所發的「無善無惡」之學，他說，「發與未發本無二致，戒懼慎獨本無二事。若云未發不足以兼已發，而致中之外，別有一段致和之功，是不知順其自然之體而加損焉。所謂以學而能，以慮而知，無忌憚以亂天之定命也。先師云：心體上著不得一念留滯，能悟本體，即是工夫。人己內外一齊具透。」〔註73〕「順其自然之體」、「心體上著不得一念留滯」就是順著心體所發源初道德意識而行，這需要對本體的直接領悟，龍溪對此發揮甚多。但是他又強調「未發」工夫，反對致和以致中的路徑，從而與緒山東廓等秉持陽明之教者不同。他說，「事上用功，雖愈於事上講求道理，均之無益於得也。涵養本原，愈精愈一，愈一愈精，始是心事合一」〔註74〕，牟宗

〔註72〕牟宗三：《從陸象山到劉蕺山》，第256～257頁。
〔註73〕《明儒學案》卷十九江右王門學案四，第436頁。
〔註74〕《明儒學案》卷十九江右王門學案四，第436頁。

三先生以為此話有悖於陽明「必有事焉」之教〔註75〕。但是兩峰又講到「遇事不放過固好，然須先有一定之志，而後隨事隨時省察其是此志與否，則步步皆實地，處處皆實事，乃真不放過也」〔註76〕，「遷善改過之功，無時可已。若謂『吾性一見，病症自去，如太陽一出，魍魎自消』，此則玩光景，逐影響，欲速助長之為害也，須力究而精辨之始可」〔註77〕。隨事省察其志也就是在事中回返其心體的工夫，若與「事上講求道理，均之無益於得也」合看，則此處也在強調「涵養本原」之功，因為志向須從心體上而來。不在事中講求道理可從兩方面來理解，其一是如陽明一般不預先求個格式，從而反對朱子學在事物中求理的路徑，其二是拒絕知善知惡、為善去惡的誠意工夫，前者並未背離陽明之教，而後者則與雙江念庵一道對見在良知信心不及而越出陽明之教，而「玩光景」之抨擊恐怕也是針對龍溪而來。由此，兩峰之學與雙江接近，都言以漸進之法涵養本原。其言「吾性本自常生，本自常止。往來起伏，非常生也，專寂凝固，非常止也。生而不逐，是謂常止；止而不住，是謂常生。主宰即流行之主宰，流行即主宰之流行」〔註78〕，也頗合陽明之意，當然也符合明道《定性書》相傳之旨，不必專為陽明之學，言主宰流行之關係也與蕺山之學相合。其晚年對弟子傳學之宗旨，言「知體本虛，虛乃生生，虛者天地萬物之原也。吾道以虛為宗，汝曹念哉，與後學言，即塗轍不一，慎勿違吾宗可耳」〔註79〕，雖合於陽明之學，但不必為陽明之學。陽明之學的根本在於良知本體的當下呈現，即信不信得及見在良知以及此之上的工夫。其同鄉師泉就不信見在良知而分主宰流行為兩截，故超出陽明之教，龍溪與晚年念庵都有批評。

師泉之說宗旨為「夫人之生，有性有命，性妙於無為，命雜於有質，故必兼修而後可以為學。蓋吾心主宰謂之性，性無為者也，故須首出庶物，以立其體。吾心流行謂之命，命有質者也，故須隨時運化，以致其用。常知不落念，是吾立體之功，常過不成念，是吾致用之功，二者不可相雜。常知常止，而愈常微也。是說也，吾為見在良知所誤，極探而得之」〔註80〕，「夫學何為

〔註75〕牟宗三：《從陸象山到劉蕺山》，第256頁。
〔註76〕《明儒學案》卷十九江右王門學案四，第435頁。
〔註77〕《明儒學案》卷十九江右王門學案四，第434頁。
〔註78〕《明儒學案》卷十九江右王門學案四，第432頁。
〔註79〕《明儒學案》卷十九江右王門學案四，第431頁。
〔註80〕《明儒學案》卷十九江右王門學案四，第437頁

者也？悟性、修命、知天地之化育者也。往來交錯，庶物露生，寂者無失其一也；沖廓無為，淵穆其容，賾者無失其精也。惟悟也，故能成天地之大；惟修也，故能體天地之塞。悟實者，非修性，陽而弗駁也；修達者，非悟命，陰而弗窒也。性隱於命，精儲於魄，是故命也有性焉，君子不淆諸命也；性也有命焉，君子不伏諸性也，原始反終，知之至也」〔註81〕。性命兩分即主宰流行兩分。所謂主宰，即能夠定立方向的根本性的「能」，也就是心之本體。所謂流行，即在具體的境遇中展現的意識和行為，也就是心體之用。師泉認為需要在這兩處同時用功。一則保持心體的根本的興發態，即「常知不落念」，此心體即性，並不落顯為具體的意識活動，故以涵養之功立體。一則保持心體所發意識活動的流行態，不被具體的意識活動所侷限，不被具體的事物所引誘，即「隨時運化」「常過不成念」，此流行即命，因有可能被私欲所限，即「雜於有質」，故須省察以致用。一面在立體之功上使自身人格價值的生成方向徹底顯露，一面在致用之功上使每個意識活動建立在此人格生成之朝向的基礎之上，用功分為兩截。黃宗羲對師泉之說評價到，「所謂性命兼修，立體之功，即宋儒之涵養；致用之功，即宋儒之省察。涵養即是致中，省察即是致和。立本致用，特異其名耳。然工夫終是兩用，兩用則支離，未免有顧彼失此之病，非純一之學也。總緣認理氣為二。造化只有一氣流行，流行之不失其則者，即為主宰，非有一物以主宰夫流行，然流行無可用功，體當其不失則者而已矣」〔註82〕。黃宗羲的評價頗為諦當。從工夫兩用的角度來看，師泉並未契入陽明在嚴灘問答時所發本體工夫合一之學，而從悟性修命之分主宰流行為兩截來看，也沒有領悟到龍溪所說的良知乃性命合一之學的真意。「惟悟也，故能成天地之大；惟修也，故能體天地之塞」，「悟」與「修」分為兩截，也非龍溪所言「悟以啟修、修以證悟」之學，以「性也有命」、「命也有性」之言繼承孟子，但也終非陽明之學。當然，黃宗羲提出一氣流行、流行主宰不可言分的觀點，是繼承其師蕺山而來。而師泉如此工夫兩用的原因就在於「見在良知所誤」，即不信得見在良知。

其實可以看出，是否承認見在良知，決定了陽明學的內外之別。在念庵《甲寅夏遊記》的結尾，念庵、龍溪和師泉有過一場對話，從師泉悟性修命的言論引出了見在良知的問題，而龍溪和念庵對師泉的駁斥應該算作陽明學

〔註81〕《明儒學案》卷十九江右王門學案四，第 439 頁。
〔註82〕《明儒學案》卷十九江右王門學案四，第 438 頁。

對自身的澄清。因此，本篇論文以對這段文字的疏解為正文的結尾，以顯示陽明學內外分野之所在。在師泉說了前文引用「夫人之生」一段後，龍溪發問：

> 龍溪問：「見在良知與聖人同異？」獅泉曰：「不同。」曰：「如何？」曰：「赤子之心，孩提之知，愚夫愚婦之知能，譬如頑鐵，未經鍛鍊，不可名金。其視無聲無臭自然之明覺，何啻千里！是何也？為其純陰無真陽也。復其陽者，更須開天闢地，鼎立乾坤，乃能得之。以見在良知為主，決無入聖之期矣。」龍溪曰：「指見在良知，便是聖人體段，誠不可；然指一隙之光，以為決非照臨四表之光，亦所不可。」因指上天霙靆處曰：「譬之今日之日，非本不光，卻為雲氣掩眛。指愚夫愚婦為純陰者，何以異此？今言開天闢地，鼎立乾坤，未可別尋乾坤。惟歸除雲氣，即成再造之功。依舊日光照臨四表。」龍溪因令予斷。予曰：「獅泉早年，為『見在良知便是全體』所誤，故從自心察識立說，學者用功，決當如此。但分主宰、流行兩行，工夫卻難歸一。龍溪指點極是透徹，卻須體獅泉受用見在之說，從攝取進步，處處綿密，始是真悟，不爾，只成玩弄。始是去兩短、取兩長，不負今日切磋也。若愚夫愚婦與聖人同異一段，前《夏遊記》中亦嘗致疑，但不至如獅泉云云大截然耳。千古聖賢汲汲引誘，只是要人從見在尋源頭，不曾別將一心換卻此心。且如兄言開天闢地，鼎立乾坤，以為吾自創業，不享見在，固是苦心語，不成懸空做得？只是時時不可無收攝保聚之功，使精神歸一，常虛常定，日精日健，不可直任見在以為止足，此弟與二兄，實致力處耳。」〔註83〕

見在良知指的是，在一個現時的具體意識和行為中顯現出的直接的道德意識，這種道德意識在每一個人那裡都可能顯現，即愚夫愚婦之良知、赤子之心、孩提之知。而聖人之良知，首先意味著在每一個現時的意識和行為中都必然地表現出直接的道德意識，而愚夫愚婦可能只是在某些環境或行為中才能表現出來；其次，意味著聖人的良知本體，即作為根本性的「能」和人格存在的本體概念，由此才能在每一個現時的意識和行為中必然地顯現良知，這就是「聖人體段」。因此，見在良知與聖人之良知的區別根本上指的是見在良知與

〔註83〕《羅洪先集》卷三甲寅夏遊記，第85～86頁。

良知本體的關係問題，而這又牽扯到了工夫論。在師泉看來，正因為聖人能夠在每個意識中都表現出良知，而愚夫愚婦不能，這表明了見在良知與聖人不同，必須經過鍛鍊才能達到聖人之良知。但是師泉並沒有意識到，這裡的不同究竟是本體的不同，還是現時意識的不同。當然，他可能認為兩者都不同。龍溪在回覆中就意識到了這個問題，因此說「見在良知，便是聖人體段，誠不可」，即愚夫愚婦的現時的道德意識並不意味著其能夠發出此道德意識的人格存在與聖人的人格存在是一致的，人格有厚度地存在於每一個親歷的意識和行為之中，從而隨著每一個親歷的意識和行為而變更自身，因此伴隨著愚夫愚婦偶而的直接道德意識和行為和聖人必然的直接道德意識和行為的人格存在當然是不同的。但是，在一個具體的環境中，愚夫愚婦和聖人都產生出的道德意識和行為並沒有質性的區別，「一隙之光」與「照臨四表之光」、「蒼蒼之天」與「廣大之天」並無不同。從偶而的見在良知到聖人的良知本體，也就是這一直接的道德意識和行為自身的積澱和擴充，即「未可別尋乾坤」「不曾別將一心換卻此心」「不成懸空做得」。念庵對師泉的學說作了同情的理解，認為「從攝取進步，處處綿密」，確是真用功之學，但分主宰流行確是工夫不能歸一。這是因為，悟性立體之學固然可以如雙江一般對本體有著直接的領悟和保任，但是這種保任不能夠保障在顯著的意識和行為中仍然保持良知本體之顯現，仍是龍溪所說「猶有待於境」的「證悟」，並且陽明所強調的「簡易直截」。而其對具體的意識活動可能會摻雜私欲的擔憂提出了修命致用之學，這固然是用功之處，但這種工夫倘若不能在對本體的領悟中進行，則非陽明強調的「合得本體的工夫」。當然，念庵講的「從見在尋源頭」偏向了從見在良知中領悟本體的工夫，但這種領悟是漸修、回溯的工夫，而非龍溪那種直接依靠此見在良知而勇猛直前，直接從此現時的道德意識中汲取力量生成人格從而保障接下去的行為都能夠從此直接的道德意識而來，所以說，晚年念庵與龍溪都承認從見在良知的工夫而來，只不過念庵是「回返」，而龍溪是「前行」。因此，依見在良知而來的本體工夫，也就構成了陽明學的宗旨。

總　結

　　如果從歷史發展的脈絡上來理解的話，王陽明本人的思想可以分作兩個階段，第一個階段是對朱子理學的批判，主要表現在「知善知惡之良知」中，第二個階段則開啟了儒學中「向上一機」的究竟教法，主要表現在「無善無惡之良知」中。

　　王陽明針對朱子建立在「反思─規範的道德意識」中的工夫論，提出了以「隨附性的道德意識」為依據的「誠意說」，要求在當下一念的隨附性意識中就能夠直接的判別善惡，從而使為善去惡有著根本的明見性和驅動力。這是因為，陽明拒絕將「理」理解為先在或外在於具體的道德感動的行為規則，而是心體在具體的境遇中顯現出的自然條理，從而深化了孟子的「義內說」。而隨附性的道德意識之所以可能，就在於心體有著源初的道德感動和道德意識。當沉浸在源初的道德感動而來的一系列意識和行為之中而沒有產生絲毫偏差的話，此時作為分別善惡的隨附性的道德意識也就隱而不彰，「無善無惡」得以可能。

　　「心體」意味著一種整體性的人格存在和根本性的「能」，它能夠在具體的境遇中生成意識和行為，並在此意識和行為中顯現和改變著自身，陽明通過對「未發」和「已發」的辨析說明了「心體」和具體的意識行為之間的關係。而「心體」作為人格存在，「天人合一」「萬物一體」表明了其理想的存在方式，並且在「立志」和「悟」中顯現出自身，促使著人格的整體性轉變和朝向此存在方式而生成自身。

　　在「天泉證道」中，龍溪和緒山提出了依據不同的道德意識和行為生成理想的道德人格的不同路徑，即在隨附性的道德意識和源初的道德意識之間

產生了分離，而陽明以「本體工夫」統合了二者。陽明歿後，其學開始產生分化，根源在於對不能真實地理解「見在良知」，這是因為沒有對「心體」的存在方式有著真實的理解。念庵對這種情況有過一段說明，頗為中肯，以為結尾：

> 二十三日，午後登舟，泊玉峽話別，至夜半不能寢。龍溪曰：「何以贈我？」予曰：「陽明先生之學，其為聖學無疑矣。惜也速亡，未至究竟，是門下之責也。然為門下者有二：有往來未密、鍛鍊未久，而許可太早者，至於今，或守師說以淑人，或就己見以成學，此非有負於先生，乃先生負斯人也；公等諸人，其與往來甚密，其受鍛鍊最久，其得證問最明，今年已過矣，猶不能究竟此學，以求先生之所未至，卻非先生負諸人，乃是公等負先生矣。尚何誘哉！」於是，龍溪矍然起坐，曰：「惠我至矣！」〔註1〕

〔註1〕《羅洪先集》卷三甲寅夏遊記，第87頁。

參考文獻

一、古籍

1. 〔晉〕陳壽撰，〔南朝宋〕裴松之注，中華書局編輯部點校：《三國志》，北京：中華書局，1982 年第 2 版。

2. 〔唐〕韓愈著，劉真倫、岳珍校注：《韓愈文集匯校箋注》，北京：中華書局，2010 年。

3. 〔宋〕周敦頤著，陳克明點校：《周敦頤集》，北京：中華書局，1990 年。

4. 〔宋〕程顥、程頤著，王孝魚點校：《二程集》，北京：中華書局，2004 年第 2 版。

5. 〔宋〕黎靖德編，王星賢點校：《朱子語類》，北京：中華書局，1986 年。

6. 〔宋〕朱熹撰，朱傑人、嚴佐之、劉永翔主編：《朱子全書》（修訂本），上海：上海古籍出版社、合肥：安徽教育出版社，2010 年。

7. 〔宋〕朱熹：《四書章句集注》，北京：中華書局，2016 年。

8. 〔明〕王守仁撰，吳光、錢明、董平、姚延福編校：《王陽明全集》，上海：上海古籍出版社，2011 年。

9. 〔明〕施邦曜輯評，王曉昕、趙平略點校：《陽明先生集要》，北京：中華書局，2008 年。

10. 〔明〕王畿著，吳震編校整理：《王畿集》，南京：鳳凰出版社，2007 年。

11. 〔明〕聶豹著，吳可為編校整理：《聶豹集》，南京：鳳凰出版社，2007 年。

12.〔明〕歐陽德著，陳永革編校整理：《歐陽德集》，南京：鳳凰出版社，2007 年。

13.〔明〕羅洪先著，徐儒宗編校整理：《羅洪先集》，南京：鳳凰出版社，2007 年。

14.〔明〕瞿汝稷編纂，德賢、侯劍整理：《指月錄》，成都：巴蜀書社，2012 年第 2 版。

15.〔清〕李紱編，段景蓮點校：《朱子晚年全論》，北京：中華書局，2000 年第 2 版。

16.〔清〕黃宗羲原撰，〔清〕全祖望補修，陳金生、梁運華點校：《宋元學案》，北京：中華書局，1986 年。

17.〔清〕黃宗羲著，沈芝盈點校：《明儒學案》，北京：中華書局，2008 年第 2 版。

18.〔清〕焦循撰，沈文倬點校：《孟子正義》，北京：中華書局，1987 年。

19.〔清〕孫希旦撰，沈嘯寰、王星賢點校：《禮記集解》，北京：中華書局，1989 年。

20.〔清〕董誥等編：《全唐文》，北京：中華書局，1983 年。

21.〔清〕阮元校刻：《十三經注疏》，北京：中華書局，2009 年。

22. 劉釗：《郭店楚簡校釋》，福州：福建人民出版社，2005 年。

23. 石峻等編：《中國佛教思想資料選編》，北京：中華書局，2014 年。

二、專著

1. 錢穆：《朱子新學案》，北京：九州出版社，2011 年。

2. 陳來：《朱子哲學研究》，北京：生活・讀書・新知三聯書店，2010 年。

3. 李有兵：《道德與情感：朱熹中和問題研究》，北京：中國傳媒大學出版社，2006 年。

4. 陳來：《有無之境：王陽明哲學的精神》，北京：北京大學出版社，2013 年 6 月第 2 版。

5. 楊國榮：《心學之思：王陽明哲學的闡釋》，北京：生活・讀書・新知三聯書店，2015 年。

6. 林丹：《日用即道：王陽明哲學的現象學闡釋》，北京：光明日報出版社，

2012 年。

7. 陳立勝：《王陽明「萬物一體」論——從「身—體」的立場看》，上海：華東師範大學出版社，2008 年。

8. 〔瑞士〕耿寧著，倪梁康譯：《人生第一等事——王陽明及其後學論「致良知」》，北京：商務印書館，2014 年。

9. 陳清春：《七情之理——王陽明道德哲學的現象學詮釋》，北京：人民出版社，2016 年。

10. 牟宗三：《心體與性體》，長春：吉林出版集團責任有限公司，2013 年。

11. 牟宗三：《從陸象山到劉蕺山》，長春：吉林出版集團有限責任公司，2010 年。

12. 吳震：《陽明後學研究》（增訂本），上海：上海人民出版社，2016 年。

13. 孟曉路：《儒家之密教——龍溪學研究》，保定：河北大學出版社，2007 年。

14. 李丕洋：《心學巨擘——王龍溪哲學思想研究》，北京：中國社會科學出版社，2016 年。

15. 林月惠：《良知學的轉折：聶雙江與羅念庵思想之研究》，臺北：臺灣大學出版中心，2005 年。

16. 彭國翔：《良知學的展開：王龍溪與中晚明的陽明學》（增訂版），北京：生活·讀書·新知三聯書店，2015 年。

17. 吳震：《聶豹　羅洪先評傳》，南京：南京大學出版社，2001 年。

18. 張衛紅：《羅念庵的生命歷程與思想世界》：北京：生活·讀書·新知三聯書店，2009 年。

19. 馮友蘭：《中國哲學史》，上海：華東師範大學出版社，2011 年。

20. 〔日〕荒木見悟著，杜勤、舒志田譯：《佛教與儒教》，鄭州：中州古籍出版社，2005 年。

21. 汪暉：《現代中國思想的興起》，北京：生活·讀書·新知三聯書店，2015 年第 3 版。

22. 楊澤波：《牟宗三三系論論衡》，上海：復旦大學出版社，2006 年。

23. 楊澤波：《〈心體與性體〉解讀》，上海：上海人民出版社，2016 年。

24. 梁漱溟：《東西文化及其哲學》，上海：上海人民出版社，2015 年。

25. 賀麟：《近代唯心論簡釋》，上海：上海人民出版社，2009 年。

26. 馮友蘭：《貞元六書》，北京：中華書局，2014 年。

27. 單波：《心通九境：唐君毅哲學的精神空間》，北京：北京大學出版社，2011 年。

28. 王慶節：《道德感動與儒家示範倫理學》，北京：北京大學出版社，2016 年。

29. 〔德〕埃德蒙德·胡塞爾：《邏輯研究》，北京：商務印書館，2015 年。

30. 〔德〕馬丁·海德格爾著，陳嘉映、王慶節譯，熊偉校，陳嘉映修訂：《存在與時間》（修訂譯本），北京：生活·讀書·新知三聯書店，2014 年。

31. 〔德〕馬丁·海德格爾著，陳小文、孫周興譯，孫周興修訂：《面向思的事情》（增補修訂譯本），北京：商務印書館，第 81 頁。

32. 〔德〕海德格爾著，趙衛國譯：《物的追問》，上海：上海譯文出版社，2016 年，第 5 頁。

33. 〔美〕J.B.施尼溫德著，張志平譯：《自律的發明：近代道德哲學史》，上海：上海三聯書店，2012 年。

34. 〔德〕康德著，李秋零譯注：《道德形而上學的奠基（注釋本）》，北京：中國人民大學出版社，2013 年。

35. 〔德〕康德著，鄧曉芒譯，楊祖陶校：《實踐理性批判》，北京：人民出版社，2003 年。

36. 〔法〕薩特著，陳宣良等譯，杜小真校：《存在與虛無》（修訂譯本），北京：生活·讀書·新知三聯書店，2014 年。

37. 〔德〕馬克斯·舍勒著，倪梁康譯：《倫理學中的形式主義與質料的價值倫理學》，北京：商務印書館，2011 年。

38. 〔德〕馬克斯·舍勒著，魏育青、羅悌倫等譯：《哲學人類學》，劉小楓主編，北京：北京師範大學出版社，2017 年。

39. 〔德〕馬克斯·舍勒著，朱雁冰、林克等譯：《同情現象的差異》，劉小楓主編，北京：北京師範大學出版社，2017 年。

40. 張世英：《哲學導論》，北京：北京大學出版社，2008 年第 2 版。

41. 倪梁康：《心的秩序：一種現象學心學研究的可能性》，南京：江蘇人民出版社，2010 年。

42. 張任之：《質料先天與人格生成——對舍勒現象學的質料價值倫理學的重構》，北京：商務印書館，2014 年。

三、論文

1. 倪梁康：《東西方哲學思維中的現象學、本體論與形而上學》，《哲學研究》2016 年第 8 期。

2. 倪梁康：《牟宗三與現象學》，《哲學研究》2002 年第 10 期。

3. 倪梁康：《現象學倫理學的基本問題》，《世界哲學》2017 年第 2 期。

4. 倪梁康：《現象學運動的基本意義——紀念現象學運動一百週年》，《中國社會科學》2000 年第 4 期。

5. 張祥龍：《什麼是現象學》，《社會科學戰線》2016 年第 5 期。

6. 趙衛國：《牟宗三對海德格爾基礎存在論的誤置》，《陝西師範大學學報（哲學社會科學版）》2010 年第 1 期。

7. 張任之：《朝向倫理的實事本身——倫理學的三個基本問題》，《學術研究》2012 年第 10 期。

8. 黃玉順：《論陽明心學與現代價值體系——關於儒家個體主義的一點思考》，《衡水學院學報》2017 年 03 期。

9. 劉樂恒：《道德主體性是現代新儒學核心論題》，《中國社會科學報》2017 年 6 月 20 日 002 版。

10. 楊國榮：《基於「事」的世界》，《哲學研究》2016 年第 11 期。

11. 楊澤波：《「道德他律」還是「道德無力」——論牟宗三道德他律學說的概念混亂及其真實目的》，《哲學研究》2003 年第 6 期。

12. 黃勇：《論王陽明的良知概念：命題性知識，能力之知，抑或動力之知？》，《學術月刊》2016 年第 1 期。

13. 胡軍：《中國現代直覺論的思想淵源與得失》，《南國學術》2017 年第 1 期。

14. 鄧國元：《王陽明〈大學古本旁釋〉獻疑與辯證——以「初本」和「定本」為中心的考察》，《中國哲學史》2014 年 01 期。

15. 黃勇：《論王陽明的良知概念：命題性知識，能力之知，抑或動力之知？》，崔雅琴譯，《學術月刊》2016 年 01 期。

16. 楊儒賓：《論「觀喜怒哀樂未發前氣象」》，《中國文哲研究通訊》第十五卷第三期。

17. 彭榮：《伊川、朱子已發未發辨異》，《上饒師範學院學報》2016 年 2 月（第 36 卷第 1 期）。

18. 張子立：《「同一性」、「道德動能」與「良知」：中西倫理學對話之一例》，《哲學與文化》2016 年 8 月。

19. 楊宗元：《論道德理性的基本內涵》，《中國人民大學學報》2007 年 01 期。

20. 羅高強：《再論如何理解「惻隱之心」的問題——兼論耿寧的解釋困境》，《孔子研究》2016 年第 2 期。

21. 陳立勝：《惻隱之心：「同感」、「同情」與「在世基調」》，《哲學研究》2011 年第 12 期。

22. 張志強：《「良知」的發現是具有文明史意義的事件——「晚明」時代、中國的「近代」與陽明學的文化理想》，《文化縱橫》2017 年 8 月號。

23. 任文利：《王陽明思想演化的兩個關鍵》，《北京青年政治學院學報》2003 年第 4 期。